地方政府
债务绩效预算管理制度研究

刘楠楠 著

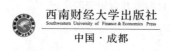

西南财经大学出版社
Southwestern University of Finance & Economics Press

中国·成都

图书在版编目(CIP)数据

地方政府债务绩效预算管理制度研究/刘楠楠著.--成都:
西南财经大学出版社,2024.9
ISBN 978-7-5504-5882-6

Ⅰ.①地… Ⅱ.①刘… Ⅲ.①地方财政—债务管理—
财政制度—研究—中国②地方财政—预算管理—财政制度—
研究—中国 Ⅳ.①F812.7

中国国家版本馆 CIP 数据核字(2023)第 140691 号

地方政府债务绩效预算管理制度研究

DIFANG ZHENGFU ZHAIWU JIXIAO YUSUAN GUANLI ZHIDU YANJIU

刘楠楠 著

责任编辑:李晓嵩
助理编辑:王 琳
责任校对:王甜甜
封面设计:何东琳设计工作室
责任印制:朱曼丽

出版发行	西南财经大学出版社(四川省成都市光华村街55号)
网　　址	http://cbs.swufe.edu.cn
电子邮件	bookcj@swufe.edu.cn
邮政编码	610074
电　　话	028-87353785
照　　排	四川胜翔数码印务设计有限公司
印　　刷	成都国图广告印务有限公司
成品尺寸	170 mm×240 mm
印　　张	15
字　　数	347 千字
版　　次	2024 年 9 月第 1 版
印　　次	2024 年 9 月第 1 次印刷
书　　号	ISBN 978-7-5504-5882-6
定　　价	98.00 元

前言

当前，我国经济进入次高速增长时期，经济社会发展不断面临新的挑战。为应对经济社会风险和不确定性，积极财政政策加力提效，增强经济韧性，促进高质量发展。地方政府债务是我国实施积极财政政策的重要工具。结合我国财政体制与预算管理特征以及地方政府债务作为融资工具的本息偿付要求，地方政府债务对社会经济稳定可持续发展是一把"双刃剑"，留给政府较大的政策调整空间。因此，建立并完善地方政府债务绩效预算管理制度，着力解决地方政府债务高企及风险扩散问题，是充分发挥地方政府债务正向效应的有效路径。

本书在论证地方政府债务绩效预算管理要素的基础上，通过对国际经验的持续关注与深入研究，从制度建设、运行机制、风险防控三个层面提出完善地方政府债务绩效预算管理制度的研究观点。本书的主要研究观点如下：

第一，构建地方政府债务绩效预算管理制度应聚焦两个基本问题的有效解构，一是政府与市场关系的边界，二是政府间的财政关系的合理确立。我国应推动政府职能转变，建立政府与市场的正向互动关系，持续推进地方政府债务绩效预算改革；构建科学的政府间的事权支出责任与财权财力的动态匹配机制。一方面，我国应通过完善政府间的事权和支出责任法律，严格规范上级委托事项的范围，优化调整现行省级以下各级政府间的事权与支出责任；同时，适时对事权责任划分方案进行动态调整。另一方面，我国应进一步完善政府间的财权与财力划分机制，提高基层政府收入能力。

第二，地方政府债务绩效预算管理制度的构建与有效运行应具备的基础条件是中期绩效预算框架的构建和完善。在中期绩效预算框架的基础上，本书从宏观与微观两个层面提出地方政府债务绩效预算管理框架。在宏观层面，我国应综合经济预测设定财政目标，合理确定地方政府债务的规模与债务资金分配机制；同时，基于绩效评价指标的客观性，构建因地制宜的绩效指标体系，形成全流程资本性预算绩效约束体系。在微观层面，我国应基于债券品种、利率结构、信息披露与债券交易等多维管理视角，推进一级市场发行制度的市场化改革；基于债券收益率曲线的编制、发展契约型金融机构投资人等，完善地方政府债券二级市场制度建设。

第三，完善地方政府债务风险管理框架与动态绩效指标体系。一是我国应锁定债务偿还主体责任，实现地方政府债务的责任主体和资金使用主体相统一；二是我国应锁定债务偿还的"锚"，即多元化经济基础是营造与地方政府债务对应的弹性税收环境；三是我国应加强地方政府债券项目的收益管理，提高资金使用效率与项目收益能力；四是我国应进一步完善构建债务风险预警机制与危机化解机制。本书通过研究得出比较有效的新举措包括债务重组、债务刹车、债券保险等。

自2015年1月1日起施行的《中华人民共和国预算法》赋予省级政府举债权以来，我国已从制度建设、政策调控与操作指引等方面多维度构建了地方政府债务预算管理制度体系的基本雏形。然而，我国地方政府债务预算管理研究尚处于起步阶段，研究视角主要放在了规模控制和风险预警上，政策相对零散，尚未形成一个系统性、符合债务资金生命周期过程的管理体系。本书综合理论、实践与国际经验研究，将地方政府债务管理置于中期绩效预算管理框架之下，沿着模式研究→要素研究→国际经验借鉴→政策研究的基本逻辑框架展开研究，提出地方政府债务绩效预算管理的制度、模式、要素、路径与机制，探索构建一套符合我国发展国情、系统完整的地方政府债务绩效预算管理体系，系统性突破了现有地方政府债务预算管理的制度框架，对地方政府债务管理研究具有重要的学术价值。

本书通过对地方政府债务的充分调研与深入观察以及对国际经验的持续关注与研究，系统性地提出了完善地方政府债务绩效预算管理制度的研究观点。在中期绩效预算框架的视角下，本书的研究观点主要包括制度建设、运行机制与风险防控三个层面，从理论上探讨了地方政府债务资本性绩效预算管理模式，分析地方政府债务资本性绩效预算管理的框架要素与机制策略，系统性地提出地方政府债务绩效预算管理的制度设计和技术路径。这对有效防控地方政府债务风险、充分释放地方政府债务对经济高质量发展的促进作用、构建新发展格局具有较高的实践价值。

本书主要包括五大部分：

第一部分为导论。这部分在分析当前中国面临的经济与社会形势以及地方政府债务发挥效能的基础上，提出深入研究地方政府债务绩效预算管理制度的学术与应用价值。

第二部分为地方政府债务绩效预算管理理论分析。这部分的研究内容主要包括两个方面：一方面是地方政府债务绩效预算管理的理论基础。其主要涉及的理论包括财政分权与政府间的财政关系、公共支出类型与代际公平、新公共管理理论与地方政府债务绩效管理模式以及风险管理理论与地方政府债务风险预警。另一方面是地方政府债务绩效预算管理要素架构。其主要分析地方政府债务绩效预算管理要素与地方政府债务绩效预算管理体系。

第三部分为中国地方政府债务绩效预算管理制度的演进与特征。这部分主要介绍中国地方政府债务绩效预算管理制度的发展进程，并在此基础上分析地方政府债务绩效预算管理制度的动态演进特征。

第四部分为地方政府债务绩效预算管理的国际经验。这部分主要介绍典型国家政府间的财政关系、地方政府债务绩效预算管理制度框架与风险防控政策。典型国家包括德国、法国、英国、美国、加拿大、日本、新西兰。

第五部分为中国地方政府债务绩效预算管理制度完善设计与政策机制。这部分主要从政府间财政关系的重构、地方政府债务绩效预算管理、地方政府债务发行管理、地方政府债务风险管理框架四个视角提出地方政府债务绩效预算管理制度框架设计的创新方案。

本书是笔者及团队经过长时间的研究、探索和实践的成果。我们深信，本书研究的主题对推动地方政府债务及其相关领域的发展具有重要意义。在撰写本书的过程中，笔者尽可能收集了最新的研究成果、实践数据与各国经验的一手资料，并进行了深入分析和讨论。然而，笔者也深知，本书仍有很多不足之处。笔者真诚地希望广大读者在阅读过程中能够提出宝贵的意见和建议，以便笔者在未来的研究中不断完善和提高。笔者诚挚地感谢广大读者选择阅读本书，期待本书能为广大读者带来新的思考和启示。

刘楠楠

2023 年 11 月

目录 CONTENTS

1

导论

　　根据发展财政学理论，基于经济发展的不同阶段，财政分为民生财政、民权财政和民主财政三个方面。其中，民生财政旨在推动经济基础设施建设，构建经济社会发展的物质资本，促进经济增长；民权财政旨在推动公共教育、养老、医疗和就业事业的发展，构建经济社会发展的人力资本，提高社会福利发展水平；民主财政旨在推崇公开、透明、法治的制度建设，不断完善经济社会发展的制度资本，构建民主社会。在民生财政、民权财政和民主财政的共同建构下，人民日益增长的美好生活需要得到满足。在财政分权理论下，地方政府债务作为一种重要的财政工具，是指地方政府举借且负有偿还责任的债务，主要投向于经济性基础设施建设等公益资本性项目，是民生财政领域的重要内容。蒂布特（Tiebout，1956）的"用脚投票"理论、斯蒂格勒（Stigler，1957）的最优分权模式和奥茨（Oates，1972）的分权定理都分别论证了多级政府、财政分权与地方政府举债融资的必要性。1994年，我国分税制改革确定了财政分权的体制与机制，基本确立了政府间的事权支出责任和财权财力的分配格局。然而，在体制建构过程中，我国政府间的事权和支出责任划分改革相对滞后于财权财力划分改革，导致地方政府财权财力与事权责任不相匹配的矛盾产生且不断加剧。如图1-1所示，1994年，地方一般公共预算支出占全国的比例为69.71%，2020年该比值上升至85.71%；1994年，地方一般公共预算收入占全国的比例为44.3%，2020年该比值上升至54.75%。由此可见，地方政府的财政收支缺口一直在持续扩大，财政困难长期未得到有效解决。基于此，地方政府债务成为我国地方政府主要的融资来源。如图1-2所示，2012年，地方政府债务余额占国内生产总值（GDP，下同）的比重为17.88%，到2014年高达25.04%。2015年新预算法改革之后，该比重回落到21.52%。2016—2018年，该比重小幅回落。2020年，该比重恢复到25.26%。从资金投向领域来看，根据万得（Wind）数据披露，2017—2019年，我国新增地方政府专项债券资金投向基础设施建设的比例分别为64.1%、30.3%、27%。2017—2018年，新增地方政府一般债券资金投向基础设施建设的比例分别为51.4%、48%。

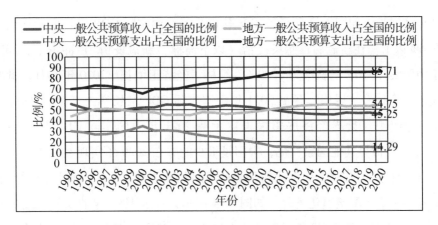

图 1-1 中央与地方一般公共预算财政收支分配格局

资料来源：中经网统计数据库。

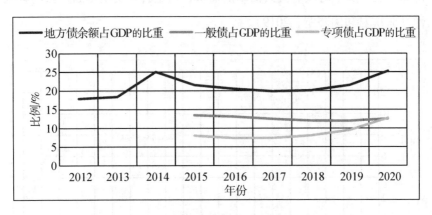

图 1-2 地方政府债务余额占 GDP 的比重

资料来源：2015—2020 年地方政府债务数据主要来自中国地方政府债券信息公开平台公布的一般债券和专项债券余额之和。2012—2013 年地方政府债务的原始数据主要来自 2014 年 1 月各省（自治区、直辖市）审计厅发布的政府性债务审计结果、中华人民共和国审计署发布的 2013 年《全国地方政府性债务审计结果公告》所披露的地方政府负有偿还性义务的债务数额；2014 年地方政府债务数据来自中国债券信息网发布的各省（自治区、直辖市）政府债券信用评级报告。

地方政府债务作为积极财政政策的重要工具和抓手，在促进我国经济增长与社会福利发展方面做出了较为显著的历史贡献。一方面，地方政府债务可以有效缓解我国纵向财政失衡问题（杜彤伟等，2019），扩大地方政府投资性支出规模进行基础设施建设，通过"双重引资"作用刺激市场经济促进经济增长。如图 1-3 所示，2008 年以来，我国实际 GDP 增长率始终维持在 6% 以上。在新冠病毒感染疫情（以下简称"新冠疫情"）冲击下，2020 年中国实际 GDP 增长率为 2.19%，维持了经济正增长。2020 年 6 月，世界银行《全球经济展望》预测 2021 年中国实际 GDP 增长率为 6.9%；国际货币基金组织《世界经济展望报告》预测 2021 年中国实际 GDP 增长率为 8.2%。与世界其他国家对比，中国是极少能够在 2020 年实现经济正增长的国家，且能够在 2021 保持比较强劲的经济增长态势。另一方面，地方政府债务加快了我国城镇化进程。如图 1-4 所示，我国 1990 年的城镇化发展水平为 26.41%，到 2020 年时城镇化发展水平已达到 63.89%。瓦格纳的"政府活动扩张法则"认为，伴随着城镇化、工业化进程的不断加快，社会和经济的发展增加了对政府公共活动的需求，这是公共支出不断扩张的客观必然性（张庆君和闵晓莹，2019）。

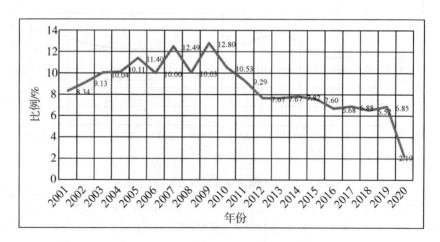

图 1-3　2001—2020 年中国实际 GDP 增长率

资料来源：由中经网统计数据库相关数据计算得到。

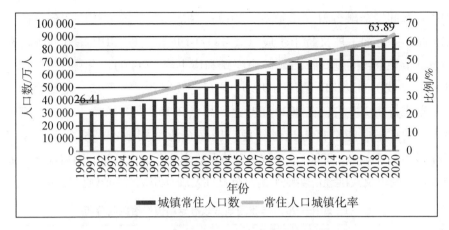

图 1-4　1990—2020 年中国城镇化发展水平

资料来源：中经网统计数据库。

　　然而，自 2009 年以来，实体经济下行、国际贸易形势恶化以及 2020 年新冠疫情蔓延等多重风险集聚，中国经济运行过程中积累的大量问题与矛盾开始集中爆发。其中，地方政府债务高企及其风险问题被视为我国经济发展方式转变过程中面临的主要掣肘性因素之一，以银行信贷扩张作为支撑的地方政府债务风险问题也已成为当前威胁中国金融稳定和经济增长的重要隐患（梁琪和郝毅，2019）。

　　在当前经济下行压力较大的背景下，中央政府通过减税降费以拉动企业投资、扩大政府投资性支出等多项举措并行共同拉动经济增长。这将会导致地方政府面临财政收入减少与投资支出增加的双重压力，可能进一步加剧地方财政困难。在地方财政困难的背景下，地方政府债务缺少有效的偿还保障机制，将会产生较大的偿债风险。当前，地方政府专项债券是我国新预算法允许的地方政府投融资方式的主要选择，政府性基金收入是其主要的偿还保障。从表 1-1 中的数据来看，2016—2020 年，我国政府性基金预算财力虽然呈现逐年上升趋势，但其增长速度相对慢于地方政府专项债券余额的增长速度。具体来看，2016—2020 年，地方政府专项债券占政府性基金预算财力的比例由 118.5% 上升到 138.22%，偿债压力逐年增加。可以发现，除2018 年以外，地方政府专项债券债务率在各年份已突破 100% 的警戒线，表明专项债券的偿债风险已突显出来，偿债压力逐年增加。

　　在"影子银行"（Sano，2014）、土地财政（陈志勇等，2015；张莉等，

2018）和间接金融分权（毛捷等，2019）等推动下，地方政府债务规模急剧扩张。一方面，广义货币供应量（M2）/GDP 和债务/GDP 攀升并维持在高位，金融空转问题日益凸显（余海跃和康书隆，2020）。如图 1-5 所示，1994 年，我国 M2/GDP 值仅为 0.96，之后持续攀升，在 2015 年之后直至当前长期维持在 2 左右，在 2020 年时达到高点 2.15。另一方面，地方政府债务规模的扩张可能会挤占金融资源，提高企业融资成本，挤出企业投资（Ru，2018；Huang，2020），导致金融体系效率低下，也可能会阻碍经济发展方式转型变革及我国经济实现平衡充分良性发展（田国强和赵旭霞，2019）。

表 1-1　2016—2020 年我国地方政府专项债偿债风险分析

年份	政府性基金预算财力/亿元	专项债券余额/亿元	专项债财政风险/%
2016	46 619	55 245	118.5
2017	61 462	61 468	100.01
2018	75 405	74 134	98.31
2019	84 516	94 427	111.73
2020	93 489	129 217	138.22

注：某地区政府性基金预算财力=本级政府性基金预算收入+中央政府性基金预算补助收入-地方政府性基金预算上解；地方政府专项债券偿债风险=地方政府专项债券余额÷地方政府性基金预算财力。

资料来源：中华人民共和国财政部官网。

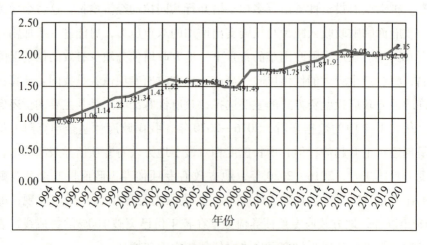

图 1-5　我国 M2/GDP 变化趋势

资料来源：由中经网统计数据库相关数据计算得到。

我国经济增长已进入高质量发展阶段，社会经济发展正面临一些新情况、新挑战。为应对经济社会发展面临的风险和不确定性，我国政府进一步加力提效积极财政政策促进经济增长、增强经济韧性。地方政府债务是我国构建积极财政政策的重要举措与工具，结合我国财政体制机制与预算管理的特征以及地方政府债务本身作为融资工具的本息偿付要求，地方政府债务对社会经济稳定可持续发展是一把"双刃剑"，进而留给政府较大的宏观政策调整空间。2013 年，党的十八届三中全会提出，建立规范合理的中央和地方政府债务管理及风险预警机制。2014 年，《政府工作报告》提出加强地方政府性债务管理的相关要求。2017 年，党的十九大报告提出，健全金融监管体系，守住不发生系统性金融风险的底线，坚决打好防范化解重大风险攻坚战。2018 年，《中共中央 国务院关于全面实施预算绩效管理的意见》要求全面开展预算绩效管理工作。2020 年，党的十九届五中全会提出建立现代财税金融体制，健全政府债务管理制度。2021 年，中央财经委员会第十次会议提出，要夯实金融稳定的基础，处理好稳增长和防风险的关系，巩固经济恢复向好势头，以经济高质量发展化解系统性金融风险。由此可见，中共中央、国务院高度重视地方政府债务预算管理，着力解决地方政府规模高企及风险扩散问题，充分发挥地方政府债务的正向效能。

当前，我国地方政府债务绩效预算管理政策体系分为三个维度，分别是制度与政策调控重塑维度、风险管理维度、操作指引维度。

第一，制度与政策调控重塑维度。一方面，我国基于新预算法改革的根本性制度调整，赋予地方政府举债权限。1994 年，《中华人民共和国预算法》不允许地方政府举债融资。2014 年，《深化财税体制改革总体方案》明确规定了规范地方政府性债务管理的总体要求。《国务院关于加强地方政府性债务管理的意见》（国发〔2014〕43 号）、《国务院关于深化预算管理制度改革的决定》（国发〔2014〕45 号）全面部署加强地方政府性债务管理。另一方面，我国对地方政府债务实施限额管理。2015 年，财政部提出对地方政府债务实施限额管理政策［《财政部关于对地方政府债务实行限额管理的实施意见》（财预〔2015〕225 号）］。2017 年，财政部印发《新增地方政府债务限额分配管理暂行办法》（财预〔2017〕35 号），进一步规范完善限额分配管理政策。

第二，风险管理维度。这一维度的政策主要针对地方政府隐性债务的清理工作，并严格限制约束地方政府违法违规举债行为。2016 年，国务院办公厅印发了《国务院办公厅关于印发地方政府性债务风险应急处置预案的通知》（国办函〔2016〕88 号），作为配套文件，财政部出台了《地方政府性债务风险分类处置指南》（财预〔2016〕152 号）。2016 年，财政部印发《财政部驻各地财政监察专员办事处实施地方政府债务监督暂行办法》（财预〔2016〕175 号）。2017 年，针对违法违规融资行为，财政部等五部门联合发布了《关于进一步规范地方政府举债融资行为的通知》（财预〔2017〕50 号），财政部发布了《关于坚决制止地方以政府购买服务名义违法违规融资的通知》（财预〔2017〕87 号），中国银监会印发《中国银监会关于银行业风险防控工作的指导意见》（银监发〔2017〕6 号）。2018 年，财政部印发《关于做好 2018 年地方政府债务管理工作的通知》（财预〔2018〕34 号），加强地方政府债务管理，发挥政府规范举债对经济社会发展的促进作用，防范化解地方政府债务风险，防范化解重大风险。同期，财政部与国家发展改革委联合印发了《关于进一步增强企业债券服务实体经济能力严格防范地方债务风险的通知》（发改办财金〔2018〕194 号），以及《国家发展改革委 财政部关于完善市场约束机制严格防范外债风险和地方债务风险的通知》（发改外资〔2018〕706 号）；财政部与中国保监会联合印发了《保监会 财政部关于加强保险资金运用管理支持防范化解地方政府债务风险的指导意见》（保监发〔2018〕6 号）。

第三，操作指引维度。这一维度的政策主要围绕地方政府专项债券和一般债券的操作规范与操作指南。一是基本政策管理办法。2016 年，财政部印发《地方政府专项债务预算管理办法》（财预〔2016〕155 号）和《地方政府一般债务预算管理办法》（财预〔2016〕154 号），建立地方政府债务管理发行基本规范指引。2017 年，财政部印发《关于试点发展项目收益与融资自求平衡的地方政府专项债券品种的通知》（财预〔2017〕89 号）。2019 年，中共中央、国务院办公厅印发《关于做好地方政府专项债券发行及项目配套融资工作的通知》。2020 年，《地方政府债券发行管理办法》（财库〔2020〕43 号）对债券发行额度、期限、信用评级和信息披露、债券发行与托管进行了规范。二是债券分类操作指引。其主要包括《地方政府收费公路专项债券管理办法（试行）》（财预〔2017〕97号）、《地方政府土地储备专项债券管理办法（试行）》（财预〔2017〕62号）、《试点发行地方政府棚户区改造专项债券管理办法》（财预〔2018〕28号）、《土地储备项目预算管理办法（试行）》（财预〔2019〕89号）以及《国务院办公厅关于进一步加强城市轨道交通规划建设管理的意见》（国办发〔2018〕52号）。另外，财政部还陆续印发了关于发行与信用公开方面的操作指引，包括《地方政府债务信息公开办法（试行）》（财预〔2018〕209号）以及《关于加快地方政府专项债券发行使用有关工作的通知》（财预〔2020〕94号）。

目前，我国已从制度建设、政策调控与操作指引等方面全维度、全方位构建了地方政府债务预算管理制度体系的基本雏形，防控地方政府债务风险，强化地方政府债务对社会经济发展的促进作用。然而，我国地方政府债务预算管理研究尚处于起步阶段，研究视角主要放在了规模控制和风险预警上，政策相对零散，尚未形成一个系统性、完整性的符合债务资金生命周期过程的管理体系。2020年，面临新冠疫情的考验，我国成为全球少数实现正增长的主要经济体，经济总量已迈上100万亿元新台阶。"十四五"时期，中国经济围绕构建以国内大循环为主体、国内国际双循环相互促进的新发展格局的要求，深入推进供给侧结构性改革，持续激发并提升内需潜力。同时，新科技、新技术的快速发展，也为地方政府债务预算管理革新带来了机遇与挑战。在此背景下，探索构建一套符合我国发展国情、系统完整的地方政府债务预算管理体系，有效规避、防控地方政府债务风险，充分释放地方政府债务对经济高质量发展的促进作用，对我国构建新发展格局具有较强的现实意义。

2

地方政府债务绩效
预算管理理论分析

2.1　地方政府债务绩效预算管理的理论基础

2.1.1　财政分权理论与政府间的财政关系

财政分权是建立在政府职能基础之上处理中央与地方各级政府之间的关系的一种财政体制。在财政分权理论下，中央政府与地方政府分别承担各自的事权与支出责任以及与之匹配的财权与财力。地方政府债务归属于地方政府财权体系的举债权，财政分权理论给出了地方政府债务存在的合理性解释。

财政分权理论从三个视角论证地方政府提供公共产品和公共服务的合理性。一是基于居民偏好的地区异质性视角。公共产品和公共服务具有典型的地区差异性特征，对比中央政府，地方政府提供地区性公共产品和公共服务更具有信息优势，可以实现地方公共产品和公共服务的有效供给（Stigler，1957）。二是基于公共选择视角。根据"用脚投票"理论，居民可以依据对公共产品和公共服务的偏好与需求自主决定其居住的辖区。理性的居民会通过自由流动选择使自己效用最大化的居住地。在居民选择的约束下，地方政府有了提供地方公共产品和公共服务的动力（Tiebout，1956）。三是基于财政基本职能，提出分税制思想。马斯格雷夫（Musgrave，1959）提出，政府职能主要包括资源配置、收入分配和经济稳定三大职能。同时，受到居民的流动性较大、外溢性因素较多以及缺乏必要的财政货币宏观调控手段等因素的影响，地方政府在促进收入分配和维持经济稳定职能方面具备相对优势，提供地方性公共产品和公共服务有利于优化资源配置。综上所述，在财政分权体制下，政府间的财政关系基本构成了"一级政府，一级职能，一级事权，一级支出责任，一级财力，一级财权"的逻辑架构。

2.1.2　公共支出类型与代际公平

根据产品效益产生时间的不同，国际货币基金组织（IMF）将地方公共产品划分为经常性和资本性两种，与之相对应的地方支出方式，则分为经常性支出和资本性支出。具体来说，经常性支出可以使居民当期受益，也是对公共资源的一种当期消耗，进而构成了分公共产品和公共服务的当期成本（陈共，2012）。经常性支出主要包括商品与服务支出、利息支付、补贴和其他经常性转让（对公共企业、对下级政府、对家庭、对其他居民、对国外转让）。资本性支出主要是指现存的和新的固定资产购置、存货购买、土地和无形资产购买以及资本转让等经济性基础设施建设支出。资本性支出不仅能够带来经济效益，还可以直接形成可供几代人受益的固定资产。与之对应的资本性支出成本的责任承担应当由其形成的固定资产使用期内的所有受益者共同承担。

根据分税制理论逻辑，地方政府主要拥有税收和举债两种方式为实现地区公共产品和公共服务的配置职能进行融资。税收融资和债务融资最大的区别在于居民负担时间的差异，税收负担主要体现在当期，债务负担须在未来还本付息，债务负担时间是跨期存在的。根据代际公平原则，当期公共产品和公共服务的受益成本应由当期受益人承担，跨期公共产品和公共服务的成本应由受益期内所有受益人共同承担。基于公共产品和公共服务的受益与负担相匹配原则，地方经常性支出应选择地方税收作为融资来源，地方资本性支出应选择地方政府债务作为融资来源。在此基础上，地方政府债务应用形成了黄金法则：地方政府债务只能用于为资本性支出项目融资，不能用于经常性支出。

2.1.3 新公共管理理论与地方政府债务管理模式

新公共管理理论源起于20世纪80年代英国等欧洲国家的公共行政改革运动，又被称为"政府再造"运动。从内涵与特征来看，20世纪80年代初，英国撒切尔内阁提出著名的"3E"标准，即经济（economy）、效率（efficiency）和效益（effectiveness）作为绩效评估的标准。然而，"3E"标准的存在共性并没有明确区分，经济合作与发展组织（OECD，1995）进一步明确政府绩效管理的评价标准为高效率、高效益地使用公共资源。格里兹尔（Grizzle，1998）进一步明确政府绩效管理包括效率、成本-收益、服务提供的质量、财政的稳定性和政府政策的一致性。马国贤和任晓辉（2018）提出，政府绩效管理标准是指政府提供的有效公共服务与公共支出之比，即明确了经济标准的重要性。新公共管理是将绩效应用于政府管理，即以居民为本，引入市场竞争机制，以绩效评估为导向的政府管理新模式。基于新公共管理的内涵与特征，新公共管理理论下地方政府债务管理的目标模式可以包括以下三个方面：

第一，地方政府债务管理应以居民为中心，构建"自上而下"和"自下而上"相互配合的问责机制。新公共管理理论主张以居民为中心，地方政府需要对公共产品和公共服务及时反馈，地方政府职责由居民的需求决定，进而保证公共产品和公共服务提供效率。因此，债务作为地方政府职能得以体现的融资来源，也应以居民需求为导向，即债务规模与用途应由居民需求决定。结合我国传统的"自上而下"的政府管理模式，融合公共选择逻辑理念，地方政府债务管理应以居民为导向，投资项目符合居民需求偏好，避免财政资源浪费，进一步完善构建"自下而上"的居民问责机制，提高地区性公共产品和公共服务的供给效率。

第二，地方政府债务管理应引入竞争机制。基于公共产品和公共服务提供效率以及充分发挥财政资源杠杆效应的考虑，新公共管理理论允许私人资本参与公共产品和公共服务的供给，促使公共产品和公共服务在供给规模上有显著扩大、供给质量上有显著提升。同时，新公共管理会在地方政府内部展开竞争，解决机构冗余和公共资源浪费问题，提高政府效率。因此，在地方政府债务管理方面，围绕债务全过程、全方位的绩效管理，使得地方政府债务规模与资金使用效率达到最优，并全方位防控债务风险的发生。

第三，地方政府管理应实行绩效问责制。相较于传统行政管理模式，新公共管理理论主张绩效管理，即注重投入-产出效率以及与之相关联的成本-收益分析。具体而言，地方政府债务绩效管理是指根据地方政府的债务融资目标，对其债务举借、使用和偿还环节设定相应的管理考核标准，并以此为标准对其管理行为是否违规进行评估。地方政府债务的问责机制是保证绩效管理效率的重要方式，科学的绩效评估结果是判断地方政府债务管理行为是否违规的依据，是问责的基础。但是没有问责机制的约束，绩效管理也会失去效力。因此，在新公共管理理论下，地方政府债务管理实行绩效问责机制。

2.1.4　风险管理理论与地方政府债务风险预警

风险管理的概念始于 20 世纪 30 年代的美国保险业，于 20 世纪 70 年代在全球范围内普及推广。威廉姆斯和亨尼斯（Williams & Henis，1964）将风险管理的定义界定为通过风险识别、评估和控制，以最低的成本将风险带来的损耗降到最小的科学化管理。詹姆斯（James，1995）将风险管理的定义界定为通过降低或避免偶然损失风险的管理方法。基于这种界定，美国项目风险管理协会提出，风险管理不仅是识别和评估风险因素的系统化方法，也是识别和控制可能引起意外变化的潜在领域和事件的过程，还是需要采取措施来控制或化解风险的过程。

地方政府债务风险作为财政风险的一个重要方面，是指地方政府债务与地方政府资产在规模和结构上不匹配，导致地方政府债务可持续性和经济社会发展受到损害的一种可能性。基于此，在地方政府债务领域应用风险管理，能够更好地防止风险扩散，避免引发系统性风险。一般理论意义上，地方政府债务风险管理是建立在资产负债管理逻辑基础之上的，是基于地方政府债务风险分析框架构建的风险预警体系。

（1）地方政府资产负债管理：引入风险对冲矩阵

在资产负债管理逻辑下，地方政府债务风险管理的内涵将突破债务组合本身的成本-风险分析，转向对政府资产和负债情况的分析，进行政府资产和负债的财务属性的匹配分析。基于哈耶和希克（Hana & Schick，2002）提出的财政对冲矩阵，结合我国实际，我们得到地方政府资产矩阵，作为地方政府债务风险对冲矩阵。

如表 2-1 所示，地方政府资产包括显性直接资产、显性或有资产、隐性直接资产、隐性或有资产。

第一，显性直接资产。显性直接资产是建立在地方政府法定财产权、征税权和举债权之上，源于现期资产存量和收入流量的资产。显性直接资产具体包括地方政府税收收入、政府收费收入、转移支付收入、国有资产以及拥有的自然资源等。

第二，显性或有资产。显性或有资产是建立在地方政府法定财产权、征税权和举债权之上，但源于未来事件发生与否的资产。显性或有资产具体包括地方政府从金融机构购买的避险工具，如对冲工具、保险和再保险等。

第三，隐性直接资产。隐性直接资产是建立在地方政府间接控制基础之上，源于现期资产存量和收入流量的资产。隐性直接资产具体包括地方国有企业利润、中央银行的正净值、地方政府外汇储备等。

第四，隐性或有资产。隐性或有资产是建立在地方政府间接控制基础之上，但源于未来事件发生与否的资产。隐性或有资产具体包括上级政府或其他部门的融资承诺、与地方政府对未来资源或事件的间接控制权相联系的财政收入等。

表 2-1　地方政府资产矩阵

地方政府资产	直接资产（源于现期资产存量和收入流量）	或有资产（源于未来事件的发生与否）
显性资产（建立在政府的法定权力之上，即财产所有权、征税权和举债权等）	地方国有资产（包括经营性与非经营性）出售收入；地方政府拥有的自然资源；地方政府税收收入；上级政府的转移支付；地方政府收费	地方政府从金融机构购买的避险工具（包括对冲工具、保险、再保险）
隐性资产（建立在政府间接控制基础之上）	地方国有企业利润；中央银行的正净值；地方政府外汇储备	从上级政府或其他部门获得的融资承诺

（2）地方政府债务风险分析框架：构建风险预警体系

表 2-2 为地方政府债务风险分析框架，包括风险分析的四个层次：首先，地方政府负债存量与资产存量的对比，用以判断地方政府债务风险是在收敛还是在扩散。如果负债存量高于资产存量，则表明地方政府债务风险是在扩散，即为风险判断的第一层次。其次，地方政府负债增量与资产增量的对比，用以判断地方政府债务风险的扩散程度。如果负债增量高于资产增量，则表明地方政府债务风险的扩散程度在提高，即风险判断的第二层次。再次，地方政府负债与经济总规模的对比，用以判断地方政府债务风险是否可控。如果负债高于经济总规模，则表明地方政府债务风险不可控，即风险判断的第三层次。最后，地方政府负债与无形资源的对比，用以判断地方政府债务风险是否演变为政府危机或社会危机。如果负债高于无形资源，则表

明地方政府债务风险可能会演变为政府危机或社会危机，即风险判断的第四层次。

综上分析，地方政府债务风险分析框架构成了地方政府债务风险预警体系和风险预警指标量化标准。

表 2-2 地方政府债务风险分析框架

风险层次	风险指标	风险状态
1	政府负债存量与资产存量的对比	判断风险是扩散还是收敛
2	政府负债增量与资产增量的对比	判断风险扩散的程度
3	政府负债与经济总规模的对比	判断风险是否可控
4	政府负债与无形资源的对比	判断风险是否演变为政府危机或社会危机

2.2 地方政府债务绩效预算管理体系架构

系统是指一个具有特定功能、由若干相互影响和相互制约的要素所组成的复杂整体。根据系统原理，地方政府债务管理体系应在分析地方政府债务管理各要素之间的协同融合作用的基础上，统筹兼顾各要素之间的相互影响和相互作用。基于地方政府债务预算管理理论，结合系统论观点，本部分将分析地方政府债务绩效预算管理要素。

2.2.1 地方政府债务绩效预算管理要素

（1）地方政府债务管理模式

管理模式是指管理权责和管理手段的总称。地方政府债务管理模式是指中央政府、地方政府和市场之间的管理权责划分与管理手段的制度模式，即地方政府债务管理模式需要界定权责划分与管理方式选择两个方面。

第一，权责划分。权责划分主要包括两方面：一方面是政府间的财政关系对中央政府和地方政府之间的事权与支出责任的划分。另一方面是中央政府、地方政府与市场之间对地方政府债务发行、使用和偿还等管理权责的划分。

第二，管理方式选择，即如何通过其中一种或几种方式对地方政府债务进行管理。管理方式主要包括行政管控、市场约束和法律约束等方式。

（2）地方政府债务管理目标

地方政府债务管理过程是围绕债务管理目标展开的。从系统论角度看，管理目标是管理工作的导向，使管理工作结果达到预期目的。地方政府债务管理目标是债务管理系统的一个子系统，通过有目的地引导、组织、调控整个债务管理过程，进而保证整个债务管理系统协同运转。

（3）地方政府债务管理机构

组织机构是管理活动的基础和载体，是为有效达成管理目标，根据工作和管理责任分配而进行的人事配合。地方政府债务管理机构是债务管理的组织保障，地方政府债务的举借、使用、偿还等活动是由相关债务管理机构来完成的。因此，管理机构是地方政府债务管理系统运行的支柱。

（4）地方政府债务资金运行与风险防控机制

地方政府债务管理涉及借、用、还等多个环节，每个环节都需要对其管理内容和相关管理部门职责进行明确规定，以规范债务资金运行。因此，债务资金运行是发挥债务管理功能、实现债务优化管理的前提。同时，地方政府债务是通过法定程序从市场上取得的一部分社会资源，地方政府债务运行效率对地区资源配置效率具有重要影响。因此，债务资金运行机制也是资源优化配置的重要保证。

地方政府债务风险防控机制与债务资金运行环节是相伴而行的。结合地方政府债务风险框架，为确保债务有效规范运行，每一运行环节需要采取相应的风险防控措施，以弥补债务资金运行管理的不足。

（5）地方政府债务危机化解机制与问责机制

地方政府债务预算管理是一个开放的系统，其管理过程不仅受到系统内部因素的制约，还受到外部因素的影响。内部因素主要包括债务管理目标、管理模式、管理机构等，外部因素主要包括财政体制特征、社会经济发展阶段等。在内外部因素的影响下，地方政府债务预算管理将面临诸多不确定性，容易产生系统性债务风险和债务危机。因此，对于一个完整的地方政府债务绩效预算管理体系来说，危机化解与问责机制成为实现地方政府债务预算管理科学化的关键环节，也是地方政府债务预算管理体系的重要组成部分。

2.2.2 地方政府债务绩效预算管理体系

地方政府债务的规划、审批、举借、使用、偿还涉及政府部门、市场以及社会公众等多个相关主体，构成了地方政府债务的全生命周期。地方政府债务管理体系应遵循生命周期法则，构建地方政府债务全生命周期管理体系。

（1）事前规范：地方政府债务管理目标、管理模式和管理机构

一般来说，地方政府债务的事前规范主要涉及债务管理目标、管理模式与管理机构三个方面。其管理逻辑如下：首先，确定债务管理目标，明确债务管理方向；其次，明确债务管理权责的划分；最后，建立与职责对应的债务管理机构，实现债务统一管理。

（2）事中规范：来自中央、地方与市场三个层面的多重监管

事中规范是指对地方政府债务融资能否按照制度安排施行的一种事中监管，涉及中央政府、地方政府和市场三个层面主体的协同配合。具体来说，中央政府通过建立规模控制和风险预警机制，实施债务整体控制；地方政府通过预算管理和信息披露，落实严格的纪律约束；市场通过信用评级和债券偿还保障等机制，实现债务管理的外部约束。在地方政府债务管理过程中，政府预算约束与资本市场规则约束是相辅相成的。

（3）事后处理：债务危机化解与问责机制

当地方政府无力偿还债务时，为避免债务风险扩散导致系统性金融风险，中央政府和地方政府需要采取一定的措施，及时对债务危机进行应急处置。危机处置机制主要为破产机制或债务重组机制，即通过对地方政府进行债务重组，解决财政困难，并重新建立财政运行的新秩序。

地方政府债务管理的问责机制是对债务管理相关主体的一种事后纠错与责任追究机制。当地方政府债务管理过程出现偏差时，问责机制将及时确定债务管理风险及债务风险责任，以达到防范和化解债务风险的目的。

3

中国地方政府债务绩效
预算管理制度的演进与特征

3.1 中国地方政府债务绩效预算管理制度的演进

随着地方政府债务逐步发展，我国地方政府债务管理体制也逐步建立起来，只是其体制建设长期落后于地方政府债务的发展。具体来说，我国地方政府债务绩效预算管理体制的变革经历了五个重要阶段，分别为 2009 年以前、2009 年扩增市场准入、2010—2014 年过渡期改革、2014 年新预算法改革、2018 年绩效预算管理制度改革。这五个阶段的地方政府债务制度构成了我国地方政府债务绩效预算管理制度改革的演进特征。

3.1.1 2009 年以前地方政府债务管理体系

自 20 世纪 90 年代初至今，我国每年投入大量的基础设施建设投资资金用以拉动经济发展。城市基础设施建设的大规模投资，加快了中国城镇化的步伐。这些基础设施包括能源、公路、铁路、桥梁、隧道、水利以及卫生系统等各个方面。在分税制体制下，地方政府在基础设施建设中资金投入和实际运作中承担了主要责任。然而，在经济加速发展的背景下，地方政府仅依靠税收和上级政府的财政转移支付，无法满足城市基础设施建设的资金需求。因此，贷款融资成为一个重要的融资渠道。在 2009 年以前，多种融资途径均被充分利用，典型方式包括中央政府转贷融资、城投公司借贷融资、土地资产融资等。

（1）中央政府转贷融资

根据 1994 年《中华人民共和国预算法》第二十八条的规定，地方预算应在总体上保持平衡，即支出不能超过收入，严令禁止地方财政预算赤字。因此，除法律和国务院另有规定外，地方政府不能举债融资，不允许向银行贷款及发行政府债券。在《中华人民共和国预算法》的约束下，地方政府的融资渠道主要是来自中央政府的转贷融资。自 20 世纪 80 年代早期开始，中央政府可以向国际融资机构借款及进行双边贷款，之后转贷给地方政府。1998 年，《中华人民共和国铁路法》允许地方政府为建设收费公路、非收费公路以及其他交通设施而筹集资金。1998—2004 年，财政部把中央政府发行债券之后转贷给地方政府的这一融资方式作为减轻亚洲经济危机影响的反经济周期政策之一。这一政策旨在扩大内需，刺激经济增长。地方政府的转贷融资主要用于由中央政府批准的大型基础设施建设项目。在这一借贷关系中，财政部作为债权人，而地方财政部门作为债务人，它们之间没有任何市场互动。

（2）城投公司借贷融资

快速的工业化和城镇化引起了基础设施建设需求的增加，导致了地方政府财政收支不平衡，地方政府为了弥补财政困境进而探寻更多的融资途径。城投公司即地方政府投融资平台，自20世纪90年代中期以来逐渐成为地方政府投资基础设施建设的主要融资工具。城投公司的迅速发展在一定程度上缩小了逐渐增大的地方政府支出责任与收入来源不匹配造成的财政缺口。

从预算法约束角度来说，地方政府通过组建城投公司进行投融资，没有违反预算法而且很好地满足了地方政府的融资需求。从路径来说，城投公司被各级地方政府控制，并成为投资和维持基础设施建设的融资主体。城投公司主要依赖于各级地方政府为其提供的土地权抵押收入、政府股权、用户收费、国债转贷、中央政府补贴以及政府担保，向金融市场融资。其中，银行贷款是主要的债务工具，而发行债券融资也在逐渐发展，尤其是自2000年年底以来。

2004年，国务院授权了城投公司更多的融资途径，并进一步鼓励地方政府通过城投公司融资。这些融资途径主要包括企业债、公司债、短期融资券、超短期融资券、定向工具、资产定价工具等。2008年年底，为了减轻全球金融危机的影响，我国实施4万亿元经济刺激计划。作为刺激计划的一部分，地方政府提供配套资金进而加速了城投公司的发展。截至2010年年底，我国地方政府债务余额为10.7万亿元，占GDP的比例为27%。截至2012年年底，我国地方政府债务余额为9.63万亿元，占GDP的比例为18.54%。

虽然城投公司在很大程度上加强了城市基础设施建设，但其迅速发展也引起了地方政府债务的剧增和新的问题，如地方政府自主操作债务及风险担保。为了控制与日俱增的政府债务风险，中央政府对地方政府债务的管理更加严格。中央政府要求各级政府清理城投公司债务，并且为了确保信贷安全，对不同类型的负债要求采取不同的治理策略。

（3）土地资产融资

在许多国家，土地资产融资是地方政府资金的重要来源。在地方政府的资产负债表中，土地是资产项目中最有价值的资产。地方政府通过土地资产融资的方式主要包括通过土地资产抵押进行贷款和通过出让土地使用权获得土地出让收入。在地铁、机场或其他大型基础设施建设项目中，土地常作为主要的公共投资方式。除了土地资产外，地方政府也会采用土地集约发展，通过控制容积率的方式来融资，即形成"高容积率的权利"，这实际上表征了在私有土地中公有控股股权的大小。通过出售这种土地发展权，公共部门即获得了土地的经济价值。

自20世纪90年代中期开始，我国政府就开始积极利用土地来融资。这种融资方式有两个显著特征：第一，土地融资与城投公司融资息息相关——城投公司利用各种以土地资产为基础的融资工具把土地价值转为基础设施资产；第二，城投公司利用公有土地抵押借款融资。

2009年以前的融资渠道给快速城镇化和城市基础设施建设面貌转型提供了巨大的资金基础，但其融资模式的局限性及市场准入条件的限制也尤其突出。第一，在中央政府转贷这一模式下，借款权和偿还责任实质上相分离。对由中央政府发行再转贷给地方政府的债券，在实际操作中无论是中央预算还是地方预算都没有纳入转贷资金，很难说清其是属于中央债券还是地方债券，并且地方政府和债权人之间没有任何市场互动。第二，城投公司的预算外借款不透明，且难以监管。直到2009年，我国政府准备解决或有负债问题，同时辅以一系列财政预算管理改革提高了预算管理的透明度。例如，2001年部门预算改革、国库单一账户体系改革；2003年国有资产管理体制的一系列改革，确立了政府对国有企业的财产所有权，也规定公营企业所有权与经营权分开，使得国有企业管理可遵循市场原则，避免公营机构向政府部门转嫁债务风险；2005年预算支出尤其是项目支出管理改革。第三，土地财政的不可持续性。地方政府部门过分依赖土地及以土地价格为借款保证，或者因经济下滑等任何原因导致地价下跌，城投公司通过地价证券化进行融资加大了债务清偿风险，放大了系统借贷风险。总体来说，以上的三点问题主要源于中央政府割裂了在借贷时地方政府与市场的关系。基于理论与实践事实特征，对比税收融资方式，地方政府用债务融资的方式为基础设施建设提供资金，是更为有效且合理的。首先，债务融资方式可以参与到金融市场，在金融市场的约束下能够提高地方财政透明度，基于金融审慎易于风险管控。其次，债务融资方式有利于中央政府评估地方政府的财政管理能力，并对其支出预算进行有效的监管。最后，债务融资方式可以促使地方政府遵循市场规则和披露制度，并进一步完善政府问责制度。此外，金融市场也可以从地方政府的债券融资行为中获得收益。一方面，与公司债券或股票相比，地方政府债券的投资风险较低，投资者可以获得相对稳定且可观的投资收益。另一方面，地方政府债券促使金融产品创新，扩增证券容量，丰富证券市场的多样性。

3.1.2　2009 年扩增市场准入

自 2009 年起，我国进一步推进地方政府资本市场发展，主要表现为以下三个方面：一是允许省级政府发行地方政府债券，二是于 2011 年推进四个市级政府发行地方政府债券的试点，三是建立地方政府债务的管理框架。

在 2008 年全球金融危机之前，我国政府已经开始为地方政府市场准入做了准备，而 2008 年全球金融危机为这一转向提供了改革契机。为应对 2008 年全球金融危机，我国政府于 2009 年实施了 4 万亿元经济刺激计划，其中地方政府负责筹措 2.82 万亿元。作为配套措施，国务院于 2009 年正式批准省级政府债券的发行，且资金是地方政府财政资金的直接来源。由于建立省级政府直接发行债券模式必备一些前提条件，如政府信用评级体系的构建及地方政府如何作为金融参与者的相关经验等，因此省级政府债券的发行采取渐进式改革模式。

（1）启动代发代还模式

在代发代还模式下，省级政府作为债务人和发行人，财政部作为发行机构代理发行，偿债支出与发行费用从省级政府在财政部的托管账户中扣除。2009 年，地方政府债券是可交易记账式国债，按照记账式国债发行方式，并面向记账式国债承销团甲类成员招标发行，由财政部通过现行国债发行渠道代理发行。同时，国务院明确提出，地方政府债券资金不得用于经常性支出，只能用于中央投资地方配套的公益性建设项目及其他难以吸引社会投资的公益性基础设施建设项目。

（2）启动地方政府债务管理模式——直接管控地方政府债券

首先，具体操作规范。2009年，中央政府代省级政府发行2 000亿元债券，根据中央投资公益性项目地方配套规模、地方项目建设资金需求以及偿债能力等因素，按公式法分配各地区债券规模。具体因素包括中央投资中公益性项目地方配套数、综合财力、债务率、财力增长率、财政困难程度等，其中重点因素为地方配套需求。对于地方政府而言，在中央政府所制定的制度框架和所批准的配额规模内，其应履行项目确定、预算调整、人大审批等程序。财政部将根据地方政府上报的债券发行计划，按照成熟一期发行一期的原则，尽快组织债券发行，为地方政府及时筹集资金，促进积极财政政策的有效实施。其次，纳入预算管理。财政部下发《2009年地方政府债券预算管理办法》，并以此制订了系列管理方案，将地方政府债券纳入地方政府财政预算统一管理，预算调整方案报同级人民代表大会常务委员会审查批准。另外，用地方政府债券发行收入安排支出的部门和单位，要将支出纳入部门预算和单位预算。再次，财政部进一步完善了债务项目申报、审批、绩效考评和监督等制度，以提高资金管理的科学化、精细化水平。最后，为确保地方政府债券到期按时偿还，各地区人民政府在安排需要承担还款责任的项目时，会综合考虑各市（县）、部门和单位的偿债能力，控制债务违约风险；及时向财政部上缴地方政府债券本息、发行费等资金，未按时上缴的，应当按有关规定向财政部缴付罚息。各地区政府作为地方政府债券债务人，要统筹安排本地区综合财力，切实承担地方政府债券的还本付息责任，对未按时上缴的地方政府债券本息、发行费和罚息等资金，由财政部在本年度中央与地方财政结算时如数扣缴。

3.1.3 2010—2014年过渡期改革

2009年地方政府债券的发行增强了地方政府筹集配套资金以及扩增基础建设投资的能力。然而，这也为地方政府在自主安排债券收入和债券期限方面带来了挑战。尽管制度清晰地规定地方政府需将债券资金安排用于中央政府投资地方政府配套的项目，然而一些地方政府仍将资金投放于地方项目中。同时，三年债券期限对承销商不具备足够吸引力，这将到期偿债的压力

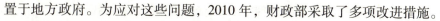

置于地方政府。为应对这些问题，2010 年，财政部采取了多项改进措施。

（1）2010 年的政策措施

①财政部为满足市场需求以及地方政府中期资金需求发行 5 年期债券。2010 年，财政部发行地方政府债券 2 000 亿元，5 年期地方政府债券发行总额为 616 亿元。

②财政部批准各地方政府自主安排资金使用，不局限于中央投资地方配套的公益性投资项目，还可以投资于中央政府规定的享有优先权的地方政府投资项目。

③债券配额有所调整，同时保证同 2009 年一致的发行总额（2 000 亿元）。

④为缩减发行成本，各省（自治区、直辖市）2010 年地方政府债券采取合并发行，并扩增每期发行额度以增强流动性。投资者基础范围扩增至所有记账式国债承销商，且承销商与地方政府之间的合作有所加强。

（2）2011 年的政策措施

①2011 年，财政部代发与 2009 年、2010 年同样数额的地方政府债券。

②国务院批准北京、上海、深圳和浙江四地自发代还地方政府债券。与以往不同的是，这四地是自行发债，不由财政部代理发行，并且由市级政府信用作为担保。

③试点四地自发代还的地方政府债券包括了中央政府所规定的配额，期限设定、投标方式、市政债券投资者基础都与之前无异。这些地方政府债券收益率比国债收益率低 5~10 个基点，表明正处于发展阶段的地方政府债券市场不能有效反映价格信息，市场定价机制尚不完善。

（3）2014 年的政策措施

2014 年 5 月，财政部印发《地方政府债券自发自还试点办法》，要求在上海、广东、浙江、深圳、山东、江苏、北京、江西、宁夏、青岛 10 个地区试点发行自发自还地方政府债券，预计发行总额为 1 092 亿元（见表 3-1）。这次改革是首次以地方政府信用资质为基础，由地方政府自主发行和偿还政府债券，不再由财政部代办还本付息。这是中国地方政府债券发展的一次重要推进。

表 3-1　中国地方政府自发代还、自发自还债券试点情况

地区	2011 年			2012 年			2013 年			2014 年			信用等级
	期限/年	发行量/亿元	票面利率/%	期限/年	发行量/亿元	票面利率/%	期限/年	发行量/亿元	票面利率/%	期限/年	发行量/亿元	票面利率/%	
上海	3	36	3.1	5	44.5	3.25	5	56	3.94	5	5.04	4.01	
	5	35	3.3	7	44.5	3.39	7	56	4.01	7	3.78	4.22	AAA
										10	3.78	4.33	
广东	3	34.5	3.08	5	43	3.21	5	60.5	4	5	59.2	3.84	
	5	34.5	3.29	7	43	3.4	7	60.5	4.1	7	44.4	3.97	AAA
										10	44.4	4.05	
浙江	3	33	3.01	5	43.5	3.3	5	59	3.96	5	54.8	3.96	
	5	34	3.24	7	43.5	3.47	7	59	4.17	7	41.1	4.17	AAA
										10	41.1	4.23	
深圳	3	11	3.03	5	13.5	3.22				5	1.68		
	5	11	3.25	7	13.5	3.43				7	1.26		
										10	1.26		
山东							5	56	3.94	5	54.8	3.75	
							7	56	4	7	41.1	3.88	AAA
										10	41.1	3.93	
江苏							5	76.5	3.88	5	69.6	4.06	
							7	76.5	4	7	52.2	4.21	AAA
										10	52.2	4.29	
北京										5	42	4	
										7	31.5	4.18	AAA
										10	31.5	4.24	
江西										5	57.2	4.01	
										7	42.9	4.01	AAA
										10	42.9	4.18	
宁夏										5	22	3.98	
										7	16.5	4.17	AAA
										10	16.5	4.26	
青岛										5	10	3.96	
										7	7.5	4.18	AAA
										10	7.5	4.25	

资料来源：国泰安数据中心和中债资讯库。

3.1.4　2014 年新预算法改革

由于 1994 年的《中华人民共和国预算法》规定地方财政不能列支赤字，不能直接举债，因此在很长一段时期内，地方政府债务形式主要以中央政府转贷及地方融资平台举债为主。然而，这两种形式都存在发生债务风险的可能性。例如，一方面，中央政府转贷的数额有限且有各种限制，难以满足地方政府的支出需要；另一方面，中央政府转贷因预算软约束极易产生地方政府的道德风险，进而形成"公共池"问题。又如，地方融资平台主要以城投公司形式存在，这种类型的债务形成了地方政府的或有负债。由于这种预算外借款的存在，地方政府债务在中央政府和地方政府之间的信息不对称，难以监管。另外，对城投公司的预算外借款，地方政府主要依赖于土地及以土地价格为借款保证，但在经济波动的背景下，城投公司通过地价证券化进行融资加大了政府债务清偿风险，放大了系统性借贷风险。面对以上问题，2014 年 9 月，国务院先后出台《国务院关于加强地方政府性债务管理的意见》（国发〔2014〕43 号）和《国务院关于深化预算管理制度改革的决定》（国发〔2014〕45 号），要求剥离地方融资平台的政府融资功能，建立以政府债券为主体的地方政府举债融资机制，对地方政府债务实行规范管理与控制，以防范和化解日益膨胀的地方债务风险。

（1）修订《中华人民共和国预算法》

自 2015 年 1 月 1 日起，新修订的《中华人民共和国预算法》规定：第一，地方各级预算按照量入为出、收支平衡的原则编制，除《中华人民共和国预算法》另有规定外，不列赤字。第二，这里的另有规定是指经国务院批准的省、自治区、直辖市的预算中必需的建设投资的部分资金，可以在国务院确定的限额内，通过发行地方政府债券的方式筹措。省级以下政府统一由省级政府代为发行。举借债务的规模由国务院报全国人民代表大会或全国人民代表大会常务委员会批准。省、自治区、直辖市依照国务院下达的限额举借的债务，列入本级预算调整方案，报本级人民代表大会常务委员会批准。举借的债务应当有偿还计划和稳定的偿还资金来源，只能用于公益性的资本性支出，不得用于经常性支出。第三，地方政府及其所属部门不得以任何方式举借债务。除法律另有规定外，地方政府及其所属部门不得为任何单位和个人的债务以任何方式提供担保。第四,国务院建立地方政府债务风险评估和预警机制、应急处置机制以及责任追究制度。国务院财政部门对地方政府债务实施监督。

(2) 去平台化

2014 年 9 月,国务院先后出台《国务院关于加强地方政府性债务管理的意见》和《国务院关于深化预算管理制度改革的决定》,要求剥离地方融资平台的政府融资功能,建立以政府债券为主体的地方政府举债融资机制,对地方政府债务实行规范管理与控制,以防范和化解日益膨胀的地方债务风险。

(3) 发行专项债券和一般责任债券

地方政府专项债券(以下简称"专项债券")是指省、自治区、直辖市政府(含经省级政府批准自办债券发行的计划单列市政府)为具有一定收益的公益性项目发行的、约定一定期限内以公益性项目对应的政府性基金或专项收入还本付息的政府债券。2014 年 9 月,依据《国务院关于加强地方政府性债务管理的意见》(国发〔2014〕43 号),财政先后发布了《财政部关于印发〈2015 年地方政府专项债券预算管理办法〉的通知》(财预〔2015〕32 号)、《地方政府专项债券发行管理暂行办法》(财预〔2015〕32 号),提出并践行专项债券与一般责任债券制度。具体规定如下:第一,采用记账式固定利率附息形式。第二,单只专项债券应当以单项政府性基金或专项收入为偿债来源;单只专项债券可以对应单一项目发行,也可以对应多个项目集合发行。第三,专项债券期限为 1 年、2 年、3 年、5 年、7 年和 10 年,由各地综合考虑项目建设、运营、回收周期和债券市场状况等合理确定,但对期限较长的债券具有一定的发行规模限制。第四,专项债券由各地按照市场化原则自发自还,遵循公开、公平、公正的原则,发行和偿还主体为地方政府。

(4) 发行一般责任债券

一般责任债券是指省、自治区、直辖市政府(含经省级政府批准自办债券发行的计划单列市政府)为纯公益性项目发行的、约定一定期限内以财政资金还本付息的政府债券。根据《地方政府一般债务预算管理办法》(财预〔2016〕154 号)的规定,一般责任债券的收入、支出、还本付息、发行费用均纳入一般公共财政预算管理，发行期限包括 1 年、2 年、3 年、5 年、7 年、10 年、15 年，由各地综合考虑项目建设、运营、回收周期和债券市场状况等合理确定，同时对期限较长的债券具有一定的发行规模限制。

（5）限额管理

限额管理主要针对专项债券与一般责任债券。2015 年，财政部提出对地方政府债务实施限额管理政策（财预〔2015〕225 号）。2017 年，财政部印发《新增地方政府债务限额分配管理暂行办法》（财预〔2017〕35 号），进一步规范完善限额分配管理政策。

（6）推行 PPP 模式

PPP（public-private-partnership）是指特定的政府和社会资本之间的一种合作关系。PPP 模式是指通过适当的资源分配、风险分担和利益共享机制，提供传统上由政府提供的公共基础设施项目的模式。一般来说，基础设施具有固定成本高、资产专用性强、较长的建设运营周期和资产生命周期等特征，若由政府来提供，将可能面临供给不足、建设与运营效率低等问题。若由市场来提供，将可能面临自然垄断或"搭便车"问题。因此，基础设施由市场或政府单独提供都将失灵，需要政府与社会资本进行有效合作共同提供。

从效率特征来看，首先，PPP 模式是地方政府的一种融资工具，用于基础设施的建设，可以缓解因地方财权、财力与事权的不匹配及城镇化发展给地方政府带来的财政困难，降低地方债务风险。其次，PPP 模式是新型的政府治理工具，PPP 模式的引入有效弥补了市场和政府在提供基础设施项目上的诸多不足，构建其管理框架使政府形成了一种新的治理工具。最后，PPP 模式是一种新型的市场机制。PPP 模式有效发挥了市场机制在基础设施建设中的作用，政府与市场相互合作、合理分工，促使我国长期以来两者权、责、利模糊不清的关系得以进一步清晰明确。

（7）风险防控机制

在防范地方政府债务风险的具体操作制度上，我国政府也在不断完善，如建立债务风险预警制度、偿债准备金制度等。据审计署统计，截至 2013 年 6 月底，18 个省级、156 个市级、935 个县级政府建立了债务风险预警制度；28 个省级、254 个市级、755 个县级政府建立了偿债准备金制度，准备金余额为 3 265. 50 亿元。同时，中央和地方政府采取明确偿债责任、建立财政奖补机制等措施化解存量债务，其中通过对公益性乡村历史债务的清理，化解农村义务教育债务 973. 89 亿元。

同时，我国在这一时期加强了地方政府隐性债务的清理工作，并严格限制约束地方政府违法违规举债行为。2016 年，国务院办公厅印发了《国务院办公厅关于印发地方政府性债务风险应急处置预案的通知》（国办函〔2016〕88 号），作为配套文件，财政部发布了《财政部关于印发〈地方政府性债务风险分类处置指南〉的通知》（财预〔2016〕152 号）。2016 年，财政部发布《关于印发〈财政部驻各地财政监察专员办事处实施地方政府债务监督暂行办法〉的通知》（财预〔2016〕175 号）。2017 年，针对违法违规融资行为，财政部联合五部门出台了《进一步规范地方政府举债融资行为的通知》（财预〔2017〕50 号），财政部发布了《关于坚决制止地方以政府购买服务名义违法违规融资的通知》（财预〔2017〕87 号），中国银监会发布了《关于银行业风险防控工作的指导意见》（银监发〔2017〕6 号）。

3.1.5　2018 年绩效预算管理制度改革

全面预算绩效管理是实现财政治国理财功能的制度形式（马国贤和任晓辉，2018），是政府治理理念和方式的深刻变革。2017 年，党的十九大报告提出，建立全面规范透明、标准科学、约束有力的预算制度，全面实施绩效管理。2018 年，《政府工作报告》再次承诺推进全面预算绩效管理，使财政资金花得其所、用得安全。同年 7 月，中央全面深化改革委员会第三次会议审议通过《中共中央 国务院关于全面实施预算绩效管理的意见》。该意见提出创新预算管理方式，更加注重结果导向、强调成本效益、硬化责任约束，通过全方位、全过程、全覆盖的预算绩效管理体系，实现预算和绩效管理一体化。2020 年，党的十九届五中全会公报指出，推进财政支出标准化，强化预算约束和绩效管理。

绩效预算最早由美国联邦政府第一届胡佛委员会提出（Lederle，1949），在发展研究中其概念更倾向于绩效信息是否被政策制定者应用于未来的预算安排，具体包括直接影响型绩效预算、信息型绩效预算和报告型绩效预算三个类别（何达基等，2019）。其中，直接影响型绩效预算是指将预算资金分配与绩效评价结果关联，基于预算产出结果分配预算资金（Joyce，2003；OECD，2007）。2018年9月，中共中央、国务院为强化预算制度防控地方债务风险，印发《中共中央　国务院关于全面实施预算绩效管理的意见》（中发〔2018〕34号）提出全面绩效管理政策，将绩效管理应用于预算编制、执行、决算、评价与结果应用的全过程，旨在建立全面规范透明、标准科学、约束有力的预算制度。

从经济学视角来看，对政府实施全面预算绩效管理有利于提高公共资源的配置效率和技术效率。一方面，提高公共资源的配置效率。预算绩效管理明确项目提供的优先序，将组织绩效和个体绩效有机结合，有助于增强公共部门的服务意识，满足各相关主体的期望（Stephen & Flynn，1997）。另一方面，提高预算管理的技术效率。预算绩效管理强调落实责任与结果导向，重视规划，降低公共服务项目的提供成本，更好地实现政府的责任目标（OECD，2007）。

基于理论本质，全面绩效管理属于直接影响型绩效预算管理机制，而关于绩效信息准确性的科学评价指标体系以及信息技术支撑和人员投入等成本，是影响绩效预算能够被有效使用的重要因素（Long & Franklin，2004；Sterck，2007；Robinson，2016；何达基等，2019）。换言之，监管强度及其成本、绩效评价体系的构建对绩效预算管理效率更为重要（Grizzle & Ptijohn，2002；Moynihan & Lavertu，2012；GAO，2015）。

3.2　地方政府债务绩效预算管理制度的特征

3.2.1　地方政府债务绩效预算管理体系逐步完善

2021年8月17日，中央财经委员会第十次会议提出，要夯实金融稳定的基础，处理好稳增长和防风险的关系，巩固经济恢复向好势头，以经济高质量发展化解系统性金融风险。由此可见，中共中央、国务院高度重视地方政府债务预算管理，着力解决地方政府债务规模高企及风险扩散问题，充分发挥地方政府债务的正向效能。

当前，我国地方政府债务绩效预算管理政策体系分为三个维度，分别是制度与政策调控重塑维度、风险管理维度、操作指引维度。第一，制度与政策调控重塑维度。一方面，我国基于新修订的《中华人民共和国预算法》改革的根本性制度调整，赋予地方政府举债权限。另一方面，我国实行地方政府债务限额管理制度。第二，风险管理维度。长期以来，国家出台诸多文件加强地方政府债务管理，发挥政府规范举债对经济社会发展的促进作用，防范化解地方政府债务风险，防范化解重大风险。第三，操作指引维度。这一维度的政策主要围绕地方政府专项债券和一般债券的操作规范与操作指南，主要包括基本政策管理办法、债券分类操作指引以及关于发行与信用公开方面的操作指引。

3.2.2 地方政府专项债券偿还风险日益增大

地方政府专项债券偿还机制是指能够保证地方政府按约定偿还专项债券的具体路径和约束机制。根据偿债机理，举债主体责任、举债方式、偿债资金来源、偿债期限、偿债资金用途以及资金管理等是专项债券偿还机制的主要构成要素，而明晰的偿还责任主体、有效的偿债来源与合理的偿债方式是降低偿债风险、建构完备的偿还机制的关键问题（苗庆红，2015）。2016年，财政部发布《财政部关于印发〈地方政府专项预算管理办法〉的通知》（财预〔2016〕155号）和《财政部关于对地方政府债务实际限额管理的通知》（财预〔2015〕225号）提出了地方政府专项债券的偿还模式，为专项债券偿还风险管理提供了规范性指引。

然而，在我国的政治经济体制背景下，特别是面临下行压力加大的经济形势，地方政府偿还专项债券的压力也在不断增加。从数据上看，2015—2021年，地方政府专项债券每年发行额分别为 9 692 亿元、25 118 亿元、19 961 亿元、19 459 亿元、25 882 亿元、50 781.17 亿元（2020 年 1 月至2021 年 6 月），累计发行规模已高达 15 万亿元。从发行期限来看，2015—

2017 年发行的 3 年期、5 年期专项债券已到期，其中，3 年期债券发行规模分别为 1 515.99 亿元、4 280.48 亿元、2 920.95 亿元，累计为 8 717.42 亿元；5 年期债券发行规模分别为 3 582.37 亿元、8 985.02 亿元、8 200.43 亿元，累计为 20 767.82 亿元。2018 年与 2019 年专项债券还本额分别为 1 616 亿元、5 589 亿元①，累计还本规模为 7 205 亿元。根据《财政部关于印发〈地方政府专项预算管理办法〉的通知》（财预〔2016〕155 号）的规定，专项债务本金通过对应的政府性基金收入、专项收入、发行专项债券等偿还。2018 年与 2019 年专项债券再融资规模分别为 1 358 亿元、3 439 亿元，累计再融资规模已达 4 797 亿元，即再融资债券规模占还本支出的比重为 66.58%。这表明，地方政府债券的还本支出高度依赖再融资债券，这虽然可以解决短期债券偿付问题，但遗留较大风险：一方面，利息负担加重形成更大的偿债风险；另一方面，在商业银行的流动性约束条件下，商业银行增持债券导致信贷供给较少，进而产生挤出效应，同时债券存量的持续增加也提高了债券风险而导致债券价值下降（毛锐等，2018）。从 2020 年以后，地方政府专项债券进入了集中偿付期，2021 年面临还本压力 22 280.24 亿元，这一数值占 2020 年 GDP（1 015 986.2 亿元）的比例为 2.19%，占 2020 年政府性基金支出（117 999 亿元）的比例为 18.88%，专项债券面临较大的偿付压力。其主要风险点如下：

（1）"借用还"主体不统一，责任主体不够明晰

在地方政府债务的法律关系中，债务人应为特定主体，且承担向债权人交付财产、提供劳务和为或不为一定行为的义务。根据规定（财预〔2015〕225 号和财预〔2016〕155 号），省级政府具有举债权并为地方政府专项债券的发行主体，财政部依据债务风险、财力状况等因素向省级政府分配债务限额后，由省级政府统一发行并转贷给确需发行专项债券的市（县）级政府。从法律关系角度来看，这种发行方式将导致专项债券"借用还"主体相分离，责任主体无法明晰。如图 3-1 所示，省级政府代市（县）级政府发售专项债券时，专项债券的债权人只能对省本级债券发行金额形成法律约

---

① 由中国地方政府债券信息公开平台的数据测算得到。

束，却对"真实债务人"市（县）级政府无法形成有效约束，即市（县）级政府虽然应当按照转贷协议约定承担的还本付息的责任，但是省级政府作为法律上的债务人，其只能对地方政府实施行政控制。这样的发行机制相当于省级政府为地方政府提供了一定的信用担保，直接导致省级政府可能需要承担地方政府的违约风险，从而使得市（县）级政府形成省级政府一定会"兜底"保障的预期。这表明，地方政府专项债券的"借用还"主体不相统一的特征，可能导致在省级以下层级政府内形成一定程度的"公共池"和道德风险问题，成为地方政府专项债券偿还的风险点。

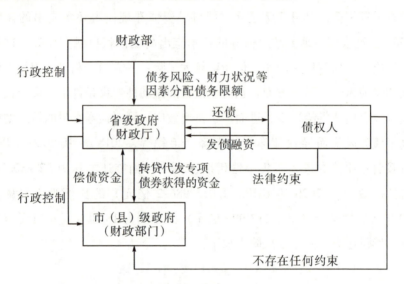

图 3-1　我国地方政府专项债券偿还机理

（2）缺乏具有可持续性的资金保障

可持续性的资金保障是指专项债券项目具有积极的盈利前景并能够形成可靠、稳定的现金流，用以保障项目收益能够偿还债券本息。根据规定（财预〔2016〕155号），专项债券的本息主要通过对应的政府性基金收入、专项收入、发行专项债券等偿还。这表明，所有种类及专项债券的偿还是统一管理的，这种做法在中观层面上的确能够避免债务风险的发生，但是会在一定程度上导致责任主体忽视项目的微观管理；同时，相关部门在项目审批时，也缺乏对项目现金流、可持续性、盈利前景以及风险因素等进行科学可靠的量化评估（张怡亮，2019），导致单个项目收益与融资自平衡目标难以实现，偿债资金来源不具有可持续性。

（3）以项目为基础的基金制度缺位，难以匹配项目资金管理的要求

偿债基金又称为减债基金，是指国家或发行公司为偿还未到期公债或公司债而设置的专项基金。地方政府专项债券偿债基金是指地方政府按照相关规定筹集相关财政资金于指定账户中，专门用于偿还地方政府的专项债券。偿债基金制度作为一种强制性债务偿还手段，能够降低政府违约率，是一种维护政府公信力的增信手段。基金制度的运行体系由多个环节构成，包含基金的资金筹集、基金账户资金的使用和保管，基金账户资金的管理和监督。根据规定（财预〔2016〕155 号），省级财政部门发行专项债券募集的资金，应当缴入省级国库，通过政府性基金预算进行核算，并根据预算安排和还本计划从国库拨付资金。鉴于国库基金的收支项目复杂，而且政府性基金预算现行的收付实现制会计基础存在弊端，不适合债务收支的核算，不能准确反映债务风险。目前我国虽然有一些地方政府设立了基金制度，但仍缺乏科学的实施细则的支持。

3.2.3　地方政府隐性债务风险与金融风险交叉累积

在地方财政困境长期存在的基础问题下，地方政府承担着平抑经济波动、发展地区经济的职能，地方政府需要持续举借债务扩增政府投资支出进行基础设施建设，以通过财政支出乘数效应促进经济发展。在此背景下，除了财政体制外，金融体制变革也是一个关键的分析视角。改革开放以来，我国的金融体制经历了数次变革。金融分权与集权在 1994 年分税制改革之后变化比较明显（何德旭和苗文龙，2016）。1994—1997 年，地方政府对辖区内银行拥有人事任命权，呈现为直接金融分权；1998—2002 年，银行体系实行"三行一会"垂直化管理，地方政府难以干预金融资源分配，呈现金融集权的特征；2003 年至今，地方政府参股或控股城市商业银行、农商行、村镇银行等地方性金融机构，呈现为隐性金融分权（毛捷和徐军伟，2019）。现行的金融体制为我国经济快速发展提供了资金保障，但也为地方

政府借助金融市场和金融机构大量举债创造了机会。在财政分权背景下，由于各类非正式制度的存在及金融市场发展还不够充分，地方政府通过债务融资实现间接金融分权，用以对冲财政赋权不科学造成的压力。然而，在隐性金融分权背景下，一些地方利用政府的动能禀赋，迎合金融市场投融资规则，借助金融市场规则占有大量金融资源（毛捷和徐军伟，2019），但是又无力偿还，形成地方政府隐性债务风险。

从路径上看，地方政府通过组建融资平台公司，基于预算软约束与金融软约束以及土地财政的不可持续风险，形成了较大的潜在偿债风险。同时，地方政府债务风险溢出流向也需要被关注。债务风险溢出流向主要是看由谁购买的地方政府债务、谁是地方政府债务的实际债权人。因此，大量的地方政府隐性债务的偿债风险流向金融领域，可能造成金融体系内的流动性风险。基于流动性风险的自我累积性质可能形成地方债务扩张与金融风险累积的叠加效应。

4

地方政府债务绩效
预算管理的国际经验

4.1　德国

4.1.1　政府管理制度框架

（1）政府管理制度框架概述

德国是一个具有三级政府结构的联邦制国家，其政府级次包括联邦政府、16 个州政府（13 个联邦州和 3 个城市州）和地方政府（14 808 个市镇和 322 个县）。德国联邦政府对州和市具有强大而广泛的影响力，全国在几乎所有重要问题上都实行统一立法。关于公共产品的提供，德国《基本法》强调全国生活水平的一致性，而非规定生活水平的最低标准。德国联邦制的一个特征反映为不同级别的政府在政策上的高度协调性。

①责任分配。德国《基本法》规定了联邦、州和地方政府之间的责任、费用和收入的划分机制。各级政府的职责分配如下：第一，联邦政府主要负责外交、国防、货币、海关、航空、邮电等事务。第二，州政府的主要职责包括州的行政事务和财政管理、环境保护、卫生健康事业及保健设施建设、法律事务和司法管理、社会文化和教育事业等。除了上述明确划分的职责之外，根据法律规定的原则，有些事务由联邦和州政府共同承担，主要包括扩建和新建高等院校（包括医学院的附属医院）、地区性经济结构调整和改善、改善农业结构和增进海岸防护等。此外，按照降低成本和提高支出效率的管理原则，经过立法机关批准，联邦公路，水道航运，航空运输，控制、节约能源方面的研究利用等职责，也可以委托相关州政府来承担。第三，地方政府的主要职责包括地方行政事务及行政管理、地方公路建设和公共交通事务、科学文化和教育事业（包括成人教育、学校管理、博物馆和剧院等的管理与维护）、水电和能源供应、社会住宅建设和城市发展规划、地方性公共秩序管理、卫生、医疗保障和社会救济等。此外，地方政府还接受联邦和州政府的委托，承担诸如公共选举、户籍和人口普查之类的职责。

②立法权。为保证各级政府职责的有效实施和全国法律政策的统一，德国《基本法》对立法权做了相应规定，联邦政府拥有对某些特定事项进行

立法以及与各州政府共享同等立法权限的权力。其中，在联邦政府独享立法权的事项上，各州政府只有在获得联邦法律明确授权的情况下才有权立法，州和市政府不得越权。在联邦政府和各州政府共享同等立法权限的事项上，只要联邦政府不通过颁布法律来行使其立法权，那各州政府就有权进行立法。

联邦政府的专属立法权主要是在国家层面的重要事项上。例如，身份证明文件和居民登记、文化财产保护以及武器和爆炸物有关的法律。各州政府主要是在地方性事务上拥有地方专属立法权，如刑法制度、集会权以及公务员的工资和退休金等事项。其余事务则由联邦政府和州政府共享同等立法权。

③行政责任。德国《基本法》详细列举了联邦、州、地方政府的行政责任。具体来看，联邦政府负责维护国家安全和经济社会稳定以及跨区域的公共事务，通常是由联邦政府来设置行政机构负责相关事务。但是，一些公共事务也可以在联邦法律许可的范围内授权州政府执行。此外，联邦政府和州政府的共同事务主要是教育规划与信息系统建设、促进区域经济结构的改善、农业生产、保护州辖海岸等事务。州政府主要负责医疗、教育、文化以及有助于本州经济社会稳定的公共事务。这样的安排有助于实现全州统一的生活环境。地方政府公共事务的执行权小而具体，职责是为本辖区居民提供生活所需的基础设施和基本保障。

与立法权的分配正好相反，执行法律规定和法律未规定的行政活动的责任主要由州政府承担。其中，州政府执行的法律主要包括"代表自己执行法律"和"代表联邦执行法律"两个方面。在大多数情况下，本应由联邦政府执行的食品、社会福利和道路交通等方面的法律则由各州政府执行。在特殊情况下，如联邦公路的管理、代替联邦政府征收联邦税或共享税税款、航空管理等方面，则是由各州"代表联邦"来执行联邦法律。与各州"代表自己执行法律"相反，联邦针对各州"代表联邦执行法律"拥有更广泛的监督权力。这些权力包括法律监督和确保法律适当执行的权力。

（2）各层级政府间的财政关系

①政府间的财政支出责任划分。德国《基本法》明确规定，联邦和各州政府分别承担实现各自职责任务所需要的财政支出。由于政府的各项政策

主要由联邦政府负责制定，因此支出决策也是由联邦政府决定的。德国《基本法》对财政支出责任的划分也有一些例外规定，主要涉及联邦委托任务、特殊支付款项、财政援助和共同任务所需的财政支出负担。表4-1为德国联邦政府、州政府以及市政府之间的重要支出责任划分情况。

表4-1　德国联邦政府、州政府以及市政府之间的重要支出责任划分情况

联邦政府	州政府	市政府
对外服务	市政监督和金融资源	排污、费用处理
联邦金融管理局：管理（包括行政）、关税、能源、烟草、车辆税	州政府：行政管理、收入、遗产税	土地利用规划
国防	当地公共交通	儿童和青年福利/日托
社会制度	警察	博物馆、体育设施、剧院
货币政策	区域经济	当地学校、当地交通
运输	教育	当地水资源和能源供应、街道清洁

资料来源：德国联邦财政部信息中心官网。

第一，各州政府如果承担联邦政府委托的管理任务，其需要的财政支出全部由联邦政府承担（这种支出称为有特定用途或特定目的的财政支出）。各州政府在安排开支时，必须将款项用于联邦政府委托管理的指定项目。

第二，特殊支付款项的财政支出责任。如果某些由各州政府承担的任务，支出负担较重，根据法律规定，联邦政府有义务提供特殊支付款项协助完成。

第三，财政援助的支出规定。这种财政援助针对各州政府和市政府的特殊意义投资而提供，旨在促进整体经济平衡与保持经济稳定增长。财政援助项目必须与政府的经济调节政策、经济结构以及基础结构调整政策相吻合，这往往会被看成联邦政府实施财政政策的一个重要手段。

第四，共同任务的财政支出责任。原则上，联邦政府和各州政府分别承担共同任务所需支出的50%，如高等院校的新建和扩建、地区性经济结构的改善等。但用于改善农业结构的支出联邦政府要承担60%，对海岸保护的支出联邦政府要承担70%。根据法律的要求，这些支出负担比例的划分，

需要在联邦政府与各州政府之间签订的共同任务协议中确定。

②政府间的收入划分。为了使联邦政府、各州政府和市政府能够完成其任务，它们必须有足够的收入来为其履行职能提供资金。其中，各级政府收入的最重要来源是公民缴纳的税款。德国《基本法》规定了联邦政府、各州政府以及地方政府之间分配税收收入的复杂程序。德国各个税种一共可以分为以下两类：

一类是专属于联邦政府、州政府以及地方政府的税收，具体划分如表4-2所示。

表4-2　德国联邦政府、州政府以及地方政府专属税种的划分

联邦税	能源税、电税、烟草税、咖啡税、烧酒红酒税、保险税、大型运输卡车税、团结统一税
联邦州税	遗产赠与税、土地购置税、啤酒税、赌马彩票税、赌场税、消防保护税
地方税	营业税、工商税、土地税、娱乐税、狗税、第二居所税、自动赌博游戏机税、饮料税

资料来源：德国联邦财政部信息中心官网。

另一类是三级政府共享的税收——共享税。例如，公司税、个人所得税、增值税、利息税与清偿债务及出售转让税费等。表4-3展示了德国共享税税收收入的纵向分配比例。工资税①根据居住原则进行分摊。公司税根据企业经营地进行分摊。利息和资本收益的最终预提税根据银行信息进行分配，因为银行信息表明了纳税人居住或注册办事处所在的州。增值税作为德国的一个至关重要的共享税，政府首先要将其收入的一部分用于养老保险，另一部分划拨给地方政府。在此基础之上，剩余的增值税收入在联邦政府与州政府之间进行分配。因为德国增值税税收收入的纵向分配比例涉及联邦政府、州政府以及地方政府的财政利益，所以为了保证各级政府财政能力的相对平衡，德国增值税税收收入的纵向分配比例也在不断进行调整，但是分配比例的确定必须遵循一定的原则和标准。根据德国《基本法》及《财政平等法》的规定，增值税的纵向分配比例的确定需要遵循的原则和标准如下：第一项原则是增值税纵向分配比例的原则。在常项收入框架内，联邦政府和

---

① 工资税不等同于所得税，属于个人所得税的一部分。

各州政府就覆盖其必要支出同等地享有请求权。覆盖率①通过计算常项收入和常项支出的比例得出。其中，常项收入和必要支出的标准是统一的，即联邦政府和各州政府在预算规划中预估的全部收入和全部支出。第二项原则是对联邦政府和各州政府的覆盖需求加以协调，以实现合理的平衡，避免对纳税义务人造成过重的负担，并保障在联邦境内存在均衡的生活条件。另外，根据德国《财政平衡法》的规定，联邦政府与各州政府的财政出现影响财政平衡的变化时，联邦政府和州政府可以协商增值税的分享比例，其具体分享比例由联邦政府和各州政府的财政收支变动来决定，但是该分配比例不是由《基本法》决定，而是由一部更易修改通过的联邦法律《分配法》确定的。表4-4展示了1995—2019年增值税税收收入的分配比例。第三项原则是增值税收入在各州之间进行分配，即横向分配。各州之间的横向分配主要包括两次分配：第一次分配是将州政府获得的增值税收入总额的75%及以上的部分，按照各州的居民人口在各州之间进行分配。第二次分配是将第一次分配之后剩余的增值税收入，在财政能力较弱的州之间进行分配，从而起到对贫困州进行补贴的作用。

表4-3　德国共享税税收收入的纵向分配比例　　　　单位:%

税种	联邦政府	州政府	地方政府
公司税	50	50	0
所得税	42.5	42.5	15
增值税	53.9	44.1	2
利息税与清偿债务及出售转让税费	44	44	12

资料来源：德国联邦财政部信息中心官网。

表4-4　1995—2019增值税税收收入的分配比例　　　　单位:%

年份	联邦政府	州政府	地方政府
1995	56	44	0
2000	52	45.9	2.1

① 首先分别算出联邦政府和州政府作为整体的收入支出比值，再将两个比值加以比较，算出联邦政府和州政府各应分享多少增值税才能使两者有相同的覆盖率。

表4-4(续)

年份	联邦政府	州政府	地方政府
2010	53.2	44.8	2.0
2011	53.9	44.1	2.0
2012	53.4	44.6	2.0
2013	53.4	44.6	2.0
2014	53.5	44.5	2.0
2015	52.3	45.5	2.2
2016	49.4	48.3	2.3
2017	50.7	46.6	2.7
2018	49.6	47.2	3.2
2019	48.9	47.7	3.4

资料来源：德国联邦财政部信息中心官网。

③政府间的转移支付。财政均衡的目的是保证给定土地上的所有地方政府都能获得最低水平的财政资源，并且同时考虑到它们必须完成的任务的平均规模（这是财政均衡制度的纵向和数量方面）。财政均衡是为了平衡各个地方政府财政能力的差异（这是系统的横向再分配层面）。这意味着，转移支付只能减少地方当局之间与结构相关的财政差异，而不能减少它们自己负责的财政差异。因此，财政状况不佳的地方政府通常能比税收来源较好的地方政府获得更高比例的补助。财政均衡分配是一种将资金从财政较强的地方政府重新分配给财政较弱的地方政府的方法，这种方法可以增强均衡制度的效果。

每个州都要负责这些资金的纵向和横向分配，原则是分配的资金应满足财政需求。如果每个地方当局都收到一笔赠款，以满足其与所有地方当局可获得的总额相适应的需求，那么此时就可以认为已经达到了尽可能公平分配。但实际上，这个目标永远不可能完全实现。因此，均衡制度的结构会导致地方政府去争夺有限的财政资源。德国政府间的转移支付主要包括纵向转移支付和横向转移支付两个部分。

纵向财政平衡包括联邦政府对州政府和州政府对所辖地方政府两个层

次。联邦政府对州政府的财政平衡主要通过以下三种方式：一是增值税分配比例的调整。德国各级政府的财政收入主要以三大税种为主，即个人所得税、增值税和公司所得税。由于个人所得税和公司所得税具有的受益性质，其收入应根据属地原则归当地政府所有，因此德国只选择了增值税作为均衡分配的基础。如前所述，增值税收入首先是在联邦政府与州政府之间进行分配，而其分配比例可以在一定程度上平衡各级政府的财政。此外，德国《基本法》规定，对财力薄弱、收支不平衡的州，联邦要从自己所分得的增值税份额中再拿出一定比例予以资助。二是联邦补充拨款。这是在各州实施财政均等化后，联邦预算提供一般资金补助款项，以弥补财政能力低于平均水平的各州的均等化指数之间的部分差距。这些一般拨款覆盖了财政能力指数①与均衡指数② 99.75% 之间 80% 的差距。三是专项拨款。对属于州和地方事权范围的一些重要投资项目以及对各州的某些负担较重的支付项目和联邦委托给州的任务进行拨款和补助，以平衡地区之间的差异。

州政府对所辖地方政府进行财政转移支付主要是因为对于个别城市和自治市来说，即使它们的规模和责任相似，也往往面临着巨大的财政状况之间的差异。因此，这种情况需要一个平衡地方当局财政的系统，以作为地方税收制度的补充。这个体系提供了财政平衡。州政府对所辖地方政府的财政转移支付主要通过两种方式：一是一般性财政拨款，约占州政府对地方财政拨款的 70%。这部分拨款不限定具体用途，地方政府可自由支配使用。二是专项拨款，金额一般相当于州政府对地方政府转移支付资金的 30%。这是专门用于州政府指定的公共服务项目的拨款，主要包括幼儿园、中小学及高等教育、道路建设、公共交通等。

---

① 财政能力指数是以下各项的总和：一是某州的税收收入［该州上一年税收收入增幅（不包括增值税）与其他州相比，高于平均水平的 12% 以内］，包括其人均增值税份额。二是该州地方当局的税收收入。这个金额设定为地方当局所得税收入（包括利息和资本收益的最终预提税）和增值税收入的 75% 以及非个人所得税收入的 75%，即贸易税和财产税（使用全国标准化乘数）。地方当局转移给联邦和各州的那部分税收被更正为贸易税。

② 均衡指数是衡量土地财政需求的指标，其计算方式是以下各项之和：一是各州税收收入均衡指数（各州征收的平均收入，按人均分配给各州；柏林、不来梅和汉堡等城市的人口各占135%）。二是地方当局税收均等化指数（各州从地方税中所获得的平均收入，按人均分配给各州；柏林、不来梅和汉堡等城市的人口各占 135%，梅克伦堡-西波美拉尼亚州、勃兰登堡和萨克森安哈尔特州的人口各占 105%、103% 和 102%）。

　　自 1956 年以来，税收共享一直是财政均衡系统的核心要素，当时税收共享就已被写入德国宪法。根据德国《基本法》的规定，各州从共享税中所得的收入要按一定比例转给地方当局和地方当局协会（称为强制性收入分享），确切的百分比由各州立法机构确定。这一数额被称为"分摊比率"，该比率根据历史上土地与其地方当局之间的职能分配情况而有所不同。于是，收入分享的基础甚至也可能由此而有所不同。地方当局之间基于需求的财政均衡制度遵循不同的程序，其基础是计算履行地方政府职能所需的资金。在这种情况下，分摊比率的规定仅供参考。州立法机构可以决定州税收（与共享税相对）是否分享以及以何种比例与地方政府分享（称为选择性收入分享）。各州在这方面的政策也各不相同。此外，各州会从各州预算的一般储备金中为地方政府提供额外资金（部分由关于财政平等的现行立法规定监管，部分由特别立法规定监管，部分由具体预算中的规定监管）。但是，各州支付给地方当局的财政补助无法进行比较，因为在不同的财政均衡体系中，这些补助的结构不同，而且各州政府及地方当局之间的职能分配也不同（这种分配本身每年都会发生变化）。

　　财政均衡体系最困难的任务之一是定义和计算各个地方政府的财政需求。为了能够准确计算财政需求，财政有必要界定每个地方政府的职能，并计算与履行这些职能相关的确切费用。这反过来要求对设施、设备、服务等的标准进行规范，这一过程必须在政治层面进行。但是，遵循这一程序来计算财政需求将违背地方自治的原则，因为它不允许考虑不同的地方条件和地方政策决定。因此，所有的州都将使用标准化的程序来规划各个地方当局的财政需求。这包括使用各种不同的"分配系数"——包括主要分配系数、次要分配系数和补充分配系数——来获取与确定各个地方当局的财政需求相关的主要特征。这些因素加起来就是一个"总分配系数"①。它反映了居民的加权数，并得出计算地方当局的财政需求指数，同时考虑到可用于基于公式的资金分配的财政资源数量。财政需求逐步增长的假设主要基于这样一个

---

　　① 总分配系数的核心部分是主要分析系数。它以地方政府所在区域的居民人数为基础（在某些情况下，还基于地方政府作为周边地区"中心"的作用程度）。这是计算其财政需求的最重要的标准。在这种情况下，大多数州的假设是，地方当局的财政需求与其人口规模不成比例地增加，因此人口的权重因规模而异。

事实，即较大的地方政府作为"中心"，不仅为自己的居民提供服务，也为周围地区的居民提供服务。其他各州则是遵循一种基于"中心"的方法，即根据区域发展计划，对被指定为功能性"中心"的地方当局更有力地加权居民人数（或提供特别财政拨款）。补充分配因素是区分财政需求的额外基础。这些因素（通常使得居民人数的权重更大，因此融资更多）旨在根据具体的地方职能、特点或情况，捕捉增加地方当局财政需求的特征。各州立法机构都不同程度地使用了引入补充拨款因素的选项，以此来说明影响地方当局财政需求的具体地方特征。例如，各州都引入了补充拨款因素，用于疗养胜地、人口增长、地表面积、学校、社会福利成本、军事基地、道路和中央政府职能的履行。

横向转移支付主要是在各州之间。各州之间通过实行财政转移支付，财力强的州将部分财政收入转移到财力弱的州，从而使各州的财政收支达到大致平衡的状态。各州之间进行财政转移，需要先计算出各州的财力指数[①]和平衡指数[②]，从而测算出各州的税收能力和标准财政支出需求后，确定各州财力的水平和转移支付的水平，进而确认各州是具有平衡义务还是平衡资格。

综上所述，德国在明确不同层级政府的职责之后，通过纵向和横向的财政转移支付，使财力较弱的州的财政能力可以达到全国平均水平的95%。由此可见，德国的转移支付制度明显起到了平衡各级政府财力的基本作用。

4.1.2　地方政府债务预算管理体系框架

（1）地方政府债务管理机构的设置

对于州政府而言，其债务管理机构为联邦政府和州政府共同组成的稳定委员会。自2010年起，根据德国《基本法》的规定，联邦政府和州政府成立了稳定委员会，以监督联邦和各州的预算管理。稳定委员会成员包括联邦财政部部长、负责财政工作的联邦各州的财政部部长以及联邦经济事务和能

---

① 财力指数主要用于衡量各州的税收能力水平。财力指数=增值税税前的税收能力+增值税+补贴税+地方税-港口税。

② 平衡指数主要用于评估标准财政支出需求。平衡指数1=[（所有州的增值税税前的税收能力之和+分配到的增值税+补贴税-港口税）÷所有州的居民总数之和]×各州居民数，表示州的标准财政支出需求和平衡指数。平衡指数2=（所有州的地方税之和÷所有州的居民总数之和）×各州居民数，表示州内地方的标准财政支出需求。

源部部长。此外，稳定委员会在联邦政府内部成立。联邦财政部部长和各州财政部部长共同主持稳定委员会。该机构的成立是在第二次联邦制改革的框架内进行的，其结合了德国《基本法》的新债务规定，旨在确保联邦政府和州预算的长期可持续性。稳定委员会的职责包括以下三个方面：首先，稳定委员会的中心任务是定期监视联邦和州政府的预算，以符合欧盟要求的国家赤字上限，并避免预算紧急情况的出现。每个地区当局都会向稳定委员会提交年度稳定性报告，报告在每年的 10 月中旬提交给稳定委员会，且当年的报告只能当年提交，不能向后递延。报告提供有关当前预算状况和财务计划以及遵守德国《基本法》借款限额的某些关键数据。报告还会包含对中期预算发展的预测。稳定委员会下设的咨询委员会属于独立部门，主要负责支持稳定委员会监督政府结构性赤字上限的情况。其次，如果联邦政府或州政府出现紧急预算的情况，那么稳定委员会可以与有关地方当局就重组计划达成协议。稳定委员会还会监督联邦政府和州政府对某些州的合并援助义务的遵守情况。最后，根据《稳定委员会法》的规定，稳定委员会应监视联邦政府和每个州在过去、当前和下一年对德国《基本法》相关债务规定的遵守情况。但是，从 2020 年起，联邦政府和州政府负责监督对宪法规定的借贷上限的遵守情况。

对于市政当局而言，其债务管理机构为当地市政当局的政府机关。市政当局的监督主要由当地的政府机关来执行。在市政预算和财务管理的背景下，其核心任务主要是检查预算法规（包括预算）的合法性以及确保市政当局管理的合法性（法律监督）。此外，市监督机构还有其他法定任务，如技术监督。为了履行其法律职责，市监督机构可以查询有关市政当局的事务。在违反法律的情况下，它可以要求市政当局纠正这些违法行为并采取必要的措施。除了市政当局既当"球员"又当"裁判"的选择之外，地方监管机构可以任命一名代表（由州代表担任），而市政府主要是作为其机关来执行市政任务。这是对地方自治的有力且必要的干预。

（2）举债用途

出于世代之间权益的考虑，德国也允许通过借贷为投资项目融资（按使用原则付费）。根据德国《基本法》的规定，投资总额是贷款的绝对最高限额，这是一条适用于各级政府的规则。

在一般情况下，德国地方政府融资遵循"黄金法则"，即债务融资只能用于资本性支出，如市政基础设施建设和营运等。北威州部分市镇政府（如埃森市）由于债务负担较重等原因，经议会批准可举借部分债务用于非资本性支出，如弥补赤字。德国的各州政府作为地方债券发行人，发债筹得的资金一般用于市政基础设施的建设。地方性公共机构作为地方债券发行人，筹得的债务资金一般用于与该公共机构相关的市政基础设施建设和营运。在德国，抵押银行①同地方政府信贷机构一样也可以发行市政债券，而且发行市政债券也是其最重要的再筹资工具。因为抵押银行要为中小市政基础设施提供无担保贷款，而为给这些贷款进行再融资，就必须发行市政债券。

此外，德国的各市政府通常还会举借现金贷款（也称为现金补充贷款），用于消除暂时的现金紧张状况。但现金贷款并不用于支付费用（无投资目的），而是用于维持适当的现金管理或确保流动性。为流动性目的而提取的期票②贷款也计为现金垫款，但是为流动性目的筹集的证券债务不包括在内。总体来说，现金贷款通常被视为债务的一种特殊形式，属于短期债务。但是，在一些地区政府（特别是在市政当局，在州政府较少），现金垫款已不再用于暂时弥补短期流动性不足，而已发展成为永久性融资工具。

（3）偿债资金来源

地方政府（包括州政府和市政当局）偿还债务的资金主要来自两个部分：一是地方政府的税收收入，二是联邦政府以及其他州政府的援助。

第一，地方政府的税收收入。无论地方政府是通过贷款还是发债的方式来融资，只要是由地方政府和地方性公共机构发行的地方债务，一般都是以地方政府的税收收入来担保这些债务的利息支出和本金的偿还。

第二，联邦政府及其他州政府的援助。中央政府对地方政府及州政府之间的"忠诚互助原则"（Loyalty Principle）要求，如果某地方政府确实无法偿付债务，那么联邦政府及其他各州政府需要施以援手。这种援助可以是直接的。例如，1988年，德国联邦法院、联邦政府以及其他州政府帮助不来

---

① 抵押银行是私法下的信贷机构。抵押银行根据公法，或者在该公司或机构获得全额担保的前提下向国内公司和机构提供贷款（市政贷款），并根据获得的债权发行债券（市政债券）。

② 这是指以期票的形式来取得贷款。具体是指期票发行人在一个确定的期限内（一般为3~7年）利用招标等多种发行手段来发行短期的可转让票据筹集资金，票据期限一般为1~6个月。

梅州、萨尔州偿还了债务，从而避免了不来梅州政府和萨尔州政府的破产。同时，这种援助也可以是间接的。例如，由于受新冠疫情的影响，2020 年德国各州政府的收入（主要是贸易税方面）都受到了严重的影响，因此为解决各州政府旧债偿还的问题，联邦政府采取了一系列经济刺激计划，以帮助各州政府和市政当局保持财务上的可行性，从而使其有能力去偿还债务。

（4）举债机构限制

德国政府允许机构就其经济活动超出核心预算的部分举借债务资金。在财务统计中，这些机构被归纳为公共基金、机构和公司三类，简称"FEU"。公司可以是公法规定的不同法律形式的单位，如专有业务或特殊目的协会①；也可以是私法规定的不同组织形式的单位，如有限责任公司或股份公司。但是，大多数公司必须是公有制的。

具体而言，州政府的举债机构主要由以下两类构成：第一类是例如进行公路建设的外包统计办公室、公立大学和州公司等。这些举债机构所举借的债务全都计入额外预算中。第二类是其他 FEU（公共基金、机构和公司），如外包的州立医院。

市政当局的举债机构也主要分为两类：第一类是例如非市场生产者的特殊目的协会。这些举债机构所举借的债务全都计入市政府的额外预算中。第二类是其他 FEU（公共基金、机构和公司），如外包医院、运输公司、特殊目的协会（市场生产者）以及供应和处置公司。

（5）债务规模控制

德国政府控制债务规模主要是基于马斯特里赫特标准以及德国《基本法》中的"债务刹车"制度来进行的。马斯特里赫特标准（又称为欧盟趋同标准）是欧盟成员国要采用欧元作为其流通货币所必须满足的四个要求，包括价格、汇率、利率以及公共预算四个方面。其中，公共预算的标准如下：一是欧盟成员国的债务水平不得超过 GDP 的 60%，二是广义政府赤字不得超过 GDP 的 3.0%。这些限制被称为马斯特里赫特（Maastricht）标准。

2009 年，德国联邦议院（Bundestag）和联邦参议院（Bundesrat）决定

---

① 特殊目的协会包括：特殊的法律协会，如根据联邦《学校法》组建的学校协会；邻里协会；水管理协会、土壤协会；地区协会；地区规划协会；根据《联邦建筑法》成立的规划协会；市政管理协会等。

实行"债务刹车"制，并于同年将"债务刹车"正式写进德国宪法。德国《基本法》关于"债务刹车"的规定如下：一是自 2016 年起，不考虑经济周期引起的赤字，德国结构性赤字不能超过其名义 GDP 的 0.35%；二是各联邦州自 2020 年开始，不能新增任何债务。此外，德国《基本法》还规定：一是获得贷款和可能导致未来财政年度支出的担保义务、担保或其他承诺，可能导致未来会计年的支出，应按联邦法律确定或可识别的水平。二是收入和支出原则上应实现自平衡，不产生新的债务。这一原则符合借款收入相对于名义 GDP 不超过 0.35% 的原则。此外，如果出现不同于正常情况的周期性发展，则必须对称地考虑到预算波动的影响。实际借款偏离利率允许的信贷上限，应计入控制账户；相对于名义 GDP 的 1.5% 门槛，费用是周期性的。联邦法律要对金融交易的收入和支出的调整以及计算年度净借款上限的程序做出规定，同时考虑到基于周期性调整的经济发展情况以及实际借款偏离标准限额的控制和补偿。如果发生国家无法控制并严重影响国家财政状况的自然灾害或特殊紧急情况，德国可以根据联邦议院多数成员的决定，超出这些信贷上限。该决定应与还款计划相结合。按照第六次利率发放的贷款应当在合理的时间内偿还。

马斯特里赫特标准以及《基本法》中的"债务刹车"制度都是为了控制政府债务规模。但是两者并不是一种替代关系，而是一种补充关系，即德国的国家"债务刹车"制度并没有取代马斯特里赫特标准的赤字规定。相反，"债务刹车"是对马斯特里赫特标准的补充。但是，两者也有一些区别。主要体现在马斯特里赫特标准的要求不仅包括联邦政府和州政府，还包括市政当局和法定的社会保障，而德国的"债务刹车"制只会对联邦政府和州政府产生影响。

(6) 偿债能力评估

德国地方政府偿债能力评估主要包括定量评估和定性评估两种方式。定量评估是指通过计算政府债务比率①（国家债务比率或债务比率）来评估该地方政府偿债能力的强弱。债务比率通常是参考特定的日期（例如，12 月

---

① 债务比率＝地方政府的债务/GDP。名义 GDP 是与一定时期有关的流量，而地方政府债务水平则具有存量的特征。一般来说，债务比率的计算是在一个公历年度内计算名义 GDP，然后将其与债务水平相关联。

31 日或 6 月 30 日）来计算的，但也可以考虑在几个时间点分别测量债务水平，之后计算其平均值。政府债务比率是一个国家在财政上能够偿还债务程度的指标。一年的名义 GDP 是各个州经济实力的量度。一个州的经济实力越强，其潜在的年收入（来自税收、费用等）就越高，而该州的年收入越高，表明其财务实力越强，因此该州偿还其借入的债务的能力也就越强。债务比率的计算是基于这样一个假设，即经济能力强的州与经济能力弱的州相比，可以承担更高的债务水平。在所有其他条件相同的情况下，GDP 越高，政府的信誉就越高。从图 4-1 来看，2010—2020 年，德国地方政府债务比率是逐年下降的，到 2020 年为 53.82%。定性评估是指国际机构对政府信用等级的评估。如表 4-5、表 4-6 所示，穆迪、标准普尔、惠誉等国际信用评级机构对德国州政府的信用评级结果均为 AAA 级。

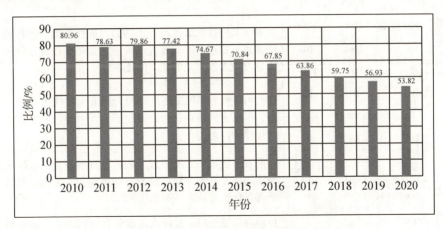

图 4-1　2010—2020 年德国地方政府债务比率

表 4-5　德国州政府信用概览

评级机构	评级	简要说明
标准普尔（2019 年）	AAA	前景稳定
穆迪（2020 年）	AAA	前景稳定
惠誉（2019 年）	AAA	前景稳定
DBRS（2019 年）	AAA	前景稳定

表4-6 国际评级机构的信用等级说明

标准普尔	穆迪	惠誉	简要说明
AAA	AAA	AAA	最高评级，偿还债务能力极强
AA+	AA1	AA+	偿还债务能力很强，与最高评级差别很小
AA	AA2	AA	
AA−	AA3	AA−	
A+	A1	A+	偿还债务能力较强，但相对于较高评级的债务/发债人，其偿债能力较易受外在环境及经济状况变动的不利因素的影响
A	A2	A	
A−	A3	A−	
BBB+	Baa1	BBB+	目前有足够偿债能力，但若在恶劣的经济条件或外在环境下其偿债能力可能较脆弱
BBB	Baa2	BBB	
BBB−	Baa3	BBB−	
BB+	Ba1	BB+	相对于其他投机级评级，违约的可能性最低。但持续的重大不稳定情况或恶劣的商业、金融、经济条件可能令发债人没有足够能力偿还债务
BB	Ba2	BB	
BB−	Ba3	BB−	
B+	B1	B+	违约可能性较 BB 级高，发债人目前仍有能力偿还债务，但恶劣的商业、金融或经济情况可能削弱发债人偿还债务的能力
B	B2	B	
B−	B3	B−	
CCC+	Caa1	CCC	目前有可能违约，发债人须依赖良好的商业、金融或经济条件才有能力偿还债务。如果商业、金融、经济条件恶化，发债人可能会违约
CCC	Caa2	/	目前有可能违约，发债人须依赖良好的商业、金融或经济条件才有能力偿还债务。如果商业、金融、经济条件恶化，发债人可能会违约
CCC−	Caa3		
CC	Ca	/	目前违约的可能性较高。其财务状况目前正在受监察。在受监察期内，监管机构有权审定某一债务较其他债务有优先偿付权
C	C	/	目前有可能违约，发债人须依赖良好的商业、金融或经济条件才有能力偿还债务
D	/	DDD	违约的可能性极高
	/	DD	
	/	D	

(7) 项目筛选机制

德国与大多数经济合作与发展组织（OECD）国家一样，基本建设项目的预算已被纳入普通预算的流程。资本投资在预算中是可确定的，但是它与其他任何支出一样，并不具有单独的框架。联邦政府一级的投资支出主要发生运输和国防领域。除此之外，大部分的资本投资活动都在州政府或市政当局一级进行。表4-7说明了有关资本投资在各级政府之间的责任分配。在各个项目的筛选机制方面，各地方政府（包括州政府和市政当局）是根据各州相关的法律来进行的。以勃兰登堡州为例，勃兰登堡州的区域战略确定了结构性基金的区域投资重点。该战略是在与所有下级政府、私人组织、非政府组织和研究人员协商后制定的，而区域投资银行、其他金融机构和公民并没有直接参与此优先级确定过程。此外，结构性基金投资是以事前评估为基础的，包括社会经济分析和战略环境影响评估。值得注意的是，根据为增强欧盟的凝聚力而制订的运营计划，支出基础设施项目需要进行可持续性评估报告。

表4-7　联邦政府、州政府以及市政当局资本投资的责任

联邦政府	州政府	市政当局
武装部队 外交 邮政服务	地方当局的监督 高等教育、学校 路面设施 政府大楼	供水（家庭和企业） 废物处理（家庭和企业）

资料来源：德国联邦财政部信息中心官网。

(8) 政府担保规定

政府担保主要包括两个部分：一是中央政府对地方政府（包括州政府和市政当局）的担保，二是州政府之间提供的担保。中央政府对地方政府的担保和州政府之间的担保主要源于"忠诚互助原则"（Loyalty Principle），即如果某地方政府确实无法偿付债务，那么联邦政府及其他各州政府需要施以援手。例如，1988年，不来梅州、萨尔州分别发生过债务问题，但是因为德国联邦法院、联邦政府和其他州政府的介入，不来梅州和萨尔州没有发生实质性的违约。但也正是这一明确的隐性担保弱化了地方政府的融资约束，导致地方政府债务急速扩张。因此，2003年，柏林州政府因其利息支出占总收入比重过高，向联邦政府申请债务援助，但被联邦法院拒绝，从而使得柏林州政府不得不紧缩财政，逐步消化债务风险。

（9）举债方式

德国《基本法》允许德国地方政府（州政府和市政当局）通过发行债券、贷款等方式为其资本性支出提供资金。原则上，它们可以从内部和外部取得借款。就贷款而言，中小型地方政府主要从地方储蓄银行借款。此外，短期现金垫款通常仅会导致本年度的临时债务；而中长期贷款由于年限较长，一般需要相关土地内政部长的同意。监督权部分授权给议会，大的州授权给区域主席。在某些情况下，地方当局是在监督当局的默许下，通过广泛使用短期贷款为部分预算提供资金的。就债券而言，其主要是属于非公共部门的债务①。非公共部门的债务包括地方政府的部分债务、法定社会保险、额外预算以及某些公共基金、机构和公司（FEU）的债务。政府债券的投资者主要有三类：一是信贷机构（银行、储蓄银行、建筑协会），二是其他国内部门（如国内保险公司），三是其他国外部门。

州政府的举债方式主要包括发行债券、投资贷款以及现金垫款三类。其中，最主要的举债方式是发行债券（州国库券/州债券），投资贷款次之，现金垫款最少。目前，德国各州对其各自的债券负有正式责任。2020年，联邦政府和州政府计划发行联合债券，这使州政府可以通过联邦政府更安全和更低成本地筹集到所需的资金。

与联邦政府和州政府不同，德国市政当局无权发行债券，因此只能通过借贷来融资。市政当局举债的方式主要有两种：投资贷款和现金垫款（也称为现金强化贷款或流动性贷款）。其中，主要的方式是投资贷款，现金垫款次之，但是近几年现金垫款占市政当局全部债务的比例在逐渐上升。尽管现金垫款对联邦政府和州政府来说实际上是无关紧要的，但市政当局在例外情况下经常采用这种举债方式。以下对市政当局的两种举债方式展开说明：

①投资贷款。市政当局主要是从私人银行和公共银行中进行贷款，没有

---

① 非公共部门的债务主要是从以下债权人之一中借出的：信贷机构（银行、储蓄银行、建筑协会）、其他国内部门（如国内保险公司）、其他国外部门。公共部门的债务主要是从下列债权人之一借来的：联邦政府、州政府、市政当局或市政协会、特殊资金、其他联邦特殊资金、特殊用途协会、关联公司、其他公共特殊账户、法定社会保险（包括联邦职业介绍所）等。

专门的市政银行主导市场。此外，德国还有几家旨在鼓励经济发展的特殊的国有银行，它们发放了补贴贷款。

②现金垫款。现金垫款是市政债务的一种特殊现象，是小额贷款业务的总称。最初，现金垫款只被用成一种临时融资手段，其融资方式类似于私人透支，主要与银行的信贷额度有关。这些现金垫款使得市政当局在本年度（不能递延到下一年）内也可以有资金来支付一些月度费用。例如，如果每月必须支付人事费用，但是由于税收只能在年底结算，市政府无法支付相应的费用，因此现金垫款便可以解决这个问题。现金垫款是短期债务，只能用于弥补短期流动性瓶颈。但是现在，现金垫款已成为解决许多行政任务费用的永久性解决方案，市政当局被迫在长期内用现金垫款来平衡行政预算中收支之间的差额。现金垫款的增加会带来潜在的风险。其主要包括以下三个方面：

第一，现金垫款本质上是短期的贷款协议，与投资项目的长期贷款协议不同。如前所述，现金垫款仅用于补偿年内核算预算的波动。但是，许多市政当局与自家银行长期合作，并将现金信贷额度理解为一项长期协议。而且，如果金融市场出现问题，信贷机构将终止该协议，并坚持要求短期偿还现金垫款。

第二，现金垫款的利息平均负担应该更高，短期内会由于利率的调整带来更高的风险。

第三，现金垫款与其他债务不同，不能被任何直接投资支出所取得的收益而抵销，这也带来了更高的风险。此外，对投资贷款，市政当局必须将其投资项目和提供给它们的借贷交由各自的市政监管部门来检查，但是在这方面，现金垫款通常未经审计就被授予，因为它们不用于为特定的投资支出提供资金，而仅用于弥补行政预算中的资金缺口，这可能会被市政当局的滥用。例如，在某些市政当局（特别是在黑森州、北莱茵-威斯特法伦州、莱茵兰-普法尔茨州和萨尔州的市政当局经常发生），现金垫款不再用于其实际目的，而是作为短期流动性担保。在某些地方，现金垫款已成为弥补预算赤字的永久性资金来源。

（10）司法授权取得

德国各州在财务事务上完全独立，拥有各自的州《宪法》，享有行政自主权，特别是在预算事务上。对举借债务，各州政府主要是根据其《宪法》《预算法》以及其他相关法律来进行。例如，针对具体的发债规定，柏林州根据其《宪法》的相关规定来发债；巴伐利亚州根据其《宪法》中的市政经济相关规定来发债，该规定对贷款抵押、短期贷款等方面进行了详细的规定。

另外，对信贷授权、承诺授权总额等，州政府主要是根据其《预算法》来确定的，而市政当局主要是根据预算法规来确定的。最高现金透支额也是如此。例如，巴登-符特堡州2020财年和2021财年的预算法规规定，其投资和促进投资措施的信贷授权均为1 500万欧元（见表4-8）。

表4-8　巴登-符特堡州2020财年和2021财年的预算法规

信贷授权	2020年/欧元	2021年/欧元
投资和促进投资措施（信贷授权）的计划借款总额设置	15 000 000	15 000 000
其中用于赎回内部贷款	0	0

（11）债务预算要求

德国债务收支都纳入了预算管理。地方政府在制定年度预算时，要结合各年度地方债券的发行额来决定，各地方政府都要以此为依据来自行决定地方债券的发行。此外，为了确保对财务资源进行管理，地方政府预算必须分为两部分：经常性预算和资本性预算。在后者中，资产的所有动向，特别是实物投资和金融投资，均需要以为其指定的财政资源为基础。

（12）信息披露要求

投资者和社会公众对地方政府（包括州政府和市政当局）债务信息的获取，主要通过大众媒体阅读各类临时公告和定期报告。投资者和社会公众在获取的这些信息可以作为其投资抉择的主要依据。因此，真实、全面、及时、充分地进行信息披露至关重要。为了减少投资者和社会公众获取债务相关信息的成本，地方政府可以参考联邦政府的做法，每年发布专门的联邦借款报告。表4-9就联邦财政部2019年借款报告的结构进行了展示。

表4-9 "联邦借款计划"结构概览

联邦借款报告
1 联邦政府借款（预算和特殊资产）
1.1 债务水平和净借款的变化
1.2 还款，总贷款要求和联邦债务（预算和特别基金）
1.3 联邦政府的利息和利率成本（预算和特殊资产）
1.4 联邦特别基金
2 债务体系的借贷工具、程序和管理机构
2.1 仪器和程序
2.2 2019年提高联邦政府基准地位的措施
2.3 利率衍生工具作为债务管理的一部分
2.4 联邦现金管理
2.5 联邦信贷管理机构
3 联邦信贷管理的法律依据和信贷授权的使用（家用和特殊资产）
3.1 基本宪法
3.2 基本法律架构
3.3 预算法基础
3.4 使用联邦信贷授权（预算和特殊资产）

资料来源：德国联邦财政部官网。

（13）地方政府债务状况总结

德国地方政府债务可以分为州政府债务和市政当局债务两个层次。

从州政府方面来说，第一，德国州政府的举债的方式主要有政府发行债券和贷款两种方式。近年来州政府越来越多的资金通过资本市场进行融资，州政府发债占总债务的比重逐年上升，且债券主要是由德国国内的投资者持有。该债券一方面按照购买主体不同可以划分为小额债券和基准债券，另一方面按照发行者数量不同可以划分为单独债券和联合债券。州政府的贷款渠道主要有金融机构和政府部门，其中金融机构的贷款99%以上来自国内金融机构。总体来看，德国州政府外币债务占比很小，近年均值为1.14%。第二，举债用途主要用于资本性支出，除了债务负担过重的情况下，州政府可以举借债务用于弥补财政赤字外。第三，德国州政府的偿债资金主要是政府的税收收入。第四，就举债机构而言，德国政府通常将其经济活动超出核心预算的部分，允许一些外包部门举借。这些外包部门主要包括两部分：一部分是特殊目的协会等，另一部分是其他FEU（公共基金、机构和公司）。第五,债务规模的控制。2011 年之前,因为德国州政府本身有权举借债务,再加上联邦政府对地方政府的隐形担保,从而使得地方政府债务激增,进而对地方政府的财政可持续性造成了一定的影响。因此,在 2011 年,德国政府将"债务刹车"制度写进了《基本法》,从而以法律来限制地方政府的举债行为(需要将"债务刹车"与马斯特里赫特标准进行区分)。第六,政府偿债能力的评估主要可以分为两种方式:一种是定性评估,另一种是定量评估。前者是指专门的国际评估机构对政府信用等级的一个评估,而国际机构对德国政府的信用等级评估均为 AAA 级,即前景好、发展稳定。后者是通过计算债务总额占 GDP 的比重来分析该政府的偿债能力。第七,德国的政府担保主要是指联邦政府基于"忠诚互助"原则对地方政府的隐形担保,但是这样的担保也不一定完全执行。第八,德国司法授权主要是存在于《基本法》《预算法》等法律中,这些法律会对政府发债作出具体规定,如抵押、信贷授权总额等。第九,为了保证地方政府债务的透明性与管理性,必须将其债务收支全部纳入预算管理,并且对资本预算和经常预算进行区分。第十,地方政府对债务的信息披露,可以效仿联邦政府,每年发布上一年的借款报告,对总信贷需求、还款和利息(预算和特殊资产)等进行详细披露。

从市政当局方面来说,其债务状况与州政府大体一致,两层级政府间的有关债务的区别主要体现在发债方式的不同。州政府的发债方式主要是发行债券和贷款,而市政当局的发债方式主要是贷款和现金垫款。其中,现金垫款是市政债务的一种特殊现象,近年来其占市政债务的比重逐年提升,同时其用于弥补政府短期资金短缺的实际目的已经逐渐改变,因此需要引起重视。

4.1.3 地方政府债务风险防控举措

(1) 风险预警机制

对于州政府而言,自 2010 年起,德国政府设置了稳定委员会。根据德国《基本法》和《稳定委员会法》的规定,稳定委员会的主要任务是定期监测联邦政府和各州政府的预算。这种监测是基于《欧盟职能条约》法律行为的要求和程序,以强制联邦政府和州政府遵守预算纪律。

稳定委员会的预算监控是基于联邦和各州每年向稳定委员会提交的稳定

性报告，每个地区当局都必须提交稳定委员会设定的指标，用于评估预算状况和中期预算发展的预测。此外，报告还提供了有关各地区当局是否符合宪法规定的借款限额的信息。如果指标或预测表明似乎存在迫在眉睫的预算紧急情况，稳定委员会将根据《稳定委员会法》的规定，对相关预算进行全面审查（预算的审查由评估委员会来进行）。如果在此评估过程中，评估委员会发现预算紧急威胁的情况确实存在，那么它会根据《稳定委员会法》的规定与有关地方当局达成一项重组计划。例如，2010 年 10 月 15 日，稳定委员会成立了评估委员会，就是为了支持其在柏林州、不来梅州、萨尔州和石勒苏益格-荷尔斯泰因州执行正在进行的重组程序。

对于市政府而言，各州的市政当局也负责监督市政预算。在市政预算不符合规定的情况下，它们可以施加制裁。

（2）债务危机化解

①债务重组。如果稳定委员会确定联邦政府或一个地方当局受到预算紧急情况的威胁，那么它允许受影响的地方当局根据《稳定委员会法》来实施恢复方案。首先，有关地方当局会提出一项恢复方案的建议。之后，稳定委员会设立的评估委员会审查该提案，并与地方当局协调细节，再提交一份决定提案给稳定委员会。重组方案的周期一般为五年，并载有减少年度净借款（合并途径）和采取适当补救措施的准则。地方当局每六个月需向稳定委员会报告恢复方案的执行情况。如果商定的巩固途径没有得到遵守，稳定委员会应与地方当局一起审查是否需要采取一些进一步的措施。如果补救工作不够，稳定委员会应呼吁地方当局加强预算的修复。如果预算紧急情况仍然威胁到恢复方案的完成，那么各方就需要商定一项新的恢复方案。

②"债务刹车"制度。如果地方政府债务过高，要想解决这个问题，一般情况下，主要有以下三种方式：

第一种是总债务冻结，即不再举借任何其他债务。这种方式不适用于德国政府。因为贷款不断到期还款，因此德国政府必须总是通过借出新贷款来偿还，即重新安排。但是由于德国债务每年价值超过 3 000 亿欧元，因此如果中断举借新债来对旧债重新安排，这将导致州政府在几天之内陷入财务崩溃。因为公共部门的工资不能再继续支付，社会福利也不能再继续提供。

第二种是使经济增长速度快于新债务的增长，即债务可能会继续增加，但是其增速不会超过经济增长的速度。这是马斯特里赫特标准的核心规定。这种方式可以冻结债务，但不能解决债务问题。因为这种方式有两个严重的弊端：一是政府将来必须采取顺周期性的行事方式，当经济增长疲弱甚至萎缩时，必须采取最严厉的紧缩措施；二是债务的利息负担仍然很高。

第三种是在指定期间内使新债务为零，即债务的重新安排继续进行，债务总量增加，但是使其逐年减少，直到在规定的期限之后，总债务保持在财政可持续的水平。这也就是德国政府实施的"债务刹车"制度。这是一种可行的方式。德国政府无法一次性偿还债务，但是其必须设法减轻债务利息的负担，即经过一段时间，经济增长和总体的价格上涨将使此债务利息负担可以承受。根据模型计算，如果新债务在四年内减少到零，那么以 GDP 衡量的债务将在 25 年内减半。"债务刹车"制度是德国的一项法规，其旨在限制联邦政府和州政府的新债净额。由于"债务刹车"制度已经被写进《基本法》，因此如果要想对其进行改革，那么支持其改革的票数必须超过联邦议院和联邦州议院总投票数的 2/3。

"债务刹车"制度规定，自 2016 年起联邦政府必须削减赤字，排除经济周期引起的赤字，结构性赤字不能超过 GDP 的 0.35%。首先，德国联邦政府从 2010 年起每年需在联邦预算中节省 100 亿欧元。其次，联邦政府 2019 年需要终止对五个高负债州的财政援助；自 2020 年开始，除特殊情况外不允许再新增任何债务。再次，各州可以根据债务的实际情况来采取灵活的方式实施"债务刹车"制度，如采取"点刹"（先严格控制政府债务规模，在各级政府的债务规模明显减缓时，再适当放宽债务规模的限制，而后在债务规模又快速增长时，又对其实施严格的控制，如此循环）的策略循序渐进开展。最后，德国需要设立财政稳定委员会来加强财政监管，增加财政预算透明度，并且监督"债务刹车"制度的遵守情况。

通过控制各级政府新增债务限额，德国各级政府过高的债务和不断扩大的债务规模得到逐步控制，进而改善了各级政府现存的债务状况。目前，德国联邦政府已提前完成"债务刹车"任务，州政府通过出台减债强制措施，帮助州政府和地方当局改善财政状况、规范既有债务、分担社会福利支出。此外，地方当局可自愿选择加入本州的强化方案，即作为享受资金补贴的前提条件，地方当局建立更为严格的预算管理制度、明确成本削减计划，同时地方财政收支和公共行政行为受到州政府的监督。"债务刹车"制度的实施一方面降低了联邦政府沉重的债务负担，化解了地方政府的债务风险，确保了财政的稳定；另一方面有利于德国财政长期可持续性发展进而推动经济发展。

③设立严格的借贷限制。严格的借贷限制是指只有在没有其他为地方预算提供资金的方式并且地方当局在随后的几年中能够通过其运营预算收入偿还债务时，才被允许借款。设备租赁也被视为借款。此外，为了避免部长们任意做出决定，各州特别是在其关于市政当局的立法中建立了严格的市政规范，这些标准限制了部长批准或拒绝地方当局申请的酌情处理权。如果贷款可用于重组债务或为高收益投资提供资金，则该贷款被认为是合理的，但前提是预期收益可以抵销投资成本。

在借款期间，德国的每个地方政府除了必须支付的利息外，还必须在其经常预算账户上拥有偿还债务所需的资金。如果经常预算账户有赤字，那么内政部可以强迫地方当局制订合并计划（通常必须在随后的两年中实施），并交由该部进行审核。该程序通常需要遵守土地法规以及为避免任意决定而制定固定规则。值得注意的是，监督地方政府债务变得越来越困难，因为它们利用了建立公法或私法公司的可能性，其管理计划必须作为市政预算的附件与预算一同提交。

④德国的财政均等化。在德国，州代表着独立的层级，具有自己的权利和义务，而市政当局是金融宪法框架内州的一部分。为了使独立的州政府能够完成德国《基本法》赋予它们的任务，它们必须自由和独立地拥有足够的财政资源。对联邦各州的收入进行调整应使各州政府有可能为联邦领土上的所有居民创造和维持平等的生活条件。

联邦和州拨款的基本特征由德国《基本法》规定，主要可分为以下四个层次：

第一，全部税收在两个政府级别（联邦政府和各州政府）之间分配以及对市政当局的收入进行补充分配。这是垂直分配。

第二，将所有州政府取得的税收收入总额分配给各个州政府。这是横向分配。

第三，在财政状况不佳的州和财政状况良好的州之间进行平衡。这是州财政均等化。

第四，财政状况表现不佳的州还会获得额外的联邦资金。这是联邦补充拨款。

从德国的财政均等化可以看出，各州之间的风险共担是通过实质性的财政均等制度来提供的，其为财政状况较差的州也提供了一些资金来源，从而减轻了这些州的债务负担，进而在一定程度上化解了这些州的债务危机。

4.2 法国

4.2.1 政府管理制度框架

（1）政府管理制度框架概述

法国是一个中央集权的单一制国家，实行中央集权制。1982年3月，《关于市镇、省与大区的权利和自由法案》颁布实施后，法国在维护单一制国家结构的基础上，开始实施地方分权改革，其政府层级划分为中央政府、大区政府、省政府和市镇政府。法国本土共划为13个大区，其下又分为96个省（省是比大区低一级的行政区域，每个大区包括数个省）、5个海外省（1个海外大区下辖1个海外省）、4个海外领地和2个具有特殊地位的行政区、36 679个市镇。海外大区包括瓜德罗普岛、马提尼克岛、圭亚那、留尼汪、马约特岛，由中央统一管理。海外领地包括法属波利尼西亚、新喀里多尼亚、瓦利斯群岛和富图纳群岛、法属南半球和南极领地。

法国中央政府和地方政府之间是纵向隶属关系，但地方政府之间不存在纵向隶属关系，只存在横向的地方政府关系。大区是法国的一级行政区，拥有行政区域的地位，由一个每六年直接普选产生的大区委员会管理（科西嘉大区由地方议会管理）。省政府的行政组织和大区政府的行政组织类似。省长和大区评议会议长是本地区的行政首脑，负责落实评议会的一切决议、领导地方行政机关。市镇行政组织包括直接选举的评议会和政府，政府由行政首脑及其助理组成，两者均由市镇评议会选举产生。同时，较大的市镇设有秘书长领导的办公厅。

①责任分配。中央政府主要负责国民经济宏观管理与战略发展规划、社会保障和救助孤儿、教育。在教育方面，高等教育方面的管理权限全部集中在中央政府。中小学教育的课程设置、教学法、教师工资、教师任用等重大事项由中央政府负责；中小学学校的选址、经费、建设、设备和维修等职责交由地方政府负责。文化管理的大部分权力下放给省级政府，中央政府仅保留对文化机构的调控权。

地方政府不直接承担政治性职能，其主要职能是对与居民日常生活相关的社会事务提供公共管理和服务，主要包括计划和领土整治、城市规划、住宅建设、职业培训、交通运输、司法、教育、文化、环境保护、居住环境、青年人就业、市镇警察等。大区政府主要负责建设和在财政上支持法国的高级中学、基础设施、教育、公共交通、科学研究和企业援助。大区政府主要负责分配和使用国家调拨的财政经费来调整经济结构和地区布局。省级政府主要负责提供社会保险和解决就业，即编制本省的财政预算、提供中小学的教育设施、管理各种社会救济机构、实施社会福利和保障政策等。市镇政府主要负责提供最基本的公共产品和服务。

②立法权。法国立法体制的突出特点是强调中央集权。法国现行宪法规定，所有法律均需议会通过，除议会通过的法律之外的事项都作为命令事项处理，由总统行使。就地方立法权而言，地方分别设有大区议会、省议会和市镇议会来行使地方立法权。但地方立法规定不得损害国家的统一和完整以及省和市镇的自治。大区设有两个议会：一个是大区议会，另一个是代表大区内主要集团利益的咨询性经济和社会委员会。其中，大区议会的主要职责是促进大区经济、社会、保障、文化和科学的发展，同时维护自身的地位并保证省和市镇的完整、独立、正常运作；经济和社会委员会主要负责对国家和大区的经济与社会事务提出意见和建议，还参与经济、社会和文化项目的咨询。

（2）各层级政府间的财政关系

①政府间的财政支出责任划分。中央政府的主要财政支出项目有中央级行政开支、军事开支、国库利息支付、民用事业投资、环境保护和领土整治开支、地方财政补助等。地方政府的财政支出中，根据地方政府财政支出金额高低排序分别为社会公共服务支出、地方经济活动支出、一般公务活动支

出和利息支出；根据项目类型不同可以划分为社会服务、经济事务和一般事务。其中，与大区基础设施建设有关的项目，中央政府和大区政府各负担一半投资支出。

从地方政府财政支出的具体数据来看，自 1983 年以来，地方政府财政支出一直在增长，地方政府财政总支出以超过 GDP 平均年增长率的速度增长。地方政府总财政支出增长率也快于其他公共行政部门（如社会保障管理局每年 4.3% 的支出增长率）。地方政府财政总支出从 1983 年的 563 亿欧元增加到 2018 年的 2 604 亿欧元。地方政府财政总支出在 GDP 中的份额也有所增加，其中 2018 年达到 GDP 的 11.1%。自 1980 年实行事权下放政策以来，地方政府的社会公共服务支出增长了约三倍。2017 年，投资支出，即地方经济活动支出大幅增长，增长率达到 6.2%，占财政总支出的 22%。

从表 4-10 可以看出，2016 年市镇政府的财政支出金额高于省级政府和大区政府的财政支出金额。根据 2019 年地方政府债务的数据，各层级地方政府的债务规模比例分别为：66% 的债务来自市镇政府，18% 的债务来自省政府（不包括巴黎），16% 的债务来自大区政府。

表 4-10　2016 年各层级地方政府财政支出

政府	金额/亿欧元	2016 年较 2015 年变动幅度/%
市镇	870	−1.2
省	674	−2.2
大区	281	0.8
地方政府总额	182.5	−3.1

②政府间的收入划分。法国目前开征的税种有 31 个。按照课税对象的不同，税种可划分为所得（收入）税、商品和劳务税、财产和行为税三大类；按照收入归属的不同，税种可划分为中央税和地方税两大类（见表 4-11）。法国中央政府的财政收入主要来源为税收收入和国营公司的收入。法国一些大宗、税源稳定的税种，包括增值税、个人所得税、关税都划归中央管理。整个税收体系中无共享税，也不进行同源分享，即法国中央政府财政收入不与地方分成。在税收管理权限划分方面，税收立法权、征税范围与税收分配等均由中央统一规定。但地方政府也有一定的财政自主权，如地方税的税率

由地方政府自行决定、地方政府有权对纳税人采取某些减免措施等。法国分为中央、地方两套征税系统，分别征收作为本级政府的财政收入。

表4-11　法国主要税种分类

中央税			地方税	
所得税	商品和劳务税	财产和行为税	地方直接税	地方间接税
公司税 个人所得税 社会保障税 薪酬税	增值税 消费税 关税	登记税 印花税 净资产税 不动产税 赠与和遗产税	公司财产税 住房税 物业税 对塔架征收统一税 矿税 扫地税 生活垃圾收集税 可建设裸地税 可经济性转让统一税 商业荒地税 水管理和防洪税 商业表面税	转让税 发展税 保险协议税 居住税 交通费 最终用电税 转让税

地方政府的收入来源主要有以下四个方面：地方税收、政府转移支付、服务性收费、借款。如表4-12所示，2017年这四项收入占地方政府财政收入的比例分别为57%、16.5%、8%、6%。2016年的数据显示，地方政府税收收入达1 385亿欧元，占地方政府财政总收入的55.1%。税收收入是地方政府财政的主要收入来源。2018年，地方直接税收入为926亿欧元，其中地方直接税收入占地方政府税收收入的80%，占市镇政府税收收入的85%，占省和大区政府税收收入的60%。可以看出，地方政府直接税收入是地方政府财政收入的主要来源。中央政府预算的转移支付包括综合补助、投资补助、职能转移和分权综合拨款、减免税补助四部分。服务性收费收入主要是来自地方政府的财产和公共事业方面的收费。

表4-12　2017年法国地方政府财政收入

收入来源	金额/亿欧元	占地方政府收入比例/%
地方税收	1 338	57
政府转移支付	389	16.5
服务性收费	195	8
债务（借款）	139	6
其他	290	12.5

③政府间的转移支付。法国中央政府的预算收入在满足自身行使职能的需要外，其余都用作对地方政府的转移支付。其具体可以分为一般性转移支付、专项转移支付、税收返还、下划事权补助四类。一般性转移支付只拨给省级政府和市镇政府两级，不拨给大区政府，是目前法国最主要的转移支付。转移支付包括强制性转移支付和非强制性转移支付两类。强制性转移支付是指按照《财政法》的规定，用于保证地方政府收支平衡和公共服务均等。非强制性转移支付是指按照其他政策要求和支出需求等用途的转移支付。专项转移支付占地方政府财政收入的15%，同样包括强制性转移支付和非强制性转移支付两类。强制性转移支付是按照法律要求进行的专项转移支付（如医疗等），分为固定比例和非固定比例两种。非强制性转移支付主要包括公路、铁路、高中基建、职业培训等。税收返还将投资项目的增值税全部返还给大区政府，用于支持大区产业发展。下划事权补助属于中央政府将事权转移给地方政府时必须给予相应的拨款补助等。

4.2.2　地方政府债务预算管理体系框架

（1）地方政府债务管理机构的设置

法国财政部专设地方政府债务管理机构，即债券管理中心（Bond Management Center）管理地方政府债务。中央政府通过议会、审计法院、财政部、财政部派驻各地的财政监督机构以及银行等金融机构对地方政府债务和财政运行状况进行严密监管。

（2）举债方式

法国地方政府举债方式主要通过银行贷款和发行债券。2019年，法国地方政府债务中有 87% 属于长期银行贷款，11% 属于长期债务证券（债券）。近年来，法国长期银行贷款所占比例一直在稳步上升。

①贷款。法国地方政府贷款专门用于投资，包括购买设备、与此设备相关的一组工程产品和购买固定资产（耐用品）等。贷款不必明确指定用于一项或多项投资业务，但要与预算中的投资部分融资要求相对应。2013 年 10 月，法国设立地方政府融资机构——法新社，并于 2014 年 12 月 22 日获得审慎监管和决议管理局（ACPR）的授权，旨在为地方政府提供多渠道融资。截至 2016 年年底，已有 173 个地方政府加入法国地方政府融资机构。截至 2016 年 12 月 31 日，法新社共发放贷款 191 笔，贷款总额为 10.55 亿欧元。

法国地方政府贷款包含一种特殊的贷款，即结构性贷款。结构性贷款是指将传统贷款与一种或多种衍生工具组合在一个合同中的贷款。结构性贷款的利息根据非标准基础指数或复杂的公式（非线性）计算得出。结构性贷款的特征之一是存在多个连续的利率周期。第一阶段通常是两年或三年，以固定利率（低于市场价格，甚至为零）为标志。第二个阶段的利率是根据一个算术公式得出的，该算术公式包含一种或多种基于非标准指数合约的衍生产品。一些结构性贷款可能存在短期（一年或两年）的第三时期，其固定利率等于或接近第一时期的利率。

②发行债券。地方政府发行债券是地方政府在资本市场上直接融资的一种重要手段。地方政府发行债券有两种方式：一是通过公共债券市场发行。这种方式发行债券需要支付大量资金（不少于 2 亿欧元），并且发行人要具有良好的信用记录（通过信用评级进行评估）；二是通过私人配售，即采用寻找少量认购者（如养老基金）的方式购买全部债券。

（3）举债用途

按照法律的规定，地方政府债务仅用于融资性投资，包括特定设备、与本设备有关的一系列配套设施、被视为资本资产的耐用品的购置。债务资金规定不得用于"经常性支出"，不能用于弥补政府经常性预算缺口。

（4）举债资金来源

国家银行和金融公司约持有法国地方政府债券的 1/3；保险公司"购买"法国地方政府债券用于人寿保险投资，持有比例接近 20%；个人间接持有法国地方政府债券比例超过 50%。自 20 世纪末以来，居民持有的法国地方政府债券的比例显著增加（1993 年，非居民仅持有法国地方政府债券的 1/3）。

（5）贷款管理

①贷款权限划分。大区政府、省政府、市镇政府均可以贷款，地方政府贷款无须通过中央政府批准，地方政府具有完全的贷款权限。该贷款权限委派给市长、常务委员会或部门理事会主席、常任委员会或区域理事会主席。授权贷款事宜必须准确地确定授权的期限和范围、授权执行人员。

②贷款合同相关规定。地方政府与债权人间的合同必须清晰指明债权人的名称、贷款对象、贷款金额、贷款期限、利率、摊销条款。这些信息必须适合贷款的财务特征。如果是固定利率贷款，合同必须明确固定利率；如果是可修改的利率或浮动利率贷款，合同必须指明每个到期日的参考指数、参考期、天数、利率。为了确保贷款合同能够执行，贷款合同的内容必须足够精确，确保国家代表①能够评估贷款的合法性。

第一，关于贷款合同的订立。贷款合同是基于审议或事先做出的贷款决定。贷款合同要明确提及相关的合同审议或事先做出的贷款决定。除此之外，合同还必须包括一些具体条款，如转贷等。这些条款在不同的合同之间可能有较大差异。

第二，贷款的利率规定。贷款必须具有以下特征：贷款以欧元或外币计价，以防止汇率风险。贷款的利率可以是固定的或浮动的，必须签订有关货币总额和总期限的欧元货币兑换合同。

第三，关于付款条件。考虑到授权地方政府官员和会计师职责分离的原则，地方政府并不总控制付款期限，因为付款期限不仅取决于任务授权的发布日期，还取决于公共财政总署网络的处理时间。地方政府必须将年金的最后期限纳入贷款年金的支付链中。所有的贷款合同都包含迟交贷款本金的罚款条款。该条款规定，如果未能按约定的条件付款或支付逾期罚款，应提高贷款利率。地方政府可能提前释放剩余的全部或部分待摊销本金。只有在合同中规定的条款限制下并且双方之间达成初步协议的情况下才能提前偿还贷

---

① 法国中央政府财政部的代表。

款本金，否则只有在法律允许的框架下进行。

第四，关于贷款转让。某些贷款合同包含可转让条款，该条款允许贷款机构随时将其在地方政府持有的未偿还债务转移到另一信贷机构。

第五，关于贷款合同争议管辖区的条款。贷款合同包括在与借贷双方之间发生争议时，贷款合同诉讼制度相关的规定条款，即某些管辖权条款的选择。这些条款倾向于主管法庭或巴黎主管法院的管辖权。实际发生争议时，主管法院的裁决实际上取决于每个贷款合同的法律性质，并最终由争议法庭管辖。

③贷款规模限制。对某些旨在为投资提供资金的贷款，地方政府规定了一个规模上限。该上限为每年固定不得超过最近 20 年的最大额。

④借款的使用权。根据法国《全球发展法》的规定，市镇政府、省政府和大区政府可以使用借款，借款收入是预算的非税收入之一。借款的使用属于审议大会的职权范围。借款使用权可委托市长、常设委员会或部门理事会主席，授予常设委员会或区域理事会主席以及相关办公室（EPCI）或主席行使。当审议大会将其借款权委托给行政部门时，必须具体说明授权的期限和范围，特别是行政部门有权签署的合同的基本特征，以便为财政投资支出提供资金。

（6）债券管理

①债券的发行管理。地方政府自由选择一位领导人，确定领导人后，银行机构进行非正式竞标，领导人与银行联合提出有关发行债券的提议，并决定是否继续发行债券。地方政府拥有否决权。发行债券的完成日期，即债券的实际接收时间，是通过双方协议确定的。

②未偿还债券的管理。法国地方政府在预算准则的约束下，根据预算草案的制定方向、财务年度已结清和未偿还债务的比例关系，结合未偿还债务的概况，在财务年度结束时转交给中央政府一系列相关资料。未偿还债务转移给中央政府后，一旦出现地方政府对外负债或发行地方债券不能够到期偿还、政府运转不灵的情况，则由法国总统的代表——各省省长直接执政，原有的地方政府或地方议会宣告解散，其债务先由中央政府代为偿还，待新的地方议会和政府选举成立后，通过制订新的计划逐步偿还原有债务。

③债券规模限制。法国地方政府债务管理非常慎重，地方政府债券发行

是根据预算规则确立的，发行规模没有上限。这个预算规则为依据公共财政的长期可持续性和经济活动的短期稳定两个目标，进而对地方政府财政政策施加公共财政总量上限的约束。

（7）偿债资金来源

地方政府偿债资金来源包括中央政府对地方政府各类补贴（拨款）和地方税收。但是，地方政府不可以用新的贷款来偿还以前的贷款。中央政府对投资项目的补贴可用于资助项目的不同阶段，如研究、房地产收购、建筑或开发工程、大修、硬件设备（不包括简单的更新）等。同时，中央政府对投资项目的补贴只能在项目已经完成时使用，但是如果项目是采用预付款的方式支付且预付款不超过国家补贴的 80% 时，可以在支付预付款时使用国家补贴。

（8）偿债能力评估

根据 2018 年的数据，国际评级机构穆迪下调法国评级，将其主权债务评级由 "AAA" 降至 "AA1"，仍维持负面展望。2020 年年初，评级机构标准普尔已经把法国主权信贷评级从 "AAA" 调降至 "AA+"，并维持负面展望。

从地方政府数据来看，2019 年年底，法国地方政府债务为 2 103 亿欧元，占 GDP 的 8.7%，2018 年，法国地方政府债务为 2 057 亿欧元，占 GDP 的 8.7%。这一比例的数据是逐年下降的，1995 年为 16.5%，2004 年降至 10.1%，直到 2018 年、2019 年已经降至 8.7%。

（9）政府担保规定

法国地方政府在举债时，一般都以政府资产作为抵押或担保，向银行借款时通常以市镇政府财产质押，发行地方债券时通常以地方政府财政收入作担保。

（10）信息披露要求

法国地方政府发布的每一份预算报告中，都包括一份债务附录。该附录会反映本级政府在每个财政年度的重大贷款情况。债务附录会披露每项重大的贷款和债券项目的以下信息：年度新增债务、大型项目债务总量、债务到期情况、偿付时间表、财政年度的本金和利息支出等。

（11）地方政府债务状况总结

查阅法国地方政府债务资料发现，法国地方政府债务近90%为银行贷款，且每年固定不得超过最近20年的最大额；只有近10%是通过发行债券的方式取得。贷款中含有一种特殊的贷款——结构性贷款。这些贷款只能用于融资投资，不得用于经常性支出。因为贷款是地方政府债务的重要组成，所以法国对地方政府贷款的规定较多。首先，法国规定了贷款权限，即大区政府、省政府、市镇政府均可以贷款，地方政府贷款无须通过中央政府批准，地方政府具有完全的贷款权限，而债务管理方面由财政部专设地方政府债务管理机构管理地方政府债务。其次，法国对贷款合同做出规定，指出地方政府与贷方之间的合同必须清晰表明贷方的名称、贷款对象、贷款金额、贷款期限、利率、摊销条款，同时规定了贷款的利率、付款条件、争议管辖条款等。最后，法国规定贷款的使用属于审议大会的管辖范围。

关于债务的偿还，偿债资金来源主要包括中央政府对地方政府的各类补贴（拨款）、地方税收，但地方政府不能用新的贷款来偿还以前的贷款。一旦出现地方政府对外负债或发行地方债券不能够到期偿还、政府运转不灵的情况，则由法国总统的代表——各省省长直接执政，原有的地方政府或地方议会宣告解散，其债务由中央政府先为代偿，待新的地方议会和政府选举成立后，通过制订新的计划逐步偿还原有债务。

4.2.3　地方政府债务风险防控举措

（1）风险预警机制

①构建"五位一体"的监控体系。法国构建了议会、审计法院、财政部、财政部派驻各地的财政监督机构和银行"五位一体"的监督体系。中央政府依靠议会、审计法院、财政部、财政部派驻各地的财政监督机构以及银行等金融机构对地方政府负债和财政运行状况进行严密监管。总体来说，议会对债务预算和支出进行严格审查和事前性监控；审计法院协助议会和政府对地方债券发行进行审计监督；财政部债务管理中心制定政府债券具体政策；财政部派驻各地的财政监督机构对地方政府负债情况进行常态化督导和检查；银行通过政府开设的发债资金账户严密跟踪地方政府的财政运行状况和对外负债情况。

第一，议会的监控。一方面，议会通过对财政预算草案的审查批准进行法律性和事前性的监控；另一方面，预算法案通过后，议会的专门委员会和议会委托的审计法院对政府部门和事业单位的支出进行审计监督。

第二，审计法院的司法监督。法国的审计法院属于独立的国家机构，权力由法国国民议会授予，它既是监察政府资金使用情况的最高司法机关，又是对政府进行事后财政监督的机关。审计法院的主要任务是检查中央和地方政府各部门的会计账目以及国有企业和事业单位的会计账目，使得地方政府对外举债时非常谨慎。

第三，财政部派驻本地的财政监督机构的监管。地方政府如果决定要通过对外举债的方式兴建工程，首先要向财政部派驻本地的财政监督机构进行咨询，征求其意见。如果财政部派驻本地的财政监督机构不同意，地方政府通常会放弃，但大多数合理情况财政部派驻本地的财政监督机构会同意。如果在出现分歧的情况下地方政府仍然决定兴建项目，其要向财政部派驻本地的财政监督机构和部长代表说明分歧意见，并自行承担全部债务风险。

第四，财政部派驻各省、市镇的财政监督机构的监控。财政部派驻各省、市镇的财政监督机构，对各级地方政府的财政运行状况和负债情况适时进行监督和检查，一旦发现问题，及时向地方政府提出意见并向上级财政部门汇报。这种实时监督确保了地方政府负债和财政运行状况处于良性状态，大大减少了诸如地方财政破产和资不抵债情况的发生。

第五，金融监控。各级地方政府对外举债，除了受行政、立法和司法部门的直接监控之外，还受到银行金融机构的间接监控。法国各级地方政府均在银行设立了专门的资金账户，对外举债通常都由银行代理（除直接向银行借款外，地方政府发行地方债券一般也由银行代为发行）。这样银行对地方政府的财政运行状况和对外负债情况非常了解，一旦地方财政运行出现风险，银行就会向地方政府提出警告，并停止为地方政府举债提供各种直接和间接代理服务。

②行为准则。2009 年，银行等金融机构与地方政府签署了防范结构性贷款风险的行为准则。法国财政部于 2010 年 6 月 25 日发布了该行为准则。同时，法国在宪法的框架下对结构性贷款进行管理，并对结构性贷款实施分类，即"吉斯勒分类"。除此之外，该行为准则重新规定了与债务相关的地

方政府预算管理，这有利于地方政府债务管理，尤其是应对结构性贷款的风险。

③设立支持基金①。2014 年，法国根据《初始金融法》设立支持基金，旨在向受结构性贷款影响最严重的地方政府提供援助。该支持基金根据结构性贷款未偿还的赔款（IRA）计算得出。支持基金的响应能力和效率降低了地方政府和有关机构未偿还的债务风险。2017 年，该支持基金的管理权移交给了法国财政部，由法国财政部负责确保国家与受益人之间签署的援助协议的执行。同时，为应对高风险贷款，地方政府决定增强干预能力，将用于援助地方政府有风险的结构性贷款（一半由银行和金融机构提供，一半由国家提供）增加了一倍。

国家向签约的地方政府提供财政援助，即无法偿还的、给债权人带来无法弥补的损失的贷款。2014 年，法国《金融法》为地方政府设立了特殊的支持基金，提取结构性贷款和高风险金融产品。其目的是通过该基金来促进及早偿还这些贷款或减少其利息费用。

④建立风险预警指标和机制。法国建立了较为丰富的风险预警指标和机制，对地方债务进行有效监控。负债率、债务率、资产负债率等是普遍采用的指标。除此之外，各级地方政府对外举债，除了受行政、立法和司法部门的直接监控外，还受到银行金融机构的间接监控。

⑤设立利率风险对冲工具。设立利率风险对冲工具，目的是解决地方政府在贷款方面可能遇到的任何困难和问题。这种利率风险对冲工具作为地方政府债务管理的一部分，用于防范贷款利率风险。

第一，设立复杂合同。一部分贷款合同允许地方政府在贷款时选择几种不同的利率，并在贷款摊销期间改变最初选择的利率。这种灵活性是多期权融资协议的一个特点，它允许在任何时候，根据观察到的趋势和预期，从观察到的利率最有利趋势中获益。这些利率条款虽然增加了银行的信贷管理成本，产生了额外的保证金或特定的辅助费用，但这些复杂合同可以在有效优化债务管理的情况下有很大的节省，从而降低利率变动风险带来的损失。

第二，利率风险对冲合同。利率风险对冲合同旨在对地方政府未偿还债

---

① 支持基金用于援助因结构性贷款没有能力偿还而产生赔款的地方政府。

务进行积极管理。利率风险对冲合同包括以一种利率的合同交换另一种利率的合同，将利率波动限制在规定的范围内。从这个意义上说，它们不同于严格意义上的贷款合同。在法律上，利率风险对冲合约与所涵盖的贷款业务是完全分开的，即可以与原贷款的银行以外的银行订立合约，因此可以说这些都是"非物质化"的合同。

⑥设立偿债基金。为防范债务风险，法国各级地方政府均建立了偿债准备金制度。当地方政府不能偿还到期债务时，可先行从偿债准备金中支付，以降低债务风险。偿债准备金的设置也对地方政府债务扩张行为产生一定的约束。

（2）债务危机化解机制

根据预算协定，一旦地方政府债务到期不能偿还，导致政府运转不灵，则由法国总统的代表——各省省长直接执政，原来的地方政府或地方议会宣告解散，其债务由中央政府先代为偿还，待新的地方议会和政府经选举成立后，逐步偿还。预算协定包括以下两个要点：一是公共财政的"黄金法则"，即要求结构性公共赤字（不包括经济状况的影响）不得超过 GDP 的 0.5%。二是自动纠正机制，如果不遵守"黄金法则"，国家有义务采取规定的纠正措施；如果预算赤字超过 GDP 的 3%，则实行准自动制裁（欧洲委员会的警告、欧洲法院对此处以罚款）。法国地方政府根据预算平衡需要举借债务，即地方政府举债纳入全口径、严格的预算管理和计划管理。

4.3 英国

4.3.1 政府管理制度框架

（1）政府管理制度框架概述

英国是君主立宪制国家，由英格兰、威尔士、苏格兰以及北爱尔兰四个地区组成。在单一制的国家结构下，英国的央地关系缺乏明确的法律规定。中央政府集中了国家的最高权力，地方政府在中央政府的授权范围内具有较强的独立性。地方政府的核心是由选举产生的地方议会，郡议会与区议会是主要的地方政府。英国全国被分为许多地方当局，地方当局是最基层的权力机构。全国不同的地方当局采用不同的结构，分别有以下几种形式：都会区（metropolitan districts）、伦敦行政区（London boroughs）、单一管理机构（unitary authorities）、郡县（shire counties）、郡地区（shire districts）、联合当局（combined authorities）、单一目的当局（single purpose authorities）。

从政府行政划分上来说，英格兰从上至下分为四级，分别是大区（region）、郡（county）、地区（district）、教区（parish）。英格兰由英格兰东北、英格兰西北、约克郡-亨伯、西米德兰兹（中英格兰西）、东米德兰兹（中英格兰东）、东英格兰、西英格兰、英格兰西南、英格兰东南九个大区①组成。英格兰郡（county）一级②的行政单位则根据不同的特点分为都市郡（metropolian county）、非都市郡（non-metropolian）、单一管理区（unitary authority）和大伦敦（greater London）。英格兰地区（district）一级③可以划分为大都市区（metropolian district）、非都市区（non-metropolian district）和由大伦敦划分出来的 32 个伦敦自治市（London boroughs）和伦敦市（city of London）。教区④（parish）是一些小的村镇或城市里的分区。威尔士、苏格兰和北爱尔兰都是一元行政单位，虽然名字上有"郡""市"等区别，但都是同一等级的行政机构。其中，威尔士有 22 个行政单位，包含郡、市和郡级自治市镇，苏格兰有 32 个统一管理区，北爱尔兰有 26 个区（也称为自治区、自治市镇）。

①责任分配。英格兰大部分地区包括两级地方当局（council），分别是郡（county）和地区（district），但两者之间不存在行政隶属关系，各自只对本范围的选民负责，行政权力和服务当地社区的职责在两级地方当局间进行分割。在两级地方当局中，郡提供约 80% 的社会服务，如教育、交通、规划、消防和公共安全、社会护理、图书馆、垃圾处理和交易标准制定等；地区负责其他事宜，如住房建设、当地规划申请、垃圾处理等服务和市政税（council tax）征收等。在英文中，地区这一层级一般称为"district"，有些

---

① 类似我国的华北地区、华中地区的划分。
② 类似我国的省、自治区、直辖市。
③ 地区的概念大致类似县市级行政单位。
④ 类似我国的乡镇、街道办事处。

也被称为"borough"或"city"。在英格兰和威尔士部分地方，第二层级之下，有时还会有一个第三层级的地方当局，即镇（town）或教区（parish），为当地民众提供一些基本服务，如城镇管理、乡村中心运营、垃圾处理、墓地管理、公园管理等。英格兰和威尔士有大约 9 000 个这样的第三层级地方当局。

除上述的地方政府架构外，英国第二类常见的地方当局只有一个行政层级（unitary authorities）。其中又有不同的称呼，有的叫自治镇，有的叫自治市，有的叫自治郡。这一级的地方当局统一担负当地所有管理和服务职能。伦敦和其他都市区（metropolitan area）也只有一个行政层级。以伦敦为例，大伦敦地区的 33 个行政区划（London boroughs）都是单一的行政当局，其中包括 29 个区（borough）、2 个市级区（city）、2 个皇家区（royal）。2011年，大曼彻斯特地区 10 个地方当局联合组成大曼彻斯特行政当局（GMCA）。此外，英格兰其他一些地方当局也开始尝试合并成联合行政当局，对行政资源进行优化配置。这些联合行政当局包括谢菲尔德、利物浦和西约克等。除原有职能外，联合行政当局还接受了中央政府额外赋予的权力和资金，新增加的职能主要包括整个地区的交通规划建设和经济政策制定等。

②立法权。议会是英国最高立法机关，政府从议会中产生，并对其负责。拥有立法权的议会包括中央议会（UK parliament）、苏格兰议会（Scottish parliament）、威尔士议会（Welsh parliament）、北爱尔兰议会（Northern Ireland assembly）。

英国立法分为一级立法（primary legislation）和次级立法（secondary legislation）。一级立法是指英国立法机构通过的主要法律，包括英国议会、苏格兰议会、威尔士议会和北爱尔兰议会的法案。次级立法（又称为附属立法）是由个人或机构根据初级立法中的授权制定的授权立法。中央议会通过的《公共法案》和《普通法案》适用于英国所有地区（包括英格兰、威尔士、苏格兰和北爱尔兰）。苏格兰、威尔士和北爱尔兰在其管辖权内制定的立法适用于其管辖地区。苏格兰议会是根据 1998 年《苏格兰法》的规定于 1999 年成立的，为苏格兰制定法律。苏格兰议会有权就移交事务制定法律。2016 年，《苏格兰法》进一步将权利移交给苏格兰议会，移交的权利涉及税收、福利和选举、保健、教育、培训、地方政府、住房、社会工作、经济发展、交通、法律、环境、农业、渔业、林业、体育、艺术、研究、统计等领域。威尔士议会是代表威尔士及其人民利益的民选机构。威尔士议会为威尔士制定特定领域的法律，威尔士就有关教育、健康、运输、规划、经济发展、社会服务、文化、环境、农业和农村事务领域的事项做出决定，制定并执行政策以及制定威尔士法律（提出议会法案）。北爱尔兰议会对北爱尔兰政府各部门负责的所有事项拥有充分的立法和行政权力，对农业、环境、教育和培训、就业、企业和投资、保健、文化和艺术等有立法权。

（2）各层级政府间的财政关系

在英国，地方政府一直被看成中央政府选择的、用于执行其具体政策的组织。因此，从本质上讲，地方政府行使的不是它自己的权利，而是中央政府赋予其在指定范围内的权利。英国中央政府处理与地方政府之间的财政关系，始终坚持三大原则：第一，征税权属于中央政府，没有中央政府的批准，地方政府无权征收地方税；第二，地方政府借款应该事先获得中央政府的批准；第三，不允许地方政府为经常性支出负债。

①政府间的财政支出责任划分。英国中央政府与地方政府之间的权责划分比较明确。支出责任划分主要依据公共物品的受益范围。受益范围覆盖全国的支出由中央政府承担，受益范围局限于特定区域的支出则由地方政府承担。具体来说，中央政府承担的支出主要有国防、外交、对外援助、中央政府负责的社会保障、高等教育、中央行政管理、国民卫生保健、住房建设、债务利息支出、对地方的转移支付等。地方政府承担的支出主要包括地方公共设施支出（如住宅、学校、医院和道路等建设投资）、教育支出（主要是中小学教育费用支出）、地方行政管理以及一些由地方政府负责的社会保障项目支出和地方环保等。

②政府间的收入划分。大部分政府开支是通过税收收入提供资金。英国在收入划分上实行彻底的分税制，中央和地方税收收入完全按税种划分，不设共享税，税收款项也分别由中央和地方各自的税务机关负责征收。具体来说，税收款项包括三大类：一是直接税，主要税种有个人所得税、公司所得税、资本利得税、印花税、遗产税和石油税，由财政部下设的国内收入局负责征收；二是间接税，主要税种有增值税、消费税、关税、赌博税等，由财政部下设的关税和消费税局负责征收；三是社会保障税及其他税费，社会保障税

由社会保障部基金收入局负责征收,其他税费(如车辆使用税、投资的利息红利收入、贸易附加收入等)一般委托有关部门代征后上缴财政。地方税包括市政税和商业房产税两种,前者针对居民住宅的房产评估价值课征,纳税人为房产的实际使用者;后者针对非住宅房产征收,纳税对象主要为企业。

③政府间的转移支付。第一,政府间的财政关系类型。英国的政府间的财政关系类型主要有两种:第一种是中央政府与北爱尔兰、苏格兰、威尔士三个地区所属地方政府之间的财政关系,该关系是间接的财政关系。因为中央政府下放给这三个地区较大的权力,而且这三个地区成立了地区议会与行政当局,中央政府只管辖地区政府一级,不直接管辖这些地区所属的地方政府。中央对地方的转移支付也只测算至地区政府,之后再由地区政府根据自己的情况下拨给所属各地方政府。第二种是中央政府和英格兰地区(包括大伦敦市)所属地方政府的直接财政关系。英格兰地区没有地区议会,该地区的地方政府直接对中央政府负责,中央政府的转移支付也直接测算到各个地方政府。

第二,转移支付形式。英国中央政府对地方政府的转移支付有三种形式,分别为专项拨款、公式化拨款、特定公式化拨款。其中,专项拨款只能用于城市公共设施、社会治安、环境保护等中央政府指定的专门用途。公式化拨款是中央政府对地方政府转移支付的主要形式,通过公式计算得出。特定公式化拨款是公式化拨款的补充,也是通过一定的公式计算各地的拨款数额,主要解决公式化拨款无法兼顾的那些公共服务项目的拨款问题。中央政府对特定公式化拨款的用途也没有限制,地方政府可以自主决定拨款投向。公式化拨款、特定公式化拨款相当于我国的一般性转移支付。

第三,公式化拨款计算公式。转移支付数额=地区标准支出数额-地区按预计全国平均税率征收的市政税数额-返还给该地的商业房产税数额。公式中的标准支出数额是基于人口、社会结构和其他客观因素计算出的结果。英国在测算某地的标准支出数额时,把全部考核项目调整为七类,分别是教育、个人社会服务、警察与治安、消防、公路养护、环境保护与文化服务、资本性支出与借款还贷。每个考核项目又分为若干个子项目,如教育考核项目具体又包括初等教育、中等教育、五岁以下儿童教育、高额成本学生教育、年轻人和社区教育等八个子项目,分别根据基本费用、贫困费用调整、地区费用调整、其他调整以及缩放比例调整等因素确定支出。各子项目支出加总后形成项目支出，各项目支出加总后即为标准支出。根据英国法律的规定，中央政府对各地的公式化拨款每年至少要有一定程度的增长，拨款应当达到的最低增长率，即"下限"。同时，中央政府也规定各地获得的公式化拨款年增长率不能超过一定的程度，即"上限"。如果某地按照公式计算出的拨款增长率低于"下限"（或高于"上限"），则一律按"下限"执行。

4.3.2　地方政府债务预算管理体系框架

英国地方当局有权决定其能够承担多少借款来提供公共服务。每个权力机构都能够设定自己的借款限额，前提是在不影响服务交付的情况下满足其还款要求。地方当局借款总额为短期借款和长期借款的组合借贷。发行期限超过一年的为长期借款，主要为资本项目提供资金。发行期限少于一年的为短期借款，主要用于除了资本项目以外的融资。表4-13为2011—2020年3月底英国地方政府借款总额的数据。2011—2020年，短期借款总金额下降，而长期借款增幅超过60%，总体借款水平增幅接近60%。表4-14、表4-15分别从类型上划分了地方当局未偿还的短期借款和长期借款情况。

表4-13　2011—2020年3月底英国地方政府借款总额

单位：百万英镑

年份	短期	长期	总计
2011	755	69 808	70 563
2012	428	81 390	81 818
2013	497	83 692	84 190
2014	548	84 049	84 597
2015	667	85 734	86 401
2016	585	87.559	88 144
2017	547	90 108	90 655
2018	721	95 003	95 724
2019	555	102 456	103 011
2020	522	112 126	112 648
2011—2020年增幅	-30.9%	60.6%	59.6%

表 4-14　2014—2020 年 3 月底及 2020 年 6 月底未偿还地方当局短期借款

单位：百万英镑

项目	2014 年 3 月底	2015 年 3 月底	2016 年 3 月底	2017 年 3 月底	2018 年 3 月底	2019 年 3 月底	2020 年 3 月底	2020 年 6 月底
银行	60	66	59	46	51	18	39	17
建筑机构	0	4	0	0	10	6	20	8
其他金融临时借款	301	418	315	326	392	406	326	295
公共企业	82	92	102	86	155	29	69	112
私人非金融企业	10	14	16	17	34	27	32	39
中央政府	6	0	0	1	2	9	3	2
家庭部门	49	23	39	25	62	54	27	36
其他	40	48	53	47	17	6	7	8
共计	548	665	584	548	723	555	523	517
短期	3 188	3 664	4 075	6 532	9 048	9 564	11 678	10 952
总计	3 736	4 329	4 659	7 080	9 771	10 119	12 200	11 469

表 4-15　2014—2020 年 3 月底及 2020 年 6 月底未偿还地方当局长期借款

单位：百万英镑

项目	2014 年 3 月底	2015 年 3 月底	2016 年 3 月底	2017 年 3 月底	2018 年 3 月底	2019 年 3 月底	2020 年 3 月底	2020 年 6 月底
可转让债券和商业票据	3 298	3 866	4 400	4 756	4 465	4 340	4 358	4 348
其他上市证券	1 009	1 008	1 276	1 273	1 265	1 233	1 584	1 527
公共贷款委员会	62 801	63 633	64 388	66 097	69 589	77 414	85 670	85 752
银行	10 690	10 491	10 289	10 318	10 334	9 033	8 685	8 679
建筑机构	5	4	4	4	4	4	2	1
其他金融中介机构	471	554	633	609	750	687	824	845
公共企业	7	10	6	6	14	26	31	30
私人非金融企业	121	151	152	159	163	167	163	159
中央政府	114	140	152	204	208	736	1 593	1 807
家庭部门	6	5	5	5	2	3	3	2
其他	5 527	5 873	6 254	6 677	8 208	8 903	9 214	9 308
小计	84 049	85 735	87 559	90 108	95 002	102 457	112 126	112 458
地方政府的长期贷款	1 360	1 832	2 131	2 054	2 336	2 338	2 533	2 567
总计	85 409	87 567	89 690	92 162	97 338	104 794	114 660	115 025

（1）地方政府债务管理机构的设置

英国财政部（HM Treasure）下设债务管理办公室（Debt Management Office，DMO），DMO 下设公共工程贷款委员会（Public Works Loan Board，PWLB），负责为地方政府资本性投资提供贷款并负责追缴还款。PWLB 由英国债务管理办公室代表英国财政部运营。PWLB 在财政部制定的政策框架内，从国家贷款基金向地方当局和其他特定机构提供贷款。PWLB 借款主要用于基本建设项目。

PWLB 可以从英国国家贷款基金（National Loans Fund，NLF）获得资金，因此可以向地方政府提供低于商业银行贷款利率的贷款。中央政府通过 PWLB 向地方政府提供低成本贷款，在一定程度上支持了地方的投资活动。PWLB 是地方政府的主要贷款人，约占地方当局债务的 2/3。表 4-16 为 2019—2020 年 PWLB 贷款概况。

表 4-16　2019—2020 年 PWLB 贷款概况　　　　单位：万英镑

项目	固定利率贷款	浮动利率贷款	总计
英格兰地方当局			
郡议会	1 670	—	1 670
伦敦市议会	1 327	5	1 332
大都区议会	1 696	—	1 696
非大都区议会	3 000	—	3 000
其他	936		936
总计	8 629	5	8 634
苏格兰地方当局			
统一议会	1 427	—	1 427
其他	—	—	—
总计	1 427		1 427
威尔士地方当局			
统一议会	343	—	343
其他	18	—	18
总计	361		361

英国市政债券机构于 2016 年成立，股东为 56 个地方当局。该机构设立的目的是为规模较小的地方当局发行债券提供便利，并提供有竞争力的价

格。从长远来看，该机构提供的利率将低于 PWLB 提供的利率。

（2）举债用途

地方当局需要区分资本性支出与经常性支出，资本性借款只能用于资本性支出。资本性支出主要用于高速公路、交通、住房等公共基础设施建设以及对尖端研究和未来清洁能源的新投资。例如，英格兰主要用于教育、道路、社会关爱、卫生医疗、住房建设、文化、环境、城市规划、通信基础设施、警力、消防、中央服务和工业商业等用途。威尔士主要用于教育、社会服务、交通、住房、一般性行政管理、城市发展规划、法律、保护性设施等用途。苏格兰主要用于住房、教育、道路交通、城市发展规划、文化、环境保护等用途。北爱尔兰主要用于农业及环境、社区建设、经济发展、健康、基础设施建设、公平法制等用途。

PWLB 的举债用途主要是就基本建设项目向英国的地方当局提供贷款。金融交易筹集资金的举债用途用于住房计划，包括"帮助购买计划"中的股权和其他共享股权计划、增加中端市场可租房屋供应量的创新性融资计划、向中小企业提供贷款计划。非营利性发行（the non-profit distributing，NPD）模式（也是筹集资金的一种方式）中筹集的资金，分别用于大学发展项目、道路项目等。

（3）偿债资金来源

地方政府借款用于收益性支出和资本性支出。其中，用于收益性支出的资金来自中央政府补助、非住宅房产税[①]（retained non-domestic rates）和地方筹集的市政税（locally raised council tax）。表 4-17 显示了地方政府收入来源。

关于资本性支出，偿债资金主要来自中央政府拨款、资本票据收入、资本性收入、审慎借款等，详见表 4-18 至表 4-21。其中，北爱尔兰公共支出的主要资金来源是英国财政部的部门支出限额（departmental expenditure limits，DEL）和年度管理支出（annually managed expenditure，AME）。DEL 和 AME 最终都是通过英国的一般税收来筹集的。北爱尔兰公民直接向英国政府纳税。政府通过 DEL 和 AME 预算向其各部门和权力下放的行政机构分配

---

① 又称为营业税（business rates）。

资金。所有地方发展基金拨款通常被称为国家机构整笔拨款，都是在资源地方发展基金和资本地方发展基金明确分开的基础上进行的。北爱尔兰政府资金的主要来源是国家保险集团赠款、地区税费、再投资和改革倡议借款（reinvestment and reform initiative，RRI）、欧盟收入、其他收入、英国政府财政一揽子计划。

苏格兰议会在2018—2019年花费了约180亿英镑。其支出主要有四个来源：苏格兰政府补助金、服务收入、财产税和地区税。在2018—2019年，苏格兰通过34亿英镑的资本拨款、4.5亿英镑的资本借款和4.89亿英镑的金融交易，为投资提供资金。苏格兰还利用创新的融资途径作为基础设施方面的额外投资，包括收入融资计划、税收增量融资（the tax incremental financing，TIF）、增长加速器、住房交付、城市地区交易。其中，资本借款是从2018—2019年的国家贷款基金中提取的。金融交易金额是苏格兰政府在进行直接基础设施投资时，来自英国财政部的资金。税收增量融资（TIF）使地方政府得以为公共部门基础设施提供资金，并引入了私人部门的资金。

表4-17　地方政府收入来源　　　　单位：百万英镑

项目	2011—2012	2012—2013	2013—2014	2014—2015	2015—2016
中央政府补助	101 800	97 692	90 982	89 271	85 516
地方收入					
州郡税	26 451	26 751	23 371	23 964	24 734
非住宅房产税			10 719	11 331	11 855
外部利息票据	860	815	839	865	1 047
资本票据	2 013	2 124	2 481	2 996	2 196
销售税费	11 991	12 201	12 695	11 741	11 666
州郡租金	66 583	6 916	7 215	7 439	7 468
其他收入及调整	9 985	8 842	9 253	18 496	19 390

表4-18 资本性支出偿债资金来源 单位：千英镑

项目	用于资本性支出的拨款总额	用于资本性支出的资本票据收入总额	用于资本性支出的总收益性收入	总审慎借款（不包括私人融资基础设施）	总计
单一当局	1 742 392	320 182	612 880	2 558 164	5 233 618
夏尔郡当局	594 991	479 121	919 149	1 954 783	3 948 044
大都市区	1 434 646	310 445	588 889	1 692 609	4 026 589
伦敦当局	1 244 434	747 374	809 083	1 896 010	4 696 901
夏尔县当局	2 109 655	181 784	225 672	962 795	3 479 906
其他当局	2 765 836	196 361	1 278 586	2 768 603	7 009 386

表4-19 用于资本性支出的拨款总额 单位：千英镑

项目	中央部门拨款	欧洲结构和投资基金等拨款	私人发展商及租赁持有人赠款	非部门公共机构的拨款	国家彩票的拨款	全球法律援助机构的赠款	地方企业伙伴关系赠款	其他地方当局的拨款	总计
单一当局	1 097 873	22 187	207 852	95 283	24 067	0	236 087	59 042	1 742 391
夏尔郡当局	231 499	8 397	138 006	98 199	10 828	0	48 458	59 603	594 990
大都市区	991 720	11 928	97 805	165 095	9 888	0	63 416	94 795	1 434 647
伦敦当局	609 743	0	394 234	45 622	3 437	184 319	2 246	4 832	1 244 433
夏尔县当局	1 575 320	1 651	305 908	37 426	6 253	0	132 799	50 299	2 109 656
其他当局	1 525 406	3 063	39 335	4 310	816	1 184 487	2 427	5 992	2 765 836

表4-20 用于资本性支出的总收益性收入 单位：千英镑

项目	住房账户收入	主要修理收入	一般资金收入	总计
单一当局	118 419	343 323	151 138	612 880
夏尔郡当局	183 977	461 632	273 541	919 150
大都市区	65 340	415 221	108 328	588 889
伦敦当局	148 156	584 709	76 218	809 083
夏尔县当局	0	0	225 672	225 672
其他当局	0	0	1 278 586	1 278 586

表4-21　总审慎借款（不包括私人融资基础设施）　单位：千英镑

项目	全球法律援助机构的贷款和其他财政援助	当地企业合作伙伴的贷款和其他财政援助	其他地方当局的贷款和其他财政援助	中央政府不支持的其他借贷安排	总计
单一当局	0	-2 193	28 107	2 532 250	2 558 164
夏尔郡当局	1 550	1 350	74 738	1 877 145	1 954 783
大都市区	128 356	23 665	13 314	1 527 274	1 692 609
伦敦当局	54 962	0	0	1 841 048	1 896 010
夏尔县当局	0	0	0	962 795	962 795
其他当局	38 585	4 290	300	2 725 428	2 768 603

（4）举债机构限制

英国主要的地方政府（如大城市、自治市、县以及联合政府）与规模较小的地方政府（如英格兰的城镇和教区议会、威尔士的城镇和社区议会）都可以申请PWLB贷款。英国城镇和教区议会需要获得住房、社区和地方政府部（MHCLG）的借款批准才能借款。威尔士城镇和教区议会需要得到威尔士政府的批准才能申请贷款。根据法律的规定，向地方当局提供的贷款将自动以地方政府的收入作为抵押，而其他特定的收入、资产或抵押品不能作为贷款抵押。

就市政债券而言，市政债券机构需要向股东主管部门和其他主管部门公开信息，要求参与债券发行的地方政府必须为投资者提供足够的财务信息，以便它们能够判断其信誉情况。

（5）债务规模控制

地方当局债务规模受英国公共财政与会计学会（CIFPA）对地方当局金融审慎原则的约束。此外，地方当局必须考虑CIFPA的《资金管理指引》对地方政府的资金和住房进行的指导，必须符合《资金管理指引》中对社区和当地政府中的最低收入规定。中央政府规定政府债务余额（包括中央和地方）应当低于GDP的40%，地方政府债务余额占GDP的比重在4%以内。地方政府应同时建立资本上限以满足可持续投资规则。该上限反映了各级政府的可承受投资水平。地方政府在每年的预算和概算报告中，应将资本上限中的地方政府自行筹集部分通过总量预测报告给财政部。

①PWLB 举债规模限制。2019 年，PWLB 继续向地方政府提供资本融资，旨在满足所有地方当局的长期借款需求。2019 年，PWLB 向借款人发放总额为 91 亿英镑的贷款。截至 2020 年 3 月 31 日，PWLB 未偿还贷款为 866 亿英镑（2019 年 3 月 31 日为 783 亿英镑）。因此，2019 年，英国政府立法将 PWLB 贷款的法定限额从 850 亿英镑提高到 950 亿英镑，并将新 PWLB 贷款的利率提高了 1 个百分点。

②北爱尔兰。2002 年 5 月，投资和改革倡议借款（reinvestment and reform initiative，RRI）作为一项新的借款权利，旨在支持北爱尔兰的重大基础设施投资方案。英国财政部制定了一个正式的借款限额，到 2020—2021 年设定限额为 2 亿英镑。表 4-22 显示了 RRI 借贷工具的实际和计划借贷，包括了用于表内私人融资计划（private finance initiative，PFI）的 RRI 借贷。2007 年，英国财政部授予行政部门私人融资基础设施项目特许权。这使得资产负债表上私人融资基础设施项目的价值可以替代 RRI 借款，因为它本质上也是借款，尽管其资金来源不同。与最初的协议相比，这样做的好处是最大限度降低了利息成本。在最初的协议中，行政部门承担了 RRI 借款资助的项目和私人融资基础设施合同产生的项目利息成本。

表 4-22　RRI 借贷工具的实际和计划用途　　　　单位：万英镑

时间	国家贷款基金（NLF）	资产负债表（PFI）	RRI 贷款机构总计
2003—2004	79.4		79.4
2004—2005	168.7		168.7
2005—2006	162.9		162.9
2006—2007	214.6		214.6
2007—2008	97.6		97.6
2008—2009	16.6	243.4	260
2009—2010	113.1	132.9	246
2010—2011	36.9	200	236.9
2011—2012	375		375
2012—2013	150.9		150.9
2013—2014	195.9		195.9

表4-22（续）

时间	国家贷款基金（NLF）	资产负债表（PFI）	RRI 贷款机构总计
2014—2015	259.2		259.2
2015—2016	294.3		294.3
2016—2017	213.7		213.7
2017—2018	33.5		33.5
2018—2019	66.7		66.7
2019—2020	9.6		9.6
2020—2021	—		—
总计	2 448.6	576.3	3 064.9

③苏格兰、英格兰等地区。根据 2016 年《苏格兰法》批准的财政框架法案，苏格兰政府的资本借贷能力限额在 2017—2018 年度增加到最高 30 亿英镑，年度上限为 4.5 亿英镑。苏格兰政府为了最大化对基础设施投资的承诺，动用 2018—2019 财年可用的全部 4.5 亿英镑。英格兰地方当局可以设定自己的债务限额并有权决定其能承担多少债务用于提供服务。

（6）偿债能力评估

①地方当局。少数地方当局获得了信贷机构的评级，这将使它们能够在公开市场上借贷。表 4-23 显示了 2020 年 12 月一些地方当局的信用评级情况。从评级结果来看，这些地方当局的信用评级水平都相对较高。

表 4-23　地方当局信用评级情况

地方当局	评级情况	地方当局	评级情况
伦敦旺兹沃斯	AA（惠誉）	吉尔福德区议会	AA3（穆迪）
康沃尔区议会	Aa3（穆迪）	沃金区议会	A2（穆迪）
伦敦当局	AA（标普）	沃林顿区议会	A1（标普）
阿伯丁市议会	A1（穆迪）		

②PWLB。PWLB 有权向英国的教区和镇议会、威尔士的社区和镇议会以及特许受托人贷款。当符合相应的条款和条件时，PWLB 应决定是否就某项申请发放贷款。各地区委员会还可以向 PWLB 申请贷款，以代替短期借

款（包括银行透支）或临时用于批准中所述的未偿还余额，但是 PWLB 只有在获得借款批准后才可以发放贷款。就威尔士议会而言，借款批准需要声明贷款的目的、金额和最长期限。相关借款只能在批准的期限内进行。但是，单笔贷款的批准不受批准期限限制，如果支出分散在几个月内，其可以就某一项计划单独提出申请，但贷款必须获得有效的批准。借款批准的初步方法应向当地地方议会协会提出。

（7）项目筛选机制

项目筛选是指根据安全性、流动性和收益性等要求进行项目排序。地方当局需要披露所有其他各种类型投资的量化指标来评估地方政府的总风险敞口，以确定是否对项目进行投资。具体指标包括投资如何资助、项目回报率、公共服务交付目标以及投资对地方当局的作用与做出的贡献等。

（8）政府担保规定

英国中央政府对地方当局的借款不提供担保。英国法律规定，英格兰与威尔士的地方当局不能以资产或财产作为抵押，为其借款提供担保。1965年和1967年的公共工程贷款法案规定，地方当局从私人银行获得的借款也不能用议会的财产进行担保。

（9）举债方式

英国地方政府举债模式主要分为三种：借款、市政债券和公私合营模式（PPP）。其中，借款包括中央政府贷款和银行借款两种模式。从 2015 年 4月起，地方政府也可以选择向地方资本金融公司（local capital finance company，LCFC）借贷市政债券，LCFC 是一家设在英国的半官方半私人的公司，可以给地方当局提供贷款。LCFC 是 DMO 下设的 PWLB 的一个替代机构，也是英国财政部的组成部分。LCFC 通过发行债券在资本市场上筹集资金。LCFC 筹集资金的渠道包括银行、保险公司、养老金的运营机构等。LCFC 将筹集到的资金借给地方当局，LCFC 旨在以 PWLB 或其他理事会更低的利率向理事会发行债券，并使地方当局的资金来源更加多样化，从而赋予了其更高的独立性。

（10）债务的期限

目前，PWLB 贷款的最长期限一般不会超过 50 年，越来越多的 PWLB贷款以最长 50 年的期限发放。一些地方当局会选择非常长的期限，以此来

使年度借贷成本最小化。PWLB 可变利率贷款的利率由英国财政部根据
1986 年的国家贷款法案决定，英国财政部根据 DMO 规定的用途来计算并公
布利率。该方法的目的是保证该利率不低于政府正常发放贷款的利率。

（11） 债务资金的保管、收支以及资金利息投资的限制

地方当局借入资本必须从其收入中偿还所有借款。法律禁止抵押土地或
建筑物等资本资产作为抵押品。这些规则对每个地方当局可以承担的债务和
借款水平设置了自然限制，政府支持使用商业方法来有效提供公共服务或保
护现金余额免受通货膨胀的影响。但是，地方当局不能参与没有直接政策或
财务管理目的的财务安排。

PWLB 不会以负利率放贷。借款人通常可以提前偿还 PWLB 的贷款，前
提是 PWLB 有足够的资金来支付提前到期的贷款的利息。如果借款人进行
借款之后，借款利率发生了变化，那么借款人需要计算新旧借款利率的利息
差额，并一次性支付 PWLB 计算的利息差。目前，英国不允许地方政府之
间转移从 PWLB 获得的贷款。除此之外，英格兰地方当局获准将其盈余资
金用于投资以产生回报，但禁止用于投资某些风险过大的投资项目。

（12） 司法授权的取得

根据 1998 年《苏格兰法案》、2006 年《威尔士法案》和 1975 年《北爱
尔兰（贷款）法案》的规定，苏格兰、威尔士以及北爱尔兰行政部门有权
通过借贷进行资本投资。苏格兰和威尔士政府的资本借贷权力在随后的
2016 年《苏格兰法》和 2017 年《威尔士法》中得到进一步确定，2006 年
《北爱尔兰（杂项规定）法》进一步确定了北爱尔兰行政机构的借款权力。
地方当局的借款受英国 2003 年《地方政府法》的约束。教区和镇议会在进
行借款之前必须取得地方政府大臣的批准，但当时一些临时性的借款不需要
批准。借款经批准后，可以在法律规定的范围内使用，而且资本性支出应予
以资本化。

（13） 债务预算要求

英国中央政府掌握全国大部分的财政收入，通常占 90% 以上，并通过
对地方政府的转移支付影响地方政府的行为，实现各地公共服务的均等化。
中央政府每年财政转移支付资金通常占地方预算收入的 80% 以上。同时，
中央政府对地方政府实行最高限额的奖励制度，允许地方政府支出超出预算

的1%限额。地方政府如果严格执行预算或不超出预算的1%，中央政府将在下一年度增加补助；地方政府如果超出预算的1%，中央政府将削减下一年度的补助；地方政府如果有结余，中央政府就不减少下一年度的补助。法律要求地方当局确保必要的资金，以为其正常运转提供保障，并且地方当局应准确说明资金的支出和流入。

(14) 信息披露要求

在每个财政年度，地方当局应至少编制一份投资战略。该战略应包含规定的披露和报告要求，并由理事会批准。如果没有正式理事会的机构，地方当局应由最接近的同等级别的机构批准该战略。如果地方当局提议在该年度对战略进行重大变更，则应在实施变更前将修订后的战略提交给理事会或同等机构由其批准。该战略应在地方当局的网站上公开发布。如果地方当局根据审慎守则的要求制定了资本战略与资金管理战略，其相关信息应在公开的文件中进行披露。

4.3.3 地方政府债务风险防范举措

(1) 风险预警机制

英国地方当局采用独立的流动性风险管理。1992年《政府财政法》要求地方当局提供平衡的预算，确保筹集足够的资金以支付年度开支。2004年4月，英国开始构建地方政府资本融资的谨慎性监管框架。这一制度框架要求专业化管理和自我管理，并遵守特许财政与会计协会确定的会计原则，从而使地方政府可以对其固定资产投资进行更为有效的控制，以提供优质的地方公共服务。这一制度框架的具体内容如下：一是谨慎性准则。谨慎性准则旨在为地方政府资本性融资提供一个可靠的制度框架。这一框架要求地方政府资本性支出计划不得超过地方政府偿债能力，所有的外部借款和其他长期债务应当谨慎可靠，国库管理决策应当体现先进的专业化管理理念。二是谨慎性指标。在谨慎性指标下，各个地方政府的首席财政官负责提供基于谨慎性指标的财政稳健性报告、监控政府绩效，制订符合当地政府偿债能力的审慎借款计划。三是执行谨慎性制度。地方政府必须遵守专业化的谨慎性准则，同时根据特许财政与会计协会确立的谨慎性指标，地方政府将债务规模控制在财政允许且满足地方政府资本投资需要的范围内。地方当局应提供一系列指标，让成员和其他相关方了解借贷和投资决策的总风险。这些指标应涵盖地方当局的当前状况和预期状况。这些指标不需要考虑财资管理投资，除非这些投资预计将持续 12 个月以上。除此之外，地方当局制定量化指标，使议员和公众能够评估地方当局因其投资决策而面临的总风险。如果地方当局根据每种投资类型的贡献有不同的风险偏好或不同的回报预期，其应考虑提供按贡献类型或风险偏好分类的指标。

上文提到在每个财政年度，地方当局应至少编制一份投资战略。该战略应说明地方当局在投资前和持有投资时评估损失风险的方法，特别要明确如何评估正在或将要竞争的市场、竞争的性质和水平、市场及客户需求将如何随着时间的推移而演变、进入和退出的障碍以及任何持续的投资要求；地方当局是否以及如何使用外部顾问，无论是资金管理顾问、财产投资顾问还是任何其他相关人员；地方当局如何监控和保持外部顾问提供的建议的质量；所有风险评估在多大程度上基于信用评级机构发布的信用评级；使用信用评级的地方政府有哪些、监控的频率以及在信用评级发生变化时采取行动的程序；用于评估和监控风险的其他信息来源。

关于非资金管理投资或贷款的金融投资，该战略应规定确定资金可谨慎承诺的最长期限的程序，并说明这些最长期限是什么以及地方当局将如何保持在其规定的投资限额内。

关于非金融投资，该战略应规定偿还借入资本时的程序。该战略还应说明地方当局对其持有的投资流动性的信息披露情况。如果地方当局持有非金融投资组合，其可以选择按资产类别或适当的投资组合级别评估流动性。如果地方当局依赖或计划依赖利润产生投资活动来实现预算平衡，战略应详细说明满足服务交付目标的融资支出和地方当局的决策角色依赖于实现预期净利润的程度。此外，如果地方当局未能实现预期净利润，该战略应详细说明地方当局的应急计划。对产生利润的投资的依赖性和分配给这些投资的借贷能力的评估信息应作为中期财务计划生命周期的最低要求进行披露。但是，该战略也建议对长期风险和机会成本进行评估。地方当局应遵循审慎守则。审慎守则规定了地方当局应公开自己的非流动资本投资方案，确保借款资金用于提供高质量的地方公共服务。除此之外，英格兰政府和威尔士政府履行职责时还应同时遵守 2003 年《政府法》，苏格兰政府和北爱尔兰政府还应分别遵守苏格兰《地方政府法》和北爱尔兰《地方政府财政法案》。

对 PWLB 的风险和控制，英国设计并实施了一个正式的风险管理框架，涵盖了 DMO 开展的所有活动。该框架有助于确保 DMO 适当了解已识别的风险，并监控风险。风险管理框架由"三道防线"模式支持。

①第一道防线。日常风险管理是业务领域内管理人员的责任。DMO 认为，有效的风险管理是其业务的核心，并培养一种风险意识文化，鼓励包括董事会成员在内的所有工作人员理解并承担这些业务固有的风险。具体而言，DMO 力求形成一种环境，使工作人员能够轻松识别新的风险和风险变化，以便对所有风险进行评估并采取适当行动。这些行动通常包括职责分离、员工培训、明确的管理授权和稳健的业务连续性安排。PWLB 提供的固定利率由英国财政部根据 1968 年《国家贷款法》确定。实际上，每日的利率水平都是用 DMO 的一个关键业务模型计算出来的。DMO 为其使用的所有模型建立了一个强有力的质量保证框架，涵盖结果验证和方法的所有变化。

②第二道防线。风险监督由董事会和风险委员会负责，其作用是对其职权范围内的风险问题进行定期和系统的审查，并支持 DMO 会计官行使其风险管理的总体职责。DMO 认为，它面临的主要风险来自三大领域：信用风险、市场风险和操作风险。DMO 会定期开会审查每个领域不断变化的风险模式，并制定适当的应对措施。运营风险委员会（Operational Risk Committee，ORC）定期开会监控运营风险并审查重大风险问题。ORC 负责审查通过 DMO 风险事件报告流程确定的风险事件，并考虑相关计划或措施是否合适。ORC 还会审查和跟踪内部审计的进度。ORC 审查的范围包括与信息风险、信息技术安全、业务连续性、反欺诈和关键供应商风险相关的问题。ORC 控制小组的审查工作涵盖了因 DMO 交易系统更换而导致的流程和控制变更，包括 PWLB 贷款的权限访问控制。风险委员会由 DMO 风险管理部门（Risk Management Utilities，RMU）支持，该部门确保风险委员会提出的关键风险问题定期传达给 DMO 会计官和高级管理层。如果出现新的问题，RMU 还会进行额外的特别报告。RMU 支持有明确产出的正式风险报告流程，包括由董事会和高级管理层审查的定期详细风险报告。除了支持风险

委员会外，RMU 还提供风险控制建议。作为第二道防线的一部分，RMU 独立于 DMO 开展活动。RMU 进行风险分析，并为 DMO 提供市场、信贷和操作风险建议。RMU 通过与业务部门和职能团队负责人的进行季度交流，促进运营风险的识别、监控和消除。除此之外，RMU 还要评估重大风险问题的重要性和发生概率，强调发现新的风险和风险敞口以及不断增加的风险，并采取措施确保有效管控所有风险。DMO 有高级风险负责人，其负责跨职能部门的审核，以促进整个组织更好地对运营风险进行优先排序。RMU 记录所有提出的风险事件，以确定控制薄弱环节，并采取行动来改善控制。RMU 定期监控治疗措施的进展，以确保在商定的期限内管理和推进内部与外部审计强调的问题以及其他已确定的改善控制环境的措施。

③第三道防线。DMO 的内部审计职能是第三道防线，其提供关于内部控制系统总体有效性的独立和客观保证。DMO 通过基于风险工作计划来实现这一目标。该工作计划在每年年初提交给审计委员会，并在每个季度初由审计委员会批准。DMO 的内部审计职能独立于 DMO 的交易活动和运营，并直接向 DMO 会计官报告。内部审计工作包括评估控制设计和控制绩效的有效性。凭借其独立性和总体职权范围，内部审计为防范可能阻碍 DMO 实现目标的风险提供了第三道防线。

(2) 债务危机化解

英国财政部和预算责任办公室预测与监测收入和支出财政政策，并决定着税收和公共支出的水平，旨在确保经济稳定的宏观经济框架运行。政府承诺遵守两项财政规则：一是公共部门应该只为投资而借贷，而不可以用于追加经常性支出（"黄金法则"）；二是公共部门的净债务应保持在或低于可持续水平（可持续投资规则）。英国 2003 年《地方政府法》中引入的借款权力，给予地方当局在不寻求政府批准的情况下借款的广泛自由，但前提是这种自由在"审慎框架"的法定范围内。

为了缓解地方政府的债务压力，避免地方政府由于一次性偿付而导致资金不足，英国中央政府设立了偿债准备金制度，要求地方政府制定年度预算时安排一定比例的收入用于偿还债务，以化解偿债压力。根据 1992 年《地方政府财政法》的规定，英国政府要求地方当局维持适当水平的偿债准备金。一般情况下，地方政府编制年度预算时须安排债务本金4%的财政收入用于偿还债务，化解偿债压力。在某些年份，尽管不统一规定偿债准备金数额，但地方政府需根据债务项目、性质和构成的不同，分别设定偿债准备金，以确定还本付息计划。

4.4　美国

4.4.1　政府管理制度框架

（1）政府管理制度框架概述

美国属于典型的联邦制国家，由若干个具有自治能力的政治实体（州）在共同认可的政治框架内组成。其政府结构包括一级联邦政府、50个州政府以及8万多个县、市、镇、学区或其他特别服务区。联邦政府与州政府纵向分权，两级政府的权力通过美国《宪法》进行明确划分：联邦政府主要负责与各州共同利益休戚相关的具有整体意义的事务；各州政府负责有关本州人民基本政治和民事权利的事务。

美国《宪法》规定，联邦政府的地位高于州政府，具有优先权。美国《宪法》还规定，美国的宪法、法律和同外国缔结的条约都是全国的最高法律，各州必须遵守。州的法律凡同美国《宪法》、法律和条约相抵触者一律无效。在联邦与州的权限划分上，美国《宪法》列举联邦政府所应具有的各种"授予权力"。此外，根据最高法院的解释，美国从"授予权力"中还引申出联邦政府其他的"默示权力"。

州政府职责权限在美国《宪法》中也有所明示。美国《宪法》规定，凡宪法未授予联邦以及未禁止各州行使的权力，皆由各州或人民保留，即各州拥有的权力均为保留权力。各州在尊重与维护联邦权威和权力的前提下，共同参与联邦政府决策和政策实施，并在不损害联邦利益和权力的前提下行使各自的政治和经济自治权。

美国的地方政府从属于州政府。地方政府的合法权利是由50个州的州政府决定的。各州政府在划分地方政府支出责任、地方政府征税和举债的权力等方面遵循的政策各不相同。各州同一行政级别的地方政府（如市、县、学区和其他类型的地方政府）往往有不同的职责和财政权力，即使同一州内不同地方政府之间的关系也有所不同。虽然各州政府与其地方政府之间的关系存在差别，但与其他国家相比，地方政府在美国政治生活中的作用要大得多，这反映了美国参与性民主制和政府权力制衡的历史传统。

在美国《宪法》的保护下，联邦政府、州政府和地方政府均在各自权限范围内享有独立权力，从而实现自治与共治的结合。

（2）各层级政府间的财政关系

美国《宪法》对三级财政体制的良好运作起着至关重要的作用。美国《宪法》确立了各级政府的职责和支出责任，同时也赋予各级政府相应的税权，使联邦、州和地方各级政府的财权与事权明晰，有法可依，并且凭借着《宪法》至高无上的地位强化了这种划分的稳定性。

①政府间的财政支出责任划分。美国《宪法》规定，联邦政府主要负责全国性的国防及公共福利，具体包括联邦级行政、国防、外交、征税、借款和货币发行，对州及州以下地方政府的补贴，制定贸易政策，统一全国度量衡，管理邮政，统一版权与专利，社会保障，对能源、环境、农业、住宅、交通等项目的补贴等。州政府的职责主要为联邦政府职责以外属州内管辖的事务，地方政府的权力和职责则由州宪法和相关法律规定。然而，各州与其地方政府之间的责任分担有很大差异。例如，尽管福利政策的大部分资金可能来自州和联邦政府，但是福利政策的执行和管理责任划分各有不同。在康涅狄格州、路易斯安那州、密苏里州和肯塔基州，福利政策大部分由州政府执行。但在加利福尼亚州、内布拉斯加利福尼亚州、新泽西州、纽约州和俄亥俄州，通常由城镇或县等地方政府来管理福利。

从具体的职能范围看，州政府和地方政府长期以来一直负责提供最基本的公共产品及服务，包括基础教育、中等教育、地方治安和消防、交通、公共工程、公共福利及州级高等教育等。表4-24列出了2015—2019年州政府按功能划分的财政支出类别。这种以法律形式确定的各级政府职责权限，为进一步厘清各级财政的支出责任和范围奠定了基础。

表 4-24　2015—2019 年州政府按功能划分的财政支出类别　　单位:%

项目	2015 年	2016 年	2017 年	2018 年	2019 年
教育	34.44	33.16	31.75	30.51	29.33
公共福利	34.98	33.68	32.25	30.98	29.79
医院	4.54	4.37	4.18	4.02	3.87
健康	3.17	3.06	2.93	2.81	2.70
高速公路	6.88	6.62	6.34	6.09	5.86
警察	0.85	0.82	0.79	0.75	0.73
监狱	2.52	2.43	2.32	2.23	2.15
自然资源	1.21	1.16	1.11	1.07	1.03
公园和娱乐	0.35	0.34	0.32	0.31	0.30
政府行政	3.30	3.18	3.04	2.92	2.81
一般债券利息	2.15	2.07	1.98	1.90	1.83
其他和未划分支出	6.30	6.07	5.81	5.58	5.36
公共事业支出	1.93	1.86	1.78	1.71	1.65
酒类销售商店支出	0.35	0.34	0.33	0.31	0.30
保险基金支出	14.45	13.91	13.32	12.80	12.30

资料来源：美国人口调查局官网。

②政府间的收入划分。与政府权限划分相对应，美国财政体制也具有突出的自治性特征，各级政府均拥有各自独立的税收决定权和支出预算。按照管理权限不同划分，美国税收体系包括联邦税、州税和地方税，三级税收形成独立的税法来源和管理体制。联邦税收的征收依据是联邦国会通过的法律，各州税收征收的依据是州议会通过的法律，县和城市也可在符合州宪法的前提下根据议会的立法征税。联邦政府无权干涉州税收。各州之间的税收制度相互独立。对于联邦政府而言，个人所得税和工薪税已成为最重要的税收来源。一般销售税和个人所得税是州政府最重要的税收来源。对于地方政府而言，各地方政府有权自行确定其地方税的税基和税率。财产税是地方政府的主要税收来源，有些州的地方政府还征收销售税和所得税。表 4-25 列示了各税种收入在美国各级政府间的分配，表 4-26 列示了各税种收入在美

国各级政府收入中所占比重。

表4-25　各税种收入在美国各级政府间的分配　　　　单位:%

税种	联邦	州	地方	全部
个人所得税	81	17	2	100
公司所得税	81	17	2	100
消费税（包括普通商品和特殊商品）	17	67	16	100
财产税	0	4	96	100
机动车税	0	92	8	100
所有其他税种	48	36	16	100
总和	58	26	16	100

资料来源：美国人口调查局官网和美国财政部官网。

表4-26　各税种收入在美国各级政府收入中所占比重　　　　单位:%

税种	联邦	州	地方	全部
个人所得税	79	37	5	56
公司所得税	12	6	1	9
消费税（包括普通商品和特殊商品）	5	46	18	18
财产税	0	2	71	12
机动车税	0	3	0	1
所有其他税种	4	6	5	4
总计	100	100	100	100

资料来源：美国人口调查局官网。

③政府间的转移支付。政府间的财政拨款为美国各级政府创造了一个转移支付网络体系。州及州以下地方政府对联邦政府拨款有着很强的依赖性。联邦政府的拨款计划涵盖了所有的政府活动，旨在实现均等化，其中最主要的部分是对教育、社会服务、卫生、交通、污染治理以及地区发展的拨款。联邦政府的拨款中有很大一部分经由州政府再转拨给地方政府。此外，州政府本身也向地方政府提供拨款。在州政府的拨款中，针对公立基础教育及中等教育的拨款占了绝大部分，并且按照公式进行分配。

4.4.2 地方政府债务预算管理体系框架

(1) 地方政府债务管理机构的设置

美国地方政府债务管理体制主要采取制度约束型。在美国，现有的 83 000 多个州、县、市和其他地方政府部门，大都具有发行市政债券的权利，其举债主体包括：第一，政府、政府机构（包含代理或授权机构）；第二，债券使用机构。其中，政府和政府机构占发债主体的 97% 左右。地方政府机构举债的目的分为两类：一是发行债券为自身营运融资；二是自身没有经营业务，只作为其他企业的融资渠道，借入资金用于公司（私人机构）的工程项目。同一政府机构可以同时为自己和其他实体发行债券。

就市政债券发行的审批管理而言，由于美国的政治体制是联邦制，州及州以下地方政府发行市政债券并不需要上一级政府的批准或同意，即各州发行市政债券不需要联邦政府批准，地方政府发行市政债券也不需要所在州政府的批准，而且美国的《证券法》也规定发行市政债券不需要向美国证券交易委员会（SEC）报告和登记，因此是否发行市政债券完全由本级政府确定。美国各个州的法律有所不同，地方政府治理结构各异，发行市政债券的决定权、程序及其责任在不同的州也会有细微区别。例如，为了将债务控制在合理的范围内，豪伍德县执行官任命由市民和有关政府官员组成"限额支出委员会"，负责审查该地方每年的债务情况和还本付息情况；加州橘县则是由该县监督委员会来批准市政债券的发行。

尽管联邦政府对地方政府举债限制很少，但许多州级法律对州及州以下地方政府的举债权进行了限制。政府机构举债要在法律规定或特许范围之内。州及州以下地方政府发行债券特别是一般责任债券必须经听证、公决、议会或镇民大会的批准。例如，杜姆市、西雅图市就要求发行建设债券为资本品融资，需经全民公决。授权或批准主体包括全体选民、议会、专门委员会、政府财政部门等，不同类型的债券所需授权或批准的主体不尽相同。一般责任债券的发行往往须经高层次机构（如议会、全体选民）批准，而批准收益债券发行的机构层次相对较低。

(2) 举债用途

美国收益债券是由州和地方政府或相应授权机构发行的，以投资项目收益作为偿债资金来源的市政债券。这些项目主要是已建成进入收益期的市政项目，包括水电、高等教育、住房等项目。收益债券期限通常基于要融资项目的生命周期来确定，一般而言不被各州宪法视为"债务"。美国收益债券与一般责任债券的比较如表 4-27 所示。自 20 世纪 70 年代以来，各州需要建设大量付费使用的准公共品，随着财产税不断增长使美国民众税负日益加重，激起了民众的不满。由于收益债券以项目收益作为主要偿债来源，遵循谁受益谁偿还的匹配原则，不与地方税收挂钩，不由全体纳税人承担，因此收益债券得以迅速发展，成为建设具有收益期项目的主要筹资手段。截至 2021 年年底，在美国整个市政债券体系中，收益债券发行占比高于一般责任债券。

表 4-27　美国收益债券与一般责任债券的比较

类别	发行主体	发行目的	审批程序	偿债来源
一般责任债券	州和地方政府	为一些纯公共品筹集资金	严格（某些须全民公决）	政府税收收入
收益债券	州、地方政府及议会授权机构	具有一定收益的公益性项目	宽松（无须全民公决）	特定项目的运营收益

资料来源：美国各州综合财务报告。

（3）偿债资金来源和举债机构

按照支持债券发行的不同收入来源划分，收益债券可以被分为六大类：公共事业类、医疗类、高等教育及其他公益类、住房类、交通类、工业发展类（或污染控制类）（见表 4-28）。

表 4-28　美国收益债券的主要种类

发行主体	领域	募集资金投向	偿债资金来源
当地政府部门、权力机关、相关授权机关	公共事业类	电力、水、气、垃圾以及固体废料等公共项目融资	项目收入
医院、其他医疗机构、学术医疗中心	医疗类	建立疗养院、辅助生活设施、养老社区、康复中心以及其他医疗保健相关的设备	医院的住院费、护理费等

表4-28(续)

发行主体	领域	募集资金投向	偿债资金来源
公立和私立大学、私立小学和中学、博物馆、其他非营利组织	高等教育及其他公益类	建造教育设施、博物馆等	大学的学费、宿舍费、博物馆以及文化组织的门票、会员费等
州或地方政府的住房金融机构	住房类	为中低收入家庭的住房、首次购房的家庭住房、老年人和退伍军人的住房等融资	房租、按揭付款、联邦政府给予的补贴项目等
地方政府或授权机构	交通类	高速公路、机场、港口、桥、隧道和大型交通建筑	收取的过路费、停车费、特定的税收、其他直接或间接的费用
地方政府	工业发展类（或污染控制类）	合格的大型制造业、特定的农业项目、合格的学生贷款以及合格的发展项目（可实现创造就业、提高水和空气质量、扩大税基等目的）	被投资的私人集团

（4）债务规模控制

债务总额的限制可以降低潜在的债务风险。为了有效管理来自基础建设项目的未来预算风险，美国大多数州在法律中对债务发行量、债务总额或可用于偿债的资金数额等方面进行了限制。

加利福尼亚州宪法规定了各种类型的公共机构在任意一年的发债限额，禁止市、县和学区在任何一年债务或负债超过其当年的收入和利润，除非当地机构首先获得2/3的选民同意。这通常被称为"债务限额"。学区就建设或修复学校设施（包括家具和设备）的债务问题请求政府授权只需要55%的选民同意即可。需要注意的是，加利福尼亚州债券限额存在三个例外情况：一是融资租赁例外，二是专项基金例外，三是法律施加的义务例外（主要是使用养老金义务）。针对专项基金例外的解释如下：债务资助的项目与专项资金之间必须存在联系，专项资金用于资助与收入来源有关的活动。如果债务由与债务融资机构有关的收入支付，则债务不属于公共机构的债务，而是特殊基金的债务或负债，因此不受债务限额的限制。

除了单个项目审查程序外，汇总的资金提升计划（CIP）和专项资金预算分析可以加强项目的规划、决策、选择和管理。因为各州的基础建设项目较为分散，在全州层面上，将专项资金预算和资金提升计划结合起来，可以帮助计划人员消除重复建设、避免项目信息碎片化、理解项目之间的相互影响关系。

（5）举债方式

公共机构必须在其职权范围内决定由谁来为资本项目买单，以保持纳税人公平和代际公平；从项目或设施所需时间、现有资金缺口、举债能力、项目生命周期成本、代际公平以及债券市场多方面考虑，识别债务融资的合理性。

第一，明确责任。公共机构选择债务融资为资本项目提供资金，公共机构需要承担由州和联邦法律法规规定的法律与财政责任，以保护市场参与者和公众的利益，如若违约将造成重新安排付款义务、提高利率、融资失败、对未来借款施加特别限制、民事诉讼等严重不利后果。同时，公共机构的官员负有充分、公允地披露所有重要事实和合理谨慎避免误导的义务。

第二，遵守相关法律中反欺诈、信息披露规定的约束。具体而言，市政债券的发行者和官员（以及其他市场参与者）受到美国证券交易委员会的《证券交易法》的约束。美国证券交易委员会有追诉州政府和地方政府及其官员的权力。此外，法律要求发行人面向公开市场，在机构网站或投资者关系网站发布发行文件、年度报告和重大事件通知。

第三，审慎融资决策。公共机构要确定计划和融资目标，收集必要的信息以做出审慎的决定，考虑项目和预算结果确定可供选择的决策，选择实现机构目标的替代方案，回顾决策并建立结果度量来跟踪或在未来重新评估替代方案。

第四，融资过程。融资需要衡量发行者本身的资金需求，并考虑相关的政府政策和市场环境。需要考虑的因素一般包括对人口增加的研究、通信的形式、经济的发展速度、公共事业的使用率、公众的医疗需求。融资过程主要包括两个方面：一是制订资金发展计划，二是选择融资小组。融资小组的成员一般包括律师、投资顾问和承销商。主要融资文件如表4-29所示。市政债券的承销商承担投资银行承销、营销和交易市政债券的职责。同时，市政债券承销商在承销和交易过程中所获得的信息，可以用来应对发行者需求以及传统和创新的融资结构条件下的投资者需求。美国市政债券有议价销售、竞价销售和特殊点销售三种承销方式。在特殊点销售方式下，债券的价格和收益率由承销商决定；在竞价销售方式下，出价最高的承销商获得债券承销资格，过程中会存在联合投标的情况；在议价销售方式下，承销商需要对发行者的提问做出答辩，承销商之间的竞争比较激烈。但是，议价销售在对市场反应方面具有较高的灵活性。

表4-29　主要融资文件

文件名称	主要内容
授权协议	一般的融资事项和债券发行的相关法律基础
债券协议和契约	发行者和债券持有人之间的关键协议
预备正式声明（公开招股说明书）	为潜在投资者提供发行者和即将发行的债券的最初信息（信息有待完善和修改），由承销商、发行者或融资顾问发布
最终核定正式声明	最终发行条款
正式声明	—
债券律师的意见	债券是否合法、债权的信息和资金的支付来源、免税条款是否适用
其他法律意见	税务律师、银行信用证律师、承销商律师等的意见
信用增级文件	—
债券申购协议	议价销售中，发行者和承销商之间的申购协议；竞价销售中，成功的竞标者和发行者之间的申购协议
持续披露协议	承销商和发行者之间签订的协议

（6）偿债能力评估

除了政策和政府间的援助、选民方面的限制外，基础建设投资还受到总的负担能力、税法、市政债券市场、一般财政收入的可得性和现金流的周转时间等方面的限制。债务负担能力标准和偿债能力的研究往往具有前瞻性，可以帮助各州在迅速增长、停滞或财政收入紧缩等情况下评估未来推进基础设施项目的能力。各州会通过预测未来偿还债务的负担来衡量债务负担能力。以纽约州为例，预测债务偿还的负担由两个部分组成：第一，已发行债务的负担。对已经发行的债务，只有几个因素会导致还本付息成本与预测有所不同，并且这种变化相对较小。固定利率债务占已发行债务的比重较高，且成本几乎不会发生变化。可变利率债务的实际利率会随着国家的可变债务净利率的变化而变化，因此可变利率债务的成本还需要包括利率掉期的风险。第二，已授权未发行债券的预计偿还成本。已授权未发行债券的预计偿还成本主要涉及法定授权发行的债务金额和法定授权的债券融资资本性支出总额。已授权未发行债券的利率是预算部门基于对联邦基金利率、市政债券长期利率、不同期限的国债利率和短期利率等综合考虑而进行的经济预测。同时，已授权未发行债券是否符合税法规定的免税条件也会在一定程度上影响债券利率。

根据美国 1986 年《国内税收法典》和税务部门（IRS）的规定，州或地方政府发行债券的利息通常不包括在联邦所得税总收入中。这通常意味着免税债券的投资者不用为他们作为债券持有人所获得的利息支付联邦所得税。因此，投资者购买债券的利率将低于对债券利息征税的利率，从而降低了州或地方政府发债人的借贷成本。这也是联邦政府对州或地方政府的间接债务补贴。免税债券的具体要求有很多，联邦政府和州政府的规定略有差异，总体来说大致分为三大类：第一，考虑债券融资收益的用途和融资项目的目的。为私人企业所拥有、租赁或以其他方式使用的资本项目融资的债券，一般为私人活动债券，不符合免税债券的资格。第二，债券收益在投入项目之前的投资方式。这些限制的目的是防止州政府和地方政府以联邦免税债券适用的利率借款，再以更高的利率投资到其他领域。第三，债券是否满足联邦税法的其他实质性和程序性要求。联邦税法对要成为免税债券的债券提出了其他要求，包括不能由联邦政府保证对债券还本付息。程序性规定主要是必须提前提交信息申报表，向税务机关提供债务的信息。

豁免联邦所得税需要满足的条件如下：

第一，合格的发行人。免税债务必须由一个州或一个州的政治分支机构发行。免税债券也可以由本身不是政治分支机构，但是能代表州或地方政府的实体发行。能够代表州或地方政府的实体包括按照州法律成立并授权的实体。其一般必须要满足以下条件：一是该实体必须是在其拟代表发行债券的州或政治分支机构的批准下成立的。二是该实体的董事会必须由适用的州或政治分支机构控制。三是该实体必须具有为促进其目的实现而取得、融资、租赁、出售财产和发行债券的权力。四是债券还本付息的费用必须从该实体的收入中支付，而州或政治分支机构不对债券持有人负有还本付息的义务（尽管该实体的收入可能完全来自州或政治分支机构的划拨）。五是该实体是一个非营利机构或州政府机构，且机构的收入不能惠及个人。六是解散时，所有债券融资资产的所有权必须返还给州或政治分支机构。能够代表州或地方政府的实体还包括特定种类的公司，即按照州非营利组织一般法成立的实体。其一般必须要满足以下条件：一是公司必须从事本质上是公共服务的活动。二是公司必须按照适用的州非营利组织一般法成立。三是公司所得不得惠及个人。四是债务尚未清偿期间，联邦或政治分支机构必须拥有该公司的实体权益。拥有实体权益的方式多样，包括联邦或政治分支机构拥有并使用债务融资财产的权利。五是债务偿清后，联邦或政治分支机构必须取得债务融资财产的法律所有权。

第二，根据联邦税法原则（而不是州单独法律规定），可以认定为"债务"性质的债券。债务可以有多种形式。一般来说，债务是指偿还借款的义务，而且利息的金额和支付时间等必须是合理的。此外，债券要确定发行整体。一般来说，相同时期发行（或间隔不超过 15 天）、相同偿债来源、同一融资计划的债券属于同一次发行整体。

第三，债券必须是为了资助或偿还资本性支出，如资本项目（土地、建筑物和设备）的购买、建设或改进。

第四，除合格的私人活动债券外，不得发行私人活动债券。对私人使用，税法规定了复杂的规则。债券发行前必须确定是否有私人使用的设施，并持续监控直到债券被全额付清为止。私人使用通常是指州或地方政府以外的任何人在贸易或业务中使用融资项目，这与公众使用该项目有所不同。向非政府人员提供的债券收益贷款（私人贷款）通常也将导致债务不符合免税条件。合格的私人活动债券包括：一是免税设施债券，即至少 95% 的净收益用于支付下列设施资本成本的债券：机场设施、码头、供水设备、污水设施、固体废物处理设施、合格的住宅租赁项目（多户住房）、为当地提供电能或天然气的设施、地方供热或制冷设施、合格的危险废物处理设施、高速城际铁路设施、水力发电设施、合格的公共教育设施、合格的绿色建筑和可持续设计产品、合格的公路或水陆联运设施。二是合格按揭债券（单户按揭收入债券）。三是合格退伍军人抵押债券。四是合格学生贷款债券。五是合格的小额债券（又称为产业发展债券）。六是合格的重建债券。

第五，债券不能是套利债券。

第六，联邦税法的其他要求。

（7）项目筛选机制

对于大多数州而言，项目评估和审查程序始于资本预算申请中包含的项目描述和相关的支持性文件。各州的优先级排序通常是通过分析问题的严重性或紧要程度、评估对公共卫生和安全的威胁以及行政和立法决策的结果来确定的。一些州还会以政府功能为基础或服务需求为基础，通过使用成本效益分析或正式的评分系统进行评分来确定优先事项，通过债务、现金流或两者的结合来评估支持专项资金项目的能力，从而为优先排序提供所需的决策信息。对于各州而言，优先级排序是通过一系列标准组合来确定的。这些标准汇聚在一起，帮助确定那些满足各州最重要需求的基础建设项目。

①机构使命与项目目标相结合。各州会有附加的、具体的评估和审查程序，将资本项目与机构目标联系起来。一般由预算部门结合机构和项目的目标来审查资金需求。例如，加利福尼亚州的公共机构需要确定项目的目标、拟解决的问题、项目与战略计划的关系以及项目对公共机构整体任务和目标的影响。其他州，如特拉华州和得克萨斯州则通过使用绩效指标，将资本预算申请与目标部门联系起来。在新泽西州，预算部门的工作人员会走访公共机构，以验证项目预算申请是否符合目标。

②中期预算框架下制订跨期资本提升计划（CIP）。对不同资本项目进行排序是资本预算的中心环节。由于财力、负债等资源的有限性，各部门申报的项目需要按先后顺序分别纳入资本预算。CIP 可以作为未来基础设施需求的中长期蓝图。CIP 通常将资本性支出需求、拟实施项目的成本、项目融资来源以及拟实施项目对未来一般公共预算的影响等因素考虑在内。由于资金总额的限制，CIP 每一年都需要在系统性地评价审核资本项目的基础上，比较以往旧项目与每年提出的新项目之间的紧迫性和优先性，根据分析结果更新资本项目优先排序。大多数州的 CIP 的时间跨度都在 5~10 年。

CIP 草案一般需要通过行政和立法机关的复核。对于 CIP 实施集中化管理的州而言，这项工作一般是由预算部门、公共服务部门和行政部门来维护与落实的。预算部门在一定程度上起到总体协调的职能。预算编制指导文件下发给各机构和实体，由它们为基本建设项目申请资金。在具体实施时，资本预算编制职能通常由具有相对独立性的预算办公室负责。预算办公室的职责包括项目安排、成本估算、融资建议、技术性审核、发出预算请求、跟踪监督项目执行情况。

基础建设项目的申请由一个中央机构或多个实体进行审查，审查内容包括规划、成本、融资策略和其他项目管理因素。印第安纳州、内华达州、纽约州、南卡罗来纳州、佛蒙特州和弗吉尼亚州已经对专项资金预算的制定过程做出修订，更加重视长期的资本提升规划。

典型 CIP 的内容如下：

第一，CIP 包含该行政区域内所有已知的设施和基础设施需求。

第二，CIP 包括对每个资本项目的详细描述及拟获取资金的来源。资本项目一般涵盖基础建设、购买设备和信息技术等。资本项目一般通过设定最短使用年限、最低金额、资产属性、使用目的等标准来限定。

第三，各项目预算会对一般公共预算产生的影响。

第四，政府承担债务能力的分析及债务比率和长期财务计划的影响。

③行政司法联合审查机制避免项目投资的短期性。为了减轻基础建设项目决策中政治因素的影响，避免政府投资的盲目性和短期性，美国大多数州都设立了联合审查机构来确保项目决策的科学性。在立法审查之前，联合审查委员会为基础建设项目提供了审查。联合审查委员会的审查可以使基础建设项目的预算请求更具有可信性，并有助于减轻基础建设项目决策中的政治因素影响。美国有 25 个州都设有立法和行政的联合审查委员会来对基础建设项目进行审查。

④多元化的成本估算模式。因为基础建设项目是对物力、财力和人力资源的长期投入，所以各州会采取必要的措施减少浪费或重复建设，减少项目决策失误，识别节省费用和产生收入的项目。一般情况下，成本费用概算包括在资本预算申请中，须经国家预算部门和设施规划办公室或联合审查委员会的审查。公共机构在建筑师、工程师、操作和维护经理、顾问、承销商和成本估算手册的帮助下得出成本费用概算结果。成本费用概算可以由公共机构人员独立完成，也可以在外部独立机构的协助下完成。

因为项目成功与否在很大程度上取决于成本估算的准确程度，所以各州使用不同的方法来确定和审查成本估算。像爱达荷州、印第安纳州和南达科他州，在项目招标之前，至少要有两套成本估算方案。此外，各州的项目承包法律规定，公开招标的项目必须至少有两个主体进行投标，否则中标结果无效。夏威夷州、密西西比州和南卡罗来纳州等针对项目的不同阶段要求生成不同的成本估算文件，包括初步估算、施工方案设计阶段估算和施工阶段估算。进行成本估算的技术包括建筑类型标准、空间利用标准、生命周期成本计算、市场比较和类似项目的历史比较。各州在进行成本估算时最常用的是建筑类型标准和空间利用标准。有约 30 个州也会考虑整个生命周期的成本，或者在整个生命周期中运营和维护资产的成本。还有一些州会综合考虑类似项目的历史成本和目前的机会成本。

成本估算中所列的合规费用包括土地、设备、家具和固定装置、通信和信息技术的购置费与项目管理费等。有 30 多个州还会将通货膨胀成本或由于物价上涨导致的成本增加包含在成本估算中。通货膨胀的成本往往取决于行业标准或地区因素。有 20 多个州还会将项目融资成本、雇佣债券委员会或金融机构协助项目融资或营销而产生的成本包含在成本估算中。

(8) 债务的期限、利息和价格

各州依据资金需求、偿债能力、项目生命周期确定偿债来源和证券组合，以此担保债务偿还，通过评估市场风险、机构财务负担选择利率类型，基于主体、项目的合规性，严格管理套利投资，确定是否免税。同时，各州围绕债券义务期限、还款信用强度以及债务契约强度评估在市政市场使用债务融资的机会。收益债券的期限要与所资助项目的项目周期相匹配。

收益债券价格的影响因素包括：市场上的利率水平（同向）；债券的供求关系；收益率（凸性关系）；赎回条款（债券含有期权时）；到期期限（期限越长，任何利率变动对价格的影响越大）；票面利率（票面利率越高，利率的变动对价格的影响越小）；折价债券（变动更小）；溢价债券（变动更大）；是否进行信用增级（信用级别较高的实体为信用级别较低的实体增加信用等级，可以降低融资成本）；"红皮书"（*The Bond Buyer's Municipal Marketplace*）中列出的市政债券承销商、律师的意见。

(9) 债务预算要求

资本预算过程包含跨年的规划、预测、财务决策和大量的项目管理，所有这些都需要在共担责任的不同部门之间进行协调。分工合作可以使预算制定过程更有效，更能满足信息要求。在美国，资本预算的周期、资本预算与经常性预算之间的关系因州而异。美国有 20 多个州会制定年度资本预算，有的州制定两年期资本预算，有的州会同时制定年度资本预算和两年期资本预算。美国有 30 多个州有独立的资本预算，也有一些州的资本预算会包括在经常性预算中。

评估资本预算项目对一般公共预算的影响时，需要对项目实施后额外的运营和维护成本、潜在的能源节省、年度偿债成本或效益等因素进行分析。识别这些成本和节省的目的是确保机构或申请实体能够在取得债务融资后，负责任地运营和维护资本资产。各州通过要求各机构识别基础建设项目对未来多个财政年度一般公共预算的影响来改进预算规划。例如，南卡罗来纳州要求各机构对项目完成后三年内的运营成本进行预测。华盛顿州要求机构列出项目一次性的和持续的全职员工的人力成本，并列明增加的人力成本预计影响运营预算的年份。这样可以保证相关的支出不会在基础建设项目预算和一般公共预算中重复申报。但是，并非所有的州都要求资本项目提案中包含对未来多年运营成本的估算。为了更好地评估项目负担能力，并促进专项资金预算和一般公共预算的协调，有 40 多个州的基础建设项目的预算请求中必须包括项目对未来一般公共预算影响的评估信息。因此，财政部门在对预算草案进行审查时，需要项目工作人员与业务人员进行合作，以满足对新设施购建以及建成后的运营成本等费用的规划需要。

（10）资本性资产的后续管理

地方政府公共服务职能的履职程度与所提供服务的质量，不仅取决于本届政府的执政能力和当期的财政收入，还受到上期政府存量资源的影响。建立一个集中化的资本资产数据库能够反映政府可以用于履职的资源存量信息以及各种资产的原值、可使用年限、磨损程度等信息，从而进一步反映了政府履行职能的可持续性。此外，集中化的资本资产数据库还能够提高政府对现有资产的重视度，保证及时满足资产维修资金的需求，在一定程度上减轻资产维修项目和新项目之间的资金竞争。

美国大多数州都会有一个资本资产数据库，用于跟踪和记录国有财产和资产的状态。数据库会定期进行更新和审计，以确保信息的准确性和连贯性，进而及时发现资产缺失等问题。数据库更新的频率从持续更新到每三年更新一次，各州的具体规定存在差异。此外，纽约州还要求每隔几年进行一次实物盘点，以核实资本资产数据库信息的准确性。资本资产数据库中最常见的信息类型包括设施的使用年限（完工年份）、设施的条件和生产能力等。还有一些州要求填报资本资产的使用（磨损）程度。通过资本盘存系统收集的数据应与资本资产的实物特征相符。这些收集和记录的信息也可以为确定优先事项和基础建设需求评估等资本管理决策提供信息。

多库存系统会阻碍信息共享，形成信息孤岛，还有可能会导致重复管理问题，增加不一致性。资本资产数据库就可以有效解决这些问题。因为集中化的库存系统更能适应变化，更有可能降低数据的不一致性，改善资本资产的整体管理状况，进而保证政府可以全面及时地把握存量资产的信息，进行科学决策。

资产评估可以为管理人员和政府官员提供更有效的决策信息。评估资产的重置成本、折旧、净残值、市场价值或原始建设成本等信息可以提高基础建设规划的可靠性。不同性质的资产适用不同的资产评估方法，多元的资产评估方法体系可以为多样的公共财产价值评估提供技术支持。使用多种方法评估资本资产，各州能够根据更多的信息制定财政和管理决策，从而产生更好的决策结果，提高资源的使用效率。美国有超过一半的州都选择使用多种估值方法。

（11）信息披露要求

美国市政债的发行和交易同时受到联邦证券法律和各州法律的制约，建立以信息披露、反欺诈为监管重点，以市场自律监管为主，以监管机构监管为辅的市政债券监管体系。目前，在美国公开发行市政债券的主要要求如下：

首先，官方声明州政府或地方政府的责任和义务。

其次，债券发行时行政机构（发行人）对信息披露应当承担的责任。具体内容如下：发行人提倡透明的文化，如举办"高层之声"的活动，公开讨论和总结现存问题与困难；保证完备的信息披露准备过程；雇佣有经验、知识渊博的专业人士；理解融资的相关条款、公共机构需要承担的责任、融资计划是否符合融资目标、融资对公共机构财务状况等的影响；在整个交易过程中保持谨慎，确保对机构的财务状况、融资提议、资金运营等的信息披露不含有误导性陈述，及时提出疑问，在问题解决之前不赶进度。

再次，在收益债券上市前后，收益债券需由第三方独立审计机构进行审计并出具审计报告。

最后，市政债券发行上市后，根据市政债券交易规则，发行人需要及时、定期、免费地向投资者提供年度财务信息和经营数据以及其他重大信息，即负有持续披露的义务。如果发行人不遵循持续披露义务，虽然不会造成债券违约，但是必须按照规定报告，并须经经纪人、交易商或市政证券交易商考虑后，才在二级市场上建议购买或出售债券。这种行为可能会对债券及其市场流动性产生不利影响。信息披露义务随债券义务的消失而终止。

4.4.3　地方政府债务风险防控举措

（1）集中监控未偿还债务状况

各州必须通过审查还款时间表、债务金额、协议条款来监测和追踪偿还债务的状况，以确保资金能够在不影响日常经营的情况下按时偿付债务。各州也会采取再融资贷款的方式来降低借贷成本。通过对债务进行集中监控，各州可以更加轻松地为旧债安排再融资，从而减少利息费用，控制债务发行的金融风险，并降低债务管理成本。

各州由公共机构的法律和执行部门，会计、预算和计划领域的代表，机构的债券顾问或监督公共工程和设施的部门的项目经理组成的监管工作小组主导，对收益债券就权利义务、计划更新、合规核查、事后追踪、持续披露、审计复核等事项做出规定。

第一，监管工作小组明确使用债券基金和发行人的基本要求及义务，包括确定发行人对遵守有关预算、收入或额外债务的契约所做的承诺。

第二，监管工作小组修订现有的指导方针、政策、程序和计划并将其纳入监管工作小组确定的必要的行政、计划和财务责任，以满足按法律和监管要求履行发行人使用债券基金的义务。

第三，监管工作小组正式审查并通过经修订的指导方针、政策、程序和计划。

第四，监管工作小组创建并共享包含债券文档和协议的文档库。文档库的内容主要包括债券资金的使用，与保护债券持有人的权利、义务和救济有关的契约、租约、条例和决议；债券资金的管理，偿债担保、资金流、支出、赎回、信用、允许的投资以及与各种发行人特定的债务契约；多部门共同发债，贷款协议。

第五，监管工作小组制订法规遵循计划。制定法规遵循计划需要考虑的因素包括确定负责协调活动的一个或多个责任人，制定发行后的合规程序的书面文件。

第六，监管工作小组建立学习机制，对责任人进行培训。监管工作小组与外部税务专家保持持续沟通，并且接受继续教育。合规检查的频率大多数至少每年一次。监管工作小组明确要求进行的合规活动的性质，当违规行为发生或预期会发生时，及时识别并提出解决方案的程序；定期进行尽职调查，保留充足的记录以证明合规性；遵从审查，识别出最易违规的领域；根据合规检查清单，及时纠正发现的不合规的程序。

第七，监管工作小组追踪债券资金使用及收益分配。在债券发行时，监管工作小组确定债券收益将存入的资金和账户；记录任何发行前支出的报销；监控债券收益的开支，确保债券收益在适用的时限内使用；监控债券融资资产的使用。如果将债权融资资产供私人使用或出售都有可能导致其不再符合免税条件。

第八，监管工作小组记录、报告和持续披露制度。美国市政债券的发行和交易同时受到联邦证券法律和各州法律的制约。美国建立了以信息披露、反欺诈为监管重点，以市场自律监管为主、以监管机构监管为辅的市政债券监管体系。目前，在美国公开发行市政债券，首先要官方声明州政府或地方政府的责任和义务。在收益债券上市前后，收益债券需由第三方独立审计机构进行审计并出具审计报告。市政债券发行上市后，根据市政债券的交易规则，发行人需要及时、定期、免费地向投资者提供年度财务信息和经营数据以及其他重大信息，即负有持续披露的义务。

第九，审计复核机制。监管工作小组建立内部持续审计和外部定期审计相结合、绩效审计和财务审计相补充的审计复核机制。

（2）债务危机化解

严格的项目筛选机制只是保证高效率财政资源配置的第一步。为了保证资本项目实施后达到预期的目标，使得资本预算实现年度平衡，通过动态追踪预算支出情况，财政部人员可以更好地评估项目的进展情况，并确定在不同建设阶段的成本超支问题的严重程度。各州设置有多种程序来持续追踪项目的进展情况。很多州都规定，提出预算申请的机构负责对该项目进行日常监测；定期向预算部门或设施规划办公室提交报告，报告内容包括里程碑式的进展情况、与预算相比的实际支出情况。加利福尼亚州还规定，公共机构要定期（每月或每季度）与财政部的工作人员会面，向其报告工作。因为基础建设项目周期较长，各州的追踪程序都是持续的，并具有早期预警功能以保证项目按时在预算内完成。有的州要求公共机构按时提交季度或月度进展报告，如加利福尼亚州、密歇根州、得克萨斯州、华盛顿州等。对携带特定风险的大型信息技术项目，有的州还会通过其他的监控程序进行监督。例如，密西西比州、密苏里州、内华达州、新泽西州和新墨西哥州就会利用建筑或合同管理软件来追踪专项资金项目的状态。

虽然大规模基础设施建设会面临很多意外和挑战，从而导致实际成本超出预算，但是不精准的成本决算也是造成超支局面的原因之一。各州针对不同的项目采取不同的财务管理工具来应对成本超支的问题，通常采取的措施包括追加拨款、缩小项目规模或重新设计项目、预先提存应急基金、从其他项目转移盈余资金、利用资金池或周转基金等。有40多个州在资本预算申请中单列一笔应急款项，来应对可能发生的费用超支问题。在项目预算中列支的应急资金可以提升支出的灵活性，提高效率，降低项目管理成本，保证项目按时完成。应急资金的额度通常只占总成本的一小部分，其范围为2%~10%，通常为5%。对一些风险较大的项目，应急资金的额度会增加到总成本的15%左右。

加利福尼亚州对成本超支的情况划分了不同的等级，分别使用不同的应对措施。一般来说，如果超支率为10%及以下，政府可以通过行政手段追加预算。如果超支率高于10%但低于20%，政府需要通知立法机关并获得其同意追加预算。如果超支率超过20%，政府需要追加拨款。

4.5 加拿大

4.5.1 政府管理制度框架

（1）政府管理制度框架概述

加拿大的国家体制是君主立宪制，下辖 10 个省（艾伯塔省、不列颠哥伦比亚省、安大略省、纽芬兰与拉布拉多省、爱德华王子岛省、新斯科舍省、新不伦瑞克省、魁北克省、曼尼托巴省、萨斯喀彻温省）和 3 个地区（育空地区、努纳瓦特地区、西北地区）。省以下地方政府（包括城市、镇、村、乡镇、县及特别服务区）有近 5 000 个。作为英联邦国家之一，加拿大官方意义上的国家元首是英国国王查尔斯三世，由加拿大联邦政府的总督（Governor General）和省政府中的副总督（Lieutenant Governors）作为国王的代表。所有联邦立法均应依据宪法制定并由总督签字生效。

加拿大政府主要由三级构成：联邦政府、省区政府（包括省和地区）和市级政府。其中，联邦政府与省区政府之间的分权程度很高，而省区政府和市级政府之间的集权程度很高。联邦政府一般由获得众议院最多议席的政党组成，该党的领袖由总督任命成为总理。总理会被授予广泛的权力，能够在执政党议员中挑选中央机构部长（约25名，负责联邦各部、特别委员会、委员会和国有公司的工作）。总理领导下的内阁拥有真正的行政权，主管政府政策制定并对众议院负责。各省政府设省督、省议会和省长、省内阁。省级选举投票与联邦选举投票相似。

①责任分配。联邦政府主要负责全国性事务，如外交、国防、省际和国际贸易、商业、刑法、银行业、货币制度、社会福利、渔业等。联邦政府对原住民及其保留地①享有司法管辖权。联邦政府和省级政府对移民、农业及其他一些事务有共同管辖权，法院还授权联邦管理诸如航空、海运、铁路、

---

① 加拿大的原住民分为第一民族（又称为印第安人）、因纽特人和梅蒂斯人，约占总人口的 4.3%。他们遍布每个地区，不仅居住在城市，也居住在加拿大给他们的自留地（共 600 多块，遍布全国）。

电信和原子能等方面的工作。省区政府专管与本省有关的事务，负责教育、家庭及儿童福利、产权、公民权、司法行政、医疗健康、自然资源、社会保险、劳工条例、市政管理以及地方或私人等其他事务。省区政府与联邦政府在某些事务上共享管辖权。各省区政府可设立市政府或其他地方政府，赋予其权力来制定诸如停车规定或建筑标准之类的法令法规。市级政府主管地方事务，如学校、水利、建筑条例、物业税、公园及康乐设施、交通、消防、图书馆、垃圾收集及街道清洁等，其中大城市还拥有自己的警察。同时，三级政府之间也需要共同承担一些事务，如农业、执法、保障人权、环保、家庭津贴、高龄保障以及移民政策等。各级政府可能由不同的政党组成，政府决策与多数党组成的内阁息息相关。不同级别的政府之间也有谈判的空间，比如联邦政府与不同省区有亲疏远近关系，使得其对不同地方的拨款不同。

②立法权。加拿大联邦与省区的立法权划分在 1867 年《宪法》（the Constitution Act 1867）第六部分运用列举方法进行专门的规定。加拿大《宪法》对联邦与各省区的立法权限有相对明确的划分，两者也分别有自己的立法机关。联邦对各省区的立法有一定的限制权，可以对各省区制定的法律行使否决权，可以指示省督①拒绝批准省议会通过的包括宪法修正案在内的各种法案，即使经省督批准的法案，总督也有权在一年内予以否决。

根据加拿大《宪法》的规定，联邦政府享有立法权的事项包括公共债务和公共资产，商业贸易监管，失业保险，以税收方式筹集收入，信用举债，邮政服务，统计，民兵、军事、海军服务和国防，加拿大政府雇员薪金标准确定及供给，灯塔、浮标、黑貂岛事务，航海和海运，海军医院资质评定和维护，海岸线和内陆渔业，省内、省际和国际轮渡，货币发行和管理，银行注册成立、银行业、储蓄银行监管、计量单位确认、汇票和本票管理、利率管理、法定货币管理、破产、创造发明专利、知识产权、印第安人和印第安人保留地管理、入籍管理、结婚和离婚事务，刑事法（包括刑事程序但不包括刑事审判法院结构），联邦监狱建立、管理、维护等。在联邦享有的专属立法权的事项上，如果各省区立法与之相抵触，则以联邦立法为准。

---

① 省督由加拿大总理提名，是各省份英国皇室的代表，名义上是省政府行政机关的最高长官，但真正手里有实权的是通过省选举产生的省长。

根据加拿大《宪法》的规定，省区政府享有立法权的事项包括用于省内事务的省内直接税征收，以本省信用举债，省区政府构建、官员任命以及薪金发放，省属公共土地、森林树木的管理和出售，省属监狱设立、管理和维护，海军医院以外的省属医院、精神病院、慈善机构的设立、管理和维护，省内市政机构管理，为筹集省级财政收入而发放的商店、沙龙、餐饮、拍卖机构营业执照，地区公共事务（跨省和国际轮渡、航运、铁路、运河以及由国家议会规定的其他事项除外），省属公司企业注册成立，省内婚姻注册，省内财产和公民权利，省内司法公正事务的管理（包括省内立法和修宪、省级民事和刑事法院组成、民事审判程序），违法行为的罚金、罚款、入狱等判决管理，基本的省内一般事务等。此外，不可再生资源、森林资源、电力资源的开采、开发、保护、管理、教育由省区政府独享立法权；养老金为联邦政府独享权；农业和移民权为共享权。省区政府有权对省内农业事务、移民事务立法，联邦政府也有权就全国范围内的农业及移民事务进行立法。

③行政责任。联邦政府的首要责任是保证并支持国家经济的运营，另外还负责国防、各省之间和各国之间的商业贸易、移民、银行、货币系统、刑法以及渔业等方面的事务。同时，联邦政府还对航空、船运、铁路、通信和原子能等产业实施监督。省区政府的组织结构类似联邦政府的组织结构，主要负责各自地区在教育、财产与公民权利、司法审判、医院系统、自然资源、社会保障、保健和市政机构等方面的事务。近年来，联邦政府已开始将一些方案和服务方面的责任转交给各省区，比如劳务培训以及矿业和森林开发。省区政府还在教育、土地开发、地区商业法规以及民事和文化活动等方面起着重要的作用。市级及以下级别地方政府主要负责为本辖区居民提供基础的公共服务。

(2) 各层级政府间的财政关系

①政府间的财政支出责任划分。加拿大政府间的关系具有较强的协作性，当需要提供某项公共服务时，由涉及该项公共服务的地方政府、省区政府和联邦政府共同就各自的责任比例进行谈判。这样的做法必然会导致同一项公共服务的责任分担比例在不同省区甚至同一省区的不同城市间都会出现差异，具体如表4-30所示。

表 4-30　加拿大各级政府公共服务支出占比（截至 2018 年）

公共服务项目	联邦政府	省区政府	地方政府
一般政府服务	42%	28%	30%
人员和财产保护	55%	23%	22%
交通运输和通信	10%～12%	46%～55%	35%～42%
健康	18%～20%	80%	不足 1%
医院	不足 1%	99%	不足 1%
医疗	不足 1%	99%	
预防	22%～25%	66%～68%	8%～10%
其他健康服务	50%～54%	45%～48%	1%～2%
社会服务	58%～62%	36%～41%	1%～2%
社会帮扶	78%	20%	2%
工作人员福利补助		100%	
雇员养老金项目	72%	28%	
退伍军人补助	100%		
机动车事故补助		100%	
教育	6%	80%～84%	10%～12%
基础教育	3%	75%～77%	20%～22%
中学以后教育	4%～5%	95%～96%	
职业培训	35%～40%	51%～55%	10%
资源保护和产业发展	40%～45%	50%～55%	5%
环境	15%	16%	69%
娱乐和文化	25%～30%	20%～22%	50%～54%
劳动就业和移民	60%～68%	32%～40%	
住房	30%～40%	36%～45%	20%～27%
外交事务及国际帮扶	100%		
区域规划和发展	10%～30%	35%～57%	27%～35%
研究启动	80%～85%	15%～20%	
全部支出合计	38%～40%	50%～52%	10%

资料来源：加拿大统计局官网和 CEIC 数据库官网。

注：根据近年加拿大政府财政支出数据整理。由于年度间具体支出比例存在一定波动，表中支出比例多数为区间数据。另外，由于 2019 年的财政支出数据还有待进一步调整，故此处只截至 2018 年。

　　首先，加拿大联邦政府主要承担一些全国性公共服务的供给。公共服务的供给主要通过直接和间接两种方式。通过直接方式供给的服务包括国防、国家科学实验室、交通运输基础设施、邮政服务、国家公园、博物馆以及通过加拿大住房抵押、住房公司提供的住房等。通过间接方式供给的服务包括政府雇员、金融政策（包括住房抵押利率政策）、社会和经济政策（决定城市居民福利水平）。在某些省区，联邦政府还负责制定环境保护措施、商品交易政策等。间接方式供给通常需要与省区政府、地方政府单独或同时进行协商，共同合作完成公共服务的供给。但是，由于加拿大联邦政府和省区政府之间享有较高的独立性，这使得联邦政府在全国性政策制定中面临更多困难和不确定性。一方面，魁北克省等要求限制联邦政府在其管辖区内的干预；另一方面，联邦政府又希望能在地方经济、社会和文化往来上发挥更多的作用。最终结果是联邦政府与省区政府需要就不同公共项目的合作方式展开协商谈判。同类项目中三级政府各自承担的出资比例会根据协商谈判的结果决定，这导致不同省区之间的规定可能出现较大差异。以公共交通投资为例，由联邦、省区、市政府共同出资，但各级政府出资比例各省区都有所差异。联邦政府对公共交通投入逐年增长，但对各省区的投入金额及其在各省区公共交通总投入中所占的比例都有一定差异。联邦政府投资公共交通的资金主要来自建设加拿大基金（Building Canada Fund，BCF）、汽油税基金（Gas Tax Fund）、商品和服务税（Goods and Services Tax，GST）、省区基础性基金（Provincial/Territorial Base Funding Initiative）、公共私营合作基金（Public-Private Partnerships Fund，PPPs）。

　　其次，根据加拿大《宪法》的规定，省区政府拥有几乎全部的省区内公共事务的立法权，所以省区政府在理论上是大部分省区内公共服务的提供者。从加拿大公共服务供给现状来看，省区政府独立提供的公共服务较少，多数是与联邦政府和市政府合作共同提供某项公共产品。省区政府更多地承担政策制定和大部分资金提供的职能，而市政府则是政策实施者。因此，在加拿大各级政府当中，市政府在公共服务当中承担的责任是最大的，包括区域内道路交通设施、城市垃圾处理、下水道系统等城市生活和城市化发展当中涉及的公共服务。省区政府和市政府的支出关系有三类。第一类，省区政府出资相当有限甚至不出资，主要由市政府投资。这类支出关系的省区有爱德华王子岛省、纽芬兰省和拉布拉多省。第二类，省区政府直接投资资本项目支出，主要有新不伦瑞克省、新斯科舍省、萨斯喀彻温省。第三类，省区政府按不同比例投资于公共服务运营和资本项目支出，如不列颠哥伦比亚省、阿尔伯塔省、曼尼托巴省、安大略省和魁北克省。

②政府间的收入划分。政府间的收入划分以税收收入的划分为主，加拿大的税权划分实行完全的分税制。加拿大《宪法》规定了联邦、省区和地方不同的税收权限，这样既在法律上保证了不同层级政府的税收收入，又避免了各级政府因争夺税源而产生矛盾，维护正常的税收秩序。加拿大《宪法》规定联邦政府有权开征任何税种。省区政府只能征收直接税、资源税以及某些收费，征收间接税的权力受到很大限制。地方政府除可对不动产征税外，几乎没有其他任何征税权。加拿大地方政府的财政收入按照收入来源可以分为自有来源收入和转移支付收入两大类（见表4-31）。2019年，加拿大省区政府收入中，自有来源收入占到总收入的84.73%。在自有来源收入中，又以税收收入所占比例最高（占到总收入的72.93%）。转移支付收入占总收入的15.27%。

表4-31　2019年加拿大省区政府收入构成

收入来源	占比/%
自有来源收入	84.73
其中：税收收入	72.93
财产收入	5.87
销售商品和服务收入	2.84
其他收入	3.09
其中：转移支付收入	15.27
特定转移收入	15.23
一般转移收入	0.04

资料来源：加拿大统计局官网。

③政府间的转移支付。加拿大联邦政府、省区政府和地方政府之间的一般转移支付方式主要有四种，分别是健康转移支付（the Canada Health Transfer，CHT）、社会转移支付（the Canada Social Transfer，CST）、均等化

项目转移支付（Equalization Program，EP）和地区常规转移支付（Territorial Formula Financing，TFF）。各项转移支付均由联邦政府财政部具体实施。健康转移支付是联邦政府支持健康行动项目、加强医疗卫生公共管理的一种转移支付。健康转移支付具有普遍性、综合性、可及性，属于规模最大、最主要的一种转移支付方式。社会转移支付是联邦政府为支持加强中学后教育、社会救济、社会福利和幼儿早期教育而设立的专项转移支付，旨在使每一个加拿大公民享有平等的受教育权和社会公共服务。均等化项目转移支付①是用于缩小各省区之间收入能力差距的无条件转移支付方式，目的是使所有的省区政府收入都能达到规定的最低水平。转移支付对象的确定以各省的实际财力为基准，凡实际财力低于全国标准的省都有资格获得这种转移支付，但不适用于育空地区、努勒维特地区和西北地区三个地区。同时，联邦政府以立法的形式规定了均等化转移支付的上限②和下限③。地区常规转移支付是联邦政府为育空地区、努勒维特地区和西北地区④三个北方特别行政区设立的无条件转移支付，目的是确保三个地区政府有足够的收入为其居民提供与全国可比的公共服务。

　　加拿大政府间的转移支付在联邦政府支出中所占的比重约为37%。其中，健康转移支付和社会转移支付属于有条件的专项转移支付，目的均以提高地方政府提供公共产品的能力为主，具有全民性、双渠道、限制性的共同特征。全民性，即所有的省区政府、市政府都可以得到该项资助，资助的金额按人口数量计算，不涉及各省区、市的财政实力。双渠道，即转移支付的实现方式采取现金转移支付和税收转移支付两种形式。其中，税收转移支付是重要组成部分，联邦个人所得税收入的13.5%和企业所得税收入的1%让渡给省区政府，专项用于健康和社会项目支出。现金转移支付由联邦政府直

---

　　① 支付数额等于该省税收能力与标准税收能力之差乘以该省人口数。

　　② 上限：均等化项目转移支付的年度增长速度不能超过同期经济增长率，以避免联邦政府的过度负担。

　　③ 下限：联邦政府与省区政府协商确定，目标是起码能够保障各省区政府具有应对突发的年度经济大幅下降的能力。

　　④ 这些行政区地处北部寒冷地带，人烟稀少，经济总量小，生活成本高。尽管地区政府具有提高税收、租金、出售资产和服务收费的权力，但财政资源有限，难以自给自足，政府财政很大程度上依赖联邦政府的转移支付。

接拨付，其总量标准由联邦政府制定，以补足省区政府在得到税收转移支付后仍存在的实行"加拿大健康行动"的资金缺口。限制性，即如果省区政府没有按上述法案原则和法定范围使用该项资金，联邦政府有权拒绝支付或将其收回。此外，省区政府为了得到这两项转移支付，还必须遵守社会保险最低水准原则，为本地居民提供必要限度以上的社会救济服务。均等化项目转移支付和地区常规转移支付是为调剂各地区之间财政能力的差异，分别针对省和地区政府的无条件转移支付，省区政府具有完全的支配权。表 4-32 展示了 2016—2020 年联邦政府对各地方政府的转移支付。

表 4-28　2016—2020 年联邦政府对各地方政府的转移支付

单位：百万美元

年份	2016	2017	2018	2019	2020
加拿大健康转移支付	36 068	37 150	38 584	40 373	41 870
加拿大社会转移支付	13 348	13 748	14 161	14 586	15 023
均等化项目转移支付	17 880	18 254	18 958	19 837	20 573
地区常规转移支付	3 603	3 682	3 785	3 948	4 180
离岸补偿	44	36	−72	2	0
总计	70 943	72 870	75 416	78 746	81 646
人均分配	1 959	1 997	2 038	2 098	2 145

资料来源：加拿大财政部官网。

除上述四种转移支付形式外，加拿大联邦政府每年还给省区政府一些其他具有特定目的的转移支付项目，但数量有限。特定目的转移支付同样是有严格条件的转移支付，即接受此项补助的省区必须把所获得的补助金额用于联邦政府指定的项目。目前，占特定目的转移支付比重最高的是加拿大援助项目（Canada Assistance Plan）。加拿大援助项目将盲人津贴、养老金、残疾人津贴和失业补助四项省区政府与联邦政府共同承担的项目合并，形成一个范围更广泛的对困难人群提供支持的项目，属于联邦政府对省区政府社会福利领域提供资助的一种形式。

4.5.2　地方政府债务预算管理体系框架

（1）地方政府债务管理机构的设置

加拿大地方政府债务管理体制主要采用市场约束型管理体制。省区政府举债不受《宪法》或联邦政府的限制，是否借款和借款额度直接受制于金融市场。由于政府举借债务需要国际投资机构评定其可授信债务额度，因此各省区必须服从市场秩序。值得注意的是，与省区政府不同，地方政府必须按照省区政府的要求进行经常性预算平衡工作，涉及长期借款的市政资本性支出必须获得省区政府批准。

加拿大地方政府债务管理机构是设在联邦政府财政部金融政策分部下的金融市场处。该处由政府融资和资本市场政策部门、债务管理政策部门、储备和风险管理部门三个部门组成，三个部门共同负责在联邦和地方政府融资及金融市场发展方面提供政策分析建议。实践中，各省区均通过公共融资中介（市政融资公司）或以配套拨款方式帮助地方政府举债。在加拿大，联邦政府和省区政府可以为经常性支出和资本性支出举债而不受《宪法》的限制，且无须每年平衡其经常预算。

（2）举债用途

一般来说，联邦政府不负责省区政府的债务担保和偿还责任，两者比较独立。省区政府发债筹得的资金既可以用于资本性项目也可以用于经常性支出。但地方政府的发债严格受到省区政府的限制，筹得资金也多用于公共服务项目。此外，各级地方政府举借新债的资金还可以用于偿还到期债务。例如，艾伯塔省的市级政府债务筹得资金主要用于以下项目（包括但不限于）：机场基础设施、建筑物、车辆或设备、计算机硬件和软件、涵洞、路缘、排水沟和人行道施工、消防或救护车设备、道路、桥梁、级配和碎石、硬路面细分服务、灌溉和排水、土地购买、填埋场扩建和开发、改装节能、运输、公用基础设施（水、下水道、燃气、电力）等。

(3) 偿债资金来源

地方政府的偿债资金来源有设立偿债基金①、提前通过预算列支、使用预算盈余和举借新债②四种。以不列颠哥伦比亚省为例，其偿债资金来源依据该省《金融管理法》的规定，主要分为举借新债、偿债基金和综合收入基金三种来源。该省《金融管理法》规定，政府可借入任何货币用于偿还政府发行或承担的任何已到期、已要求赎回或以其他方式可偿还的证券。政府机构已经或将借入资金，财政部部长经政府机构事先批准，可指示设立偿债基金以偿还部长所指明条件的借款。除非从偿债基金中或以其他还款方式支付，否则为下列任何目的所需的资金必须从综合收入基金中支付：支付政府发行或承担的证券利息；提供及维持一项偿债基金，确保偿还政府发行或承担证券本金；赎回或偿还政府发行或承担的证券本金；就赎回或偿还政府发行或承担的证券而支付保费；财政代理人、注册商、转让代理人和其他代理人的薪酬和报酬，其服务涉及政府发行或承担的任何证券事宜；政府借款或发行、赎回、回购、服务、付款、管理政府借款及就借款而发行的证券所发生的所有费用和开支；根据《金融管理法》的规定购买政府的证券；根据《金融管理法》的规定做出透支安排所需的付款，或者做出银行承兑和其他订明信贷工具的付款。

(4) 举债机构限制

在加拿大，不仅省区政府和市级政府可以举债，市级以下的地方政府或机构也能作为举债主体根据提供公共服务的需要进行举债。省区政府可以直接举债，市级及以下地方政府或机构一般需要通过各个省区统一设置的融资代理机构（如市政融资公司）进行举债。例如，艾伯塔省设立了资本融资管理局负责下级政府和机构的举债事务。可举债的主体如下：

①城市和市政当局——城市、城镇、村庄、改善区、市辖区、县、特殊地区、专门市政当局、梅蒂斯人（Metis）定居点。

---

① 为减少到期日债务违约风险，地方政府通常会从自己的年度预算中提取出一定的比例设立偿债基金。18世纪末，整个西方国家范围内都流行过通过偿债基金的增值收益偿还负债的方法，但实际执行过程中并未达到预期目标，现在多是直接用偿债基金偿还到期的公债，变得和提前通过预算列支没有太大区别了。

② 举借新债通常会通过该级政府的《金融管理法》做出限制，限制的内容主要有可借最高金额、可借款主体、借款用途和借款必须遵守的流程等。

②区域当局——排水区、灌溉区、区域机场管理局和区域服务委员会。

③教育当局——专门教育机构和学校委员会。

④卫生当局——地区卫生当局、省级卫生委员会和非营利性医疗机构。

（5）债务规模控制

加拿大省区政府实行的是需求控制中的债务余额上限管理制度。具体来说，就是各个省区政府债务管理部门根据未来三年政府赤字和省属非政府机构债务项目，每年研究起草全省未来三年的债务预算草案，明确政府和各省属非政府机构的年度融资需求与债务余额上限、债务付息支出规模等，并汇总形成省区政府债务整体预算。

各地方政府都有各自严控新债、稳定债务总额的指标和标准。其主要包括负债率、债务率、新增债务率、担保债务比重、偿债率、利息支出率、资产负债率和债务依存度等指标。其中，加拿大规定地方政府负债率不得超过25%，各省区的债务率均在100%左右。温哥华市采用资产负债率指标，规定其市政债券总额不得超过该市不动产评估价值的20%。另外，为了控制和管理财政风险，加拿大规定银行也要分担政府债券的风险，即最少承担与任何违约相关的净损失的15%。在艾伯塔省，1995年之前，举债项目需要省政府的审批。尽管省政府的监管已经取消，但是只要举债额度超过了限制（地方政府收入的1.5倍），省政府就会检查所有的债务，并且偿债水平必须在收入的25%之内。一般短期债务在1月1日到9月30日不能超过预计总收入的50%，而在10月1日到12月31日则不能超过预计总收入的25%。任何官员为了当前事项举借超额款项被公开的话，都会被处以开除职务两年的处罚。

（6）偿债能力评估

加拿大各省区政府的举债不受《宪法》的约束，但是否借款和借款额度直接受制于金融市场。由于在举借债务前，需要国际投资机构评定各省区可授信债务额度，因此各省区偿债能力的评估主要依据的是国际评级机构，如穆迪（Moody's）、标准普尔（S&P）、惠誉（Fitch）和道明（Dominion Bond Rating Service，DBRS）每年对地方政府的信用评级报告。表4-33至表4-36展示了个别省的信用评级结果。其中，穆迪对不列颠哥伦比亚省的信用评级报告显示，尽管该省债务负担不断加大，但债务承担能力依然强劲。艾伯塔省要求所有与活跃债务项目有关的文件和监管文件都保持更新。财政和风险管理部门将从至少三家评级机构获得公共信用评级，以支持该省的债务项目和发行活动。该省由标准普尔、穆迪、惠誉和道明评级机构保持公共信用评级。穆迪对艾伯塔省的信用评级报告显示，该省 2020 年受到新冠疫情和石油市场持续疲软的重大冲击，再加上财政和养老金义务的重大或有负债，2020—2021 年债务水平可能成为加拿大各省中最高的，不过其债务负担能力依然可以支撑。安大略省的资金流动性和短期借贷能力较强。该省拥有庞大的流动性储备水平，能够承受金融市场波动。截至 2020 年 9 月 22 日，安大略省的流动准备金水平为 451 亿美元。马尼托巴省是加拿大经济最为稳定的省，拥有加拿大最稳定、最具弹性的劳动力市场，它有着多元化的经济基础，且各行业在经济中的占比也很均衡，往往一个部门的强劲增长就能抵消外部挑战。在过去十年中，马尼托巴省的经济增长率位居加拿大各省第二位，平均增长率为 2.0%。相比之下，加拿大整体（2008—2018 年）的实际国内生产总值增长率只有 1.7%。

表 4-33　不列颠哥伦比亚省信用评级结果（2019 年）

评级机构	长期评级	短期评级	前景
穆迪	AAA	P-1	稳定
标准普尔	AAA	A-1+	否定
惠誉	AAA	F1+	否定
道明	AA	R-1	稳定

资料来源：不列颠哥伦比亚省政府官网。

表 4-34　艾伯塔省信用评级结果（2019 年和 2020 年）

评级机构	最新信用报告	长期评级	短期评级
穆迪	2019 年 12 月 3 日	Aa2（稳定）	P-1（稳定）
标准普尔	2019 年 9 月 30 日	A+（稳定）	A-1+（稳定）
惠誉	2020 年 2 月 12 日	AA（稳定）	F1+（稳定）
道明	2020 年 3 月 19 日	AA 低（负）	R-1 中间（稳定）

资料来源：艾伯塔省政府官网。

表 4-35　安大略省最新的信用评级结果（2019 年）

评级机构	长期	短期
穆迪	Aa3	P-1
标准普尔	A+	A-1
惠誉	Aa -	F1+
道明	AA（低）	R-1（中）

资料来源：安大略省融资管理局官网。

表 4-36　马尼托巴省最新的信用评级结果（2019 年）

评级机构	评级	状态
穆迪	AA2	稳定
标准普尔	A+	稳定
道明	A（高）	稳定

资料来源：马尼托巴省财政局官网。

（7）政府担保规定

加拿大政府于 20 世纪 80 年代建立了一套管理其承担的贷款及贷款担保的原则。

①关于贷款的让步条件，比如低于市场标准的利率都视作预算支出。在某些情况下（如补助金太高）全部贷款都被列入预算支出。

②在提供贷款或担保前，发起部门必须仔细分析工程项目，并确信如果没有政府援助将不会对项目进行融资，现金流量足以偿付债务本息和营业费用，并能产生令人满意的收益回报率。

③私人单位发起人必须同政府一起分担风险。该私人单位用自有资源提供所需资金的绝大部分，万一发生违约，政府将从私人发起人那里获取补偿。

④银行也要分担风险，最少承担任何违约有关净损失的 15%。

⑤贷款利率的设定应补偿下列成本：政府的货币成本、估计的贷款担保的未来损失、估算的未来损失、交付管理和行政管理支出费用。

⑥担保准备金总额应以风险评估为基础，并且发起部门必须从发行担保赚取的收入以及年度拨款中支付。

⑦新贷款和贷款担保方案必须经过财政部部长认可并由议会核准。

⑧各部门和国有公司必须报告其或有债务，并以政府年度财务报告注释的形式公布。或有债务及其损失评估由直接向议会报告的审计官进行审计。

现实中，加拿大各省区的担保规定也是严格按照上述原则制定的。以不列颠哥伦比亚省为例，《金融管理法》对担保和赔偿做出了规定：第一，政府可以给予赔偿或保证履行义务。第二，除《金融管理法》所述担保外，不得由政府或代表政府根据法律给予赔偿和担保，除非符合副总督理事会的规定。第三，政府不承担违反《金融管理法》①的担保或赔偿责任，但此规定并不使 1987 年 7 月 31 日以前给予的担保或赔偿无效。第四，财政部部长必须在每个财政年度开始之后尽快向立法议会提交一份报告，其中述及副总督理事会或财务委员会在上一财政年度核准的保证和赔偿。

《金融管理法》对保证的效果和权力做出了规定：如果根据一项法令，政府已保证（有权保证）担保或其他义务的本金和利息，则该权力包括根据担保或其他义务担保支付任何款项的义务，涵盖任何保险费。

《金融管理法》对担保和赔偿的支付做出了规定：第一，政府支付的担保或赔偿所需资金必须从综合收入基金中支付。第二，如果政府就政府担保的证券发行和销售达成协议，政府为履行协议义务而需要支付的资金可以从综合收入基金中支付。第三，每个财政年度为兑现担保和赔偿或履行其他相关义务而支付的所有款项的报表必须列入该财政年度的公共账户。

(8) 举债方式

一般来说，加拿大地方政府的举债方式主要有两种，分别为发行（或转销）债券和银行直接贷款。虽然银行直接贷款的成本可能高于债券发行的成本，但加拿大政府认为其程序较为简单，对信息披露的要求也较低，便于地方政府相机抉择。每个地方政府在进行举债时所采用的具体方法会有一些差别，但总体还是围绕这两种方式展开的。另外，各省区均通过政府中介

---

① 《金融管理法》提及的规定可以实施下列一项或多项：第一，指定可代表政府给予担保或赔偿的人；第二，指明在提供保证或赔偿前，必须获得副总督理事会、财政委员会、财政部部长或其他人的批准；第三，规定在特定情况下，库务委员会、财政部部长或其他人可批准担保或赔偿的最高负债额限与规定数额；第四，对给予保证和赔偿以及行使第二或第三项所述的可取批准权施加条件和限制。

机构（如市政融资公司）或以配套拨款形式帮助市级及以下地方政府举债。省级政府发行的债券根据计量货币的不同可以分为国内债券和国际（国外）债券，市级政府发行的债券通常称为市政债券。

①不列颠哥伦比亚省。该省主要通过各种既定的债券发行项目、财政机构贷款项目和直接借款三种方式进行举债。其中，债券的发行分为国内项目（加拿大养老金项目投资委员会项目、加拿大短期本票项目和加拿大中长期票据项目）和国际项目（澳大利亚中期票据项目、欧洲债务发行项目、美国全球债券项目和美国短期商业票据项目）。财政机构贷款项目是指多数皇冠公司①和代理借款机构通过该省的财政机构贷款项目完成，省政府直接在资本市场借款，并在与债券发行相同的条件下用债券收益向政府或政府机构提供贷款。根据财政机构贷款项目发放的贷款的债券融资费用和未来付款义务（利息和本金）仍由借入资金的各自政府或政府机构负责。财政机构贷款项目提供低成本融资，因为该省的信用评级高，并且有能力利用这一评级以低利率借款。在某些情况下，皇冠公司和机构可以直接向贷款人借款，借款权由政府提供。除了上文讨论的传统借款方法外，该省还审查了替代融资的机会。例如，公私伙伴关系（PPP）可以作为满足对公共基础设施日益增长的需求的一种手段。使用替代方法的一个优点是纳税人收入的支持可以最小化。地方政府可以进行长期贷款、短期融资、设备融资、集合投资。其中，集合投资又分为货币市场基金、政府重点超短债券基金、短期债券基金、化石燃料免费（fossil fuel free）短期债券基金和资金池高息储蓄账户（pooled high interest savings account，PHISA）。

②艾伯塔省。该省主要通过在国内和国际资本市场上发行债券的方式举债。债券借款项目主要有国内中期票据、澳大利亚中期票据、全球债券、全球中期票据、国内本票、国内国库券（国库券）项目和美国商业票据项目。财政部和风险管理（Treasury and Risk Management，TRM）财务委员会负责该省的现金管理和金融衍生工具的使用。艾伯塔省设立了市融资公司，后称

---

① 加拿大国有企业统称为皇冠公司，分属联邦和地方所有。皇冠公司具有政府职能性质，一般都是从事私人企业不想参加或难以参加的项目，或者政府为实现某种特定目的而设立的。皇冠公司有四个特征：第一，以私人部门的形式代表政府实现公共政策目标；第二，充分利用私人企业的管理经验和方法；第三，尽可能地独立于或远离政府；第四，经营决策应是商业性的而非政治性的。

为艾伯塔省资本融资管理局（Alberta Capital and Finance Authority，ACFA）。符合条件的地方当局可以通过填写股份申请书并提交必要的文件和付款申请成为 ACFA 的股东（shareholder）。ACFA 会为股东的资本购买和建设提供融资，并为资本性支出提供外部贷款的再融资。地方政府可以为资本性支出通过多种贷款方式筹资。其具体分为混合摊销贷款、远期利率贷款、期末一次还本付息贷款、支出性贷款、固定本金贷款和结构性贷款（为贷款人量身设计的贷款）。

③安大略省。该省制定了若干项目，通过发行债券、国库券和在国内、国际资本市场上发行美国商业票据①来满足其借款需求。在不同市场的借款项目为该省提供了多样化的资金来源，并不断进入国内和国际债券与货币市场。

④马尼托巴省。该省主要通过在国内和国际资本市场上发行债券进行借款。其主要有国内中期票据、国内短期债券、美国商业票据、欧洲中期票据和全球票据等，既有公开发行的也有私人配售的。马尼托巴省的借款来源（2015—2019 年）如图 4-2 所示。

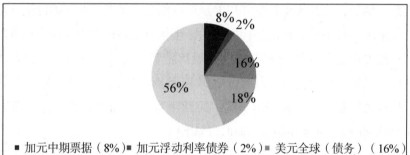

图 4-2　马尼托巴省的借款来源（2015—2019 年）

资料来源：马尼托巴省财务司官网。

注：其他国际资本市场中涉及的货币包括澳元、欧元、英镑、港币、日元、克朗、新西兰元等。

---

①　美国商业票据项目是加拿大多个省采用的举债方式。对于一个希望进入美国商业票据市场的对象而言，其第一步要做的工作就是建立一个美国商业票据发行项目。发行项目包括选择和任命商业票据的交易人，申请资信评级，准备有关法律文件，选择和任命托管银行、发行代理人和支付代理人，安排银行备用信用证或其他不可撤销的信用额度等一系列工作。完成上述程序，美国公司大致需要 4~6 个星期，外国公司或政府则可能需要 6 个月甚至更长的时间。

⑤萨斯喀彻温省。该省统一设立一个萨斯喀彻温省市政融资公司（Municipal Financing Company，MFC）负责给地方政府融资，市政当局和地方当局若要举债需要地方政府委员会（Local Government Committees，LGC）批准，以借款为项目或运营提供资金，或者为受控公司的贷款提供担保。此外，借款来支付运营成本可能还需要公共事业委员会的批准。地方政府委员会将审查并做出有关申请的决定。除了行政收费和税外，该省地方政府的资金来源还有如下四种：

第一，资本储备。当前收入的一部分被预留在一个特别账户中（通常每年一次），用于积累以及资助将来的特定资本项目。资本储备应用于特定的主要支出，而非运营或维护支出。资本储备通常最好用于使用寿命较短的基础设施或资产，其需要定期更换（较大的城市通常使用这一机制）。

第二，债务借款。借款是传统的债务融资，资金从银行或其他金融实体借款，作为回报，用利息偿还资金使用成本。借款既可以是短期的，也可以是长期的，用于营运预算的资本性支出或弥补赤字。任何市政当局都可以使用债务借款，但须遵守债务限额，并向萨斯喀彻温省市政委员会（Saskatchewan Municipal Board，SMB）申请提高其债务限额。萨斯喀彻温省市政委员会没有规定债务限额的市政当局（城市以外的），必须在以下情况下获得萨斯喀彻温省市政委员会的批准：一是如果债务在随后的三年内无法偿还；二是如果正在发行债券或如果债务超过市政当局上一年的自有来源收入。具有既定债务限额的市政当局（城市以外的）仅在以下情况下需要萨斯喀彻温省市政委员会的批准，即债券的发行或借款将超过既定债务限额。所有城市的债务限额由萨斯喀彻温省市政委员会确定。城市在规定债务限额内借款不需要萨斯喀彻温省市政委员会的批准。市政府必须获得萨斯喀彻温省市政委员会的批准才能借入超过其债务限额的债务。市政当局可以借入资金用于经营。借款须受债务限额的约束和法定限额的限制。限额基于市政当局在借款发生年度筹集的估计总额。估计总额包括税收收入总额、无条件的省和联邦拨款总额两部分。一个城市可以借到总估计金额的两倍，所有其他市政当局可以借到总估计金额的一倍。

第三，公债。公债也是一种债务借款，是由市长和司库签发、签署、认证的贷款证明。市政府使用自己的一般收入作为抵押品来支持公债贷款，规定了还款金额和偿还时间。与传统债务借款一样，公债受市政债务限制。市政当局（城市以外的）必须获得萨斯喀彻温省市政委员会的公债借款批准。公债借款申请由萨斯喀彻温省市政委员会批准后还必须由市政委员会主席签署。城市可以在其债务限额内以公债方式借款，无须获得萨斯喀彻温省市政委员会的任何进一步批准。萨斯喀彻温省市政融资公司向希望借款的市政当局提供极具竞争力的利率和灵活的借款条件。

第四，市政债券。市政债券可以作为债务借款的替代方案，通常用于为新的资本项目融资。市政债券以财产税或项目收入作为担保。借款人（市）承诺在特定日期偿还债券的资本价值及利息。债券提供前期资金，还款可以分散在较长的一段时间内。债券可能更有利于可以筹集大量资本和信用评级的较大城市。

（9）承销商限制

省级政府发行的债券中，像国库券、投资性公债这种不可转让的债券一般采用直接发行方式，不需要借助中介机构代为推销，并且多面向特定对象发行。可转让的国内债券多由加拿大投资商协会（the Investment Dealers Association of Canada）中的成员承销。由于加拿大监管当局严格限制外国银行在加拿大本土市场的业务范围，因此加拿大本土的五大银行（加拿大皇家银行、道明银行、丰业银行、帝国银行和蒙特利尔银行）在加拿大债券市场的份额占比高达97%。同时，省级政府在对其他国家发行债券时除了与本国的承销商合作外，也会联合其他国家的金融机构共同承销该债券。例如，不列颠哥伦比亚省2016年在中国发行"熊猫债券"，联席主承销商就是中国银行和汇丰银行（中国）有限公司。

地方政府发行的市政债券多采用承销法。承销法又可细分为全额承销和余额承销。但无论采取哪种方式，到期必须按规定还款。债券承销通常有一个规范化的程序：债券发行主体提出债券发行数量、期限、利率，供参加认购债券的承销商（一般是政府提前认定好的代理机构，如证券商或注册银行）进行投资。承销商会根据市场需求状况和对未来市场利率变动的趋势预测，提出可接受的价格。经过双方协商，筹资者（发行主体）和投资者（承销商）可以达成彼此都满意的发行条件。其投标价格既可能低于债券价值，也可能高于债券价值，分别称为折价发行和溢价发行。双方在此基础上签订承销合约，并按合同规定的各项条款来履行各自的权利和义务。承销发行的方式需要发行主体支付一定数额的发行费用，但可以在短期内筹集到大额的长期资金。承销商虽然可以赚取手续费和承销与包销之间的差价，但也要承担市场利率变化带来的风险性损失。

（10）债务的期限、利息和付息方式

各省区债务市场的投资者主要是由中央银行、养老基金和保险公司等机构组成的。债务投资者主要包括国内和国际资本市场、加拿大养老金计划投资基金、机构贷款人和省级托管基金。各省区发行的债券按照期限和面向市场不同一般分为国内中长期债券（10~30 年）、国内本票（<1 年）、国内国库券（<1 年）、澳大利亚中期票据（9 个月至 30 年）、全球债券（2~10 年）、全球中期票据（9 个月至 30 年）、美国商业票据（<1 年）。它们的利息计算由加拿大相关法规予以规定，定期进行调整。当然，在某些情况下，国有公司和机构可以直接向贷款人借款，借款权由政府进行授权。

①不列颠哥伦比亚省。首先，省级政府。其一，国内发债项目。国内发债项目是该省的主要资金来源，根据该项目发行的债券通常是 10 年或 30 年期限的长期债券。一旦债券发行，投资者可以在二级市场交易债券。国内市场是该省的基础市场，国际项目发行的成本将从中进行比较，以确保该省获得最具成本效益的资金。注意事项包括以加拿大元或美元计价，并在国内发行；仅限记账式（book‑based）（非持票人）；通过信用违约掉期合约（credit default swap, CDS）清算和存管服务公司结算；根据不列颠哥伦比亚省法律记录在案。其二，加拿大养老金计划投资委员会（CPPIB）项目。加拿大养老金计划投资委员会项目是一项协议，该协议允许加拿大养老金计划投资委员会（Canada Pension Plan Investment Board）私人配售的即将到期的不列颠哥伦比亚省政府证券（Government of British Columbia Securities）通过进一步发行私募替代证券进行再投资。随着时间的推移，一旦所有的替代证券都达到了其允许的最长期限，该项目最终将结束。加拿大养老保险投资公司根据以下条款购买替代证券：最终到期日限制为自最初签发证券的到期日起 30 年；包括每个证券到期时的替代准备金；每个替换期限不短于五年；记账式并以加拿大元发行；通过存管信托公司（depository trust company）结算。其三，加拿大短期本票项目。加拿大短期本票项目用于加拿大境内的货

币市场融资。该项目主要用于满足一年或一年以下的短期现金流要求。该省每天向参与的银团成员发行短期本票，然后由这些银团成员向投资者推销这些短期本票。银团成员的选择依据许多标准，如市场分销能力、业绩记录、以前的服务、声誉和定价。注意事项包括仅限记账式（非持票人）并以加拿大元发行；通过信用违约掉期合约清算和存管服务公司结算；根据不列颠哥伦比亚省法律记录在案。其四，澳大利亚中期票据项目。澳大利亚中期票据项目使该省能够借入澳大利亚元计价的票据，这些票据通常在澳大利亚发行，但也可以在除美国以外的其他国家发行。在发行债券时，该省将向承销银团出售一定数量的债券，承销银团再向澳大利亚投资者出售债券。银团成员的选择依据许多标准，如市场分销能力、业绩记录、以前的服务、声誉和定价。该项目目前限制在任何时候最多 30 亿澳大利亚元的未偿票据。注意事项包括以澳大利亚元（或其他可转让货币）签发的无证书注册表格；主要通过澳大利亚结算、欧洲结算或者明讯银行结算、卢森堡结算；必要时可在澳大利亚证券交易所或其他证券交易所上市；受澳大利亚新南威尔士州法律管辖。其五，欧洲债务发行项目。欧洲债务发行项目使该省能够主要在欧洲市场借款，并发行若干国际货币的债券。该项目允许银团和非银团债券发行，可以定制，以满足特定投资者的偏好。该项目目前限制在任何时间未偿还的票据最多为 60 亿美元。注意事项包括票据（豁免票据除外）将以至少 10 万欧元的面额发行；记账式、无记名式或记名式；通过欧洲清算银行、明讯银行或存托信托公司结算；必要时在卢森堡证券交易所、伦敦证券交易所或其他证券交易所上市；根据不列颠哥伦比亚省法律记录在案。其六，美国全球债券项目。作为美国全球债券发行的票据是在美国证券交易委员会（Securities and Exchange Commission，SEC）提交的美国储架注册①（U. S. shelf registration）中发行的。在美国每次发行债券后，这个在美国的储架注册金额就会被美国投资者购买的债券数量扣除。随着美国储架注册金额减少，它可以通过申请更多的美国储架注册金额来补充。美国全球债券主要是由该省发行的，以满足庞大的借款需求。从 2 年期、3 年期、5 年期和 10 年

---

① 储架发行是相对于传统发行的概念，一般是指证券发行在实行注册制的基础上，发行人一次注册、多次发行的机制。国内文献将此翻译为"储架注册"或"橱柜登记"。

期债券来看，美国全球债券提供了最具成本效益的融资方式。发行时，该省将一定数量的债券出售给美国承销团，然后由美国承销团向投资者销售票据。注意事项包括仅限于记账式（非持票人），通常以加拿大元或美元发行；通过加拿大证券存管处、存管信托公司、明讯银行或欧洲结算公司结算；同时在加拿大、美国、欧洲和亚洲出售；受不列颠哥伦比亚省法律和加拿大适用于不列颠哥伦比亚省的法律管辖。其七，美国短期商业票据项目。美国短期商业票据项目用于美国的货币市场融资，期限最长为270天。该省每天向参与的银团成员出售短期商业票据，然后由这些成员向投资者推销这些票据。银团成员的选择依据许多标准，如市场分销能力、业绩记录、以前的服务、声誉和定价。注意事项包括仅限于记账式（非持票人）并以美元发行；通过存管信托公司结算；免于美国证券交易委员会注册；根据不列颠哥伦比亚省法律记录在案。

其次，地方政府。地方政府可以进行长期贷款（5~30年）、短期融资（5年以内）、设备融资（25年以内）、集合投资。其中，集合投资又分为货币市场基金（1年以内）、政府重点超短债券基金（1年以内）、短期债券基金（2~5年）、化石燃料免费（fossil fuel free）短期债券基金（2~5年）和高息资金池储蓄账户（pooled high interest savings account，PHISA）。短期融资或设备融资利率（2020年9月）、地方政府长期借款利率分别见表4-37和表4-38。集合投资收益率受市场影响每日浮动，截至2020年9月30日，收益率情况是货币市场基金为0.419%，政府重点超短债券基金为0.283%，短期债券基金为0.866%，化石燃料免费短期债券基金为0.825%。

表4-37　短期融资或设备融资利率（2020年9月）　　　单位:%

日期	利率	日期	利率
2020-09-01	1.482 50	2020-09-16	1.482 50
2020-09-02	1.482 50	2020-09-17	1.481 25
2020-09-03	1.481 25	2020-09-18	1.481 25
2020-09-04	1.481 25	2020-09-19	1.481 25
2020-09-05	1.481 25	2020-09-20	1.481 25
2020-09-06	1.481 25	2020-09-21	1.481 25
2020-09-07	1.481 25	2020-09-22	1.481 25

表4-37(续)

日期	利率	日期	利率
2020-09-08	1.481 25	2020-09-23	1.481 25
2020-09-09	1.481 25	2020-09-24	1.481 25
2020-09-10	1.481 25	2020-09-25	1.481 25
2020-09-11	1.481 25	2020-09-26	1.481 25
2020-09-12	1.481 25	2020-09-27	1.481 25
2020-09-13	1.481 25	2020-09-28	1.481 25
2020-09-14	1.481 25	2020-09-29	1.481 25
2020-09-15	1.481 25	2020-09-30	1.481 25

资料来源：不列颠哥伦比亚省市政融资管理局官网。

表4-38 地方政府长期借款利率 单位:%

年份	季节	5 年	10 年	15 年	20 年	25 年	30 年
2020	夏	1.28	1.28	1.28	1.28	1.28	1.28
2020	春	1.99	1.99	1.99	1.99	1.99	1.99
2019	秋	1.970	2.240	2.240	2.240	2.240	2.240
2019	春	2.310	2.660	2.660	2.660	2.660	2.660
2018	秋	2.900	3.200	3.200	3.200	3.200	3.200
2018	春	2.650	3.150	3.150	3.150	3.150	3.150
2017	秋	2.800	3.150	3.150	3.150	3.150	3.150
2017	春	1.900	2.800	2.800	2.800	2.800	2.800
2016	秋	1.500	2.100	2.100	2.100	2.100	2.100
2016	春	1.750	2.600	2.600	2.600	2.600	2.600
2015	秋	1.700	2.750	2.750	2.750	2.750	2.750
2015	春	1.450	2.200	2.200	2.200	2.200	2.200
2014	秋	2.050	3.000	3.000	3.000	3.000	3.000
2014	春	2.300	3.300	3.300	3.300	3.300	3.300
2013	秋	2.750	3.850	3.850	3.850	3.850	3.850
2013	春	2.150	3.150	3.150	3.150	3.150	3.150
2012	秋	2.050	2.900	2.900	2.900	2.900	2.900
2012	春	2.400	3.400	3.400	3.400	3.400	3.400

资料来源：不列颠哥伦比亚省市政融资管理局官网。

②艾伯塔省。首先，省政府。表4-39至表4-45分别列示了省政府各债务项目的期限、利息和付息方式等情况，表4-46列示了艾伯塔省截至2020年年底债务利率情况。

表4-39　国内中期票据（domestic medium term note，DMTN）项目

发行规模	灵活的银团发行。维持较大的国内基准规模发行（30亿~40亿美元）
息票	固定、浮动、半年、每年
面额	1 000美元或其倍数，最低面额为10万美元
清算系统	信用违约掉期合约（credit default swap）清算与存管服务公司［信用违约掉期合约（credit default swap）］清算
适用法律	加拿大艾伯塔省法律

资料来源：艾伯塔省政府官网。

表4-40　国内本票项目

发行规模	灵活
货币	计算机辅助设计
面额	1 000美元，最低面额为10万美元
清算系统	信用违约掉期合约（credit default swap）清算与存管服务公司［信用违约掉期合约（credit default swap）］清算
适用法律	加拿大艾伯塔省法律

资料来源：艾伯塔省政府官网。

表4-41　国内国库券项目

发行规模	灵活
货币	计算机辅助设计
面额	1 000美元，最低面额为10万美元
清算系统	信用违约掉期合约（credit default swap）清算与存管服务公司［信用违约掉期合约（credit default swap）］清算
适用法律	加拿大艾伯塔省法律

资料来源：艾伯塔省政府官网。

表 4-42　澳大利亚中期票据项目

发行规模	灵活
货币	澳大利亚元或其他货币
息票	固定、浮动、零息票、半年一次、每年一次
面额	1 000 澳元（澳大利亚境内最低投资额为 50 万澳元）
上市	可选，目前不打算在任何证券交易所上市
清算系统	澳大利亚清算银行、欧洲清算银行和明讯银行清算
适用法律	澳大利亚新南威尔士州法律

资料来源：艾伯塔省政府官网。

表 4-43　美国商业票据项目

发行规模	灵活
货币	美元
面额	1 000 美元，最低面额为 25 万美元
清算系统	存款信托公司（DTC）清算
适用法律	美国法律

资料来源：艾伯塔省政府官网。

表 4-44　全球债券

发行规模	基准发行规模通常为 10 亿美元及以上
货币	国际主要货币，但主要是美元
息票	固定、浮动、半年、每年
面额	5 000 美元和 1 000 美元的倍数
上市	卢森堡证券交易所欧洲中期金融市场
债券形式	注册
清算系统	存款信托公司清算
适用法律	加拿大艾伯塔省法律

资料来源：艾伯塔省政府官网。

表 4-45　全球中期票据项目

发行规模	平均发行规模为 10 亿加拿大元（等值）
货币	以下任何一种货币，不受限制：欧元、英镑、加拿大元、美元、日元和人民币
息票	固定利率票据、浮动利率票据或零息票票据（或其任何适当的组合），半年期、年度
上市	伦敦证券交易所
清算系统	欧洲清算银行、明讯银行、信用违约掉期合约（credit default swap）和存款信托公司清算
适用法律	加拿大艾伯塔省法律

资料来源：艾伯塔省政府官网。

表 4-46　艾伯塔省截至 2020 年年底的债务利率情况

项目	2019 年 12 月 31 日	2020 年 12 月 31 日
货币市场		
加权平均到期期限/天	53	96
加权平均到期收益率/%	1.74	1.39
长期债务		
加权平均到期期限/年	12.1	12.0
平均到期收益率/%	2.74	2.70
债务总额		
加权平均到期期限/年	10.9	10.7
平均到期收益率/%	2.64	2.55

资料来源：艾伯塔省政府官网。

其次，地方政府。一是混合摊销贷款。混合摊销贷款是按现行利率发放的贷款，期限为 10 年；本金和利息混合支付，贷款发放后 6 个月开始每半年支付一次。二是远期利率贷款。远期利率贷款是属于未来发放的贷款，利率按现行利率对冲，期限为 10 年；本金和利息混合支付，贷款发放后 6 个月开始每半年支付一次。三是期末一次还本付息贷款（bullet）。期末一次还本付息贷款按现行利率发放的贷款，期限为 10 年，在最后一次付款前只支付利息；最后一次还本付息；贷款发放后 6 个月开始每半年支付一次。四是支出（disbursement）贷款。贷款总额分期支付（最后一笔贷款必须在第一笔贷款的 18 个月内支付）；按现行利率发行，期限为 6 年；在最后一次放款前只支付利息；本金和利息混合支付，半年期付款在第一期付款后 6 个月开始。五是固定本金贷款。固定本金贷款按现行利率发行，期限为 10 年；固定本息递减；贷款发放后 6 个月开始每半年支付一次。六是结构性贷款。艾伯塔省资本融资管理局（alberta capital finance authority，ACFA）可能会要求为结构性贷款还款项目的借款人提供便利，根据具体要求为其量身设计一种结构性贷款。结构性贷款示例如表 4-47 所示。

表 4-47　结构性贷款示例

数量	100 万美元
发行日期	2014 年 6 月 16 日
到期日	2024 年 6 月 16 日
借款期限	10 年
利率	2.851%
还款期限	每半年
还款类型	借款人要求前 10 次付款只支付利息，然后再混合支付本金和利息

资料来源：艾伯塔省资本融资管理局官网。

③安大略省。安大略省各债务项目包括国内中期票据（DMTN）项目、国库券（F-Bill）项目、澳大利亚债券发行（ADIP）项目、欧洲中期票据（EMTN）项目、全球债券项目和美国商业票据（USCP）项目。表 4-48 至表 4-53 分别列示了这些项目的情况。

表 4-48　国内中期票据（DMTN）项目

发行规模	灵活、银团发行的常规规模在 6 亿~10 亿美元
期限	2~50 年
息票	固定、浮动、通胀挂钩、逐步上升、季度、半年
面额	1 000 加拿大元或其倍数
清算系统	信用违约掉期合约（credit default swap）清算和存管服务公司清算
适用法律	安大略省/加拿大法律

资料来源：安大略省融资管理局官网。

表 4-49 国库券 (T-Bill) 项目

发行规模	灵活
货币	加拿大元
面额	1 000 加拿大元或其倍数
清算系统	信用违约掉期合约 (credit default swap) 清算
适用法律	安大略省/加拿大法律

资料来源：安大略省融资管理局官网。

表 4-50 澳大利亚债券发行 (ADIP) 项目

发行规模	灵活
息票	固定、浮动、零息、半年
面额	5 000 澳大利亚元（澳大利亚境内最低投资金额 50 万澳大利亚元）
发行地	可选，一般是澳大利亚证券交易所
清算系统	澳大利清算银行、欧洲清算银行和明讯银行清算
适用法律	澳大利亚新南威尔士州法律

资料来源：安大略省融资管理局官网。

表 4-51 欧洲中期票据 (EMTN) 项目

发行规模	通常 5 000 万加拿大元（等值）
货币	所有货币（符合所有适用的法律和法规要求），欧元计价债券符合欧洲央行合格抵押品资格
息票	固定、浮动、季度、半年、年度
发行地	卢森堡证券交易所欧洲中期金融市场
清算系统	欧洲清算银行、明讯银行或任何其他经批准的清算系统清算
适用法律	安大略省/加拿大法律

资料来源：安大略省融资管理局官网。

表4-52　全球债券项目

发行规模大小	基准发行规模通常为 10 亿美元或更高
货币	主要国际货币，但主要是美元
期限	3~20 年
息票	固定、浮动、季度、半年
面额	5 000 美元或 1 000 美元的倍数
发行地	卢森堡证券交易所欧洲中期金融市场
债券形式	注册
清算系统	存管信托公司（DTC）、信用违约掉期合约（credit default swap）清算
适用法律	安大略省/加拿大

资料来源：安大略省融资管理局官网。

表4-53　美国商业票据（USCP）项目

面额	10 万美元最低面额或本金金额，倍数为 1 000 美元
清算系统	存款信托公司清算
适用法律	美国法律

资料来源：安大略省融资管理局官网。

（11）司法授权的取得

《金融管理法》（Financial Administration Act，FAA）第四部分（公共债务）为政府的借款项目提供了立法依据，它授权总督会同行政局（Governor in Council）批准财政部部长借款。财政部部长每年必须向议会提交关于上一财政年度债务管理活动的报告和关于下一财政年度计划借款与债务管理的报告。该法授权财政部部长在其金融业务和风险管理目的使用现代金融与风险管理工具和技术，如利率和货币掉期、期权、期货和远期。该法规定财政部部长有制定关于发行债务的规则的立法权力。此外，该法赋予财政部部长管理政府资产和负债的权力。财政部部长的权力可以下放给财政部的官员。管理公共债务的权力来自《借款管理法》（Borrowing Administration Act，BAA）和《金融管理法》第四部分。它们都规定财政部部长借款的最高数额，但某些例外情况包括特殊情况下借款。根据《借款管理法》的规定，财政部部长必须每三个财政年度向议会提交一份关于政府和代理皇冠公司借款的报告，包括财政部部长对是否应增加或减少最高数额的评估。

除了整体的司法授权外，省级及以下地方政府也会进一步制定相应法规对举债进行授权和约束。一般来说，加拿大各省级政府的举债由该省的《金融管理法》管理，省以下的各地方政府的举债由市政府制定相应的法规制度管理，通过市政府借款章程进行。例如，不列颠哥伦比亚省政府的举债由该省的《金融管理法》中的第八部分（负债）授权并按其要求进行，其地方政府依据《市财政管理局法》的规定进行举债。艾伯塔省政府的举债依照该省的《金融管理法》进行，而地方政府的举债统一由艾伯塔省资本融资管理局依照其制定的《长期政策手册》进行。

（12）债务预算要求

加拿大对政府债务预算有着较为严格的披露制度，各级政府必须向公众公开有关预算信息。省级政府债务管理以法院确定的债务预算和余额上限为约束。加拿大各级政府的财年为每年 4 月 1 日至次年 3 月 31 日。每财年第三季度，省级政府债务管理部门根据未来三年政府赤字和省属非政府机构债务项目起草全省未来三年的债务预算草案。债务预算中区分纳税人支持债务和自我支持债务①，明确政府和各省属非政府机构的年度融资需求和债务余额上限、债务付息支出等规模，并汇总出省政府债务整体预算。省政府债务年度余额上限以上年末实际债务规模为基数，加上当年债务预算筹资额后确定。债务预算草案作为年度财政预算草案的一部分提交立法院审议后付诸执行，执行中的重大调整须得到立法院批准。

但与省级政府不同，加拿大地方政府面临上级政府施加的明确的硬预算约束。地方政府的税收收入和支出决策都受到严格限制，从省级政府获取的转移支付多是属于高度限制的转移支付。地方政府举债必须事先得到省级政府批准，并受到严格限制。有关省级政府在地方政府预算、举债、条款和对财政困境的监管等方面的规则框架，不同的省份有各自的特征。

例如，在安大略省，法律规定中适用于监管地方政府的条款在 20 世纪

---

① 自我支持债务指商业效益好，具备充分借款能力的省属公司（加拿大的国有企业，如广播公司）的债务。

30 年代就已经通过，并且至今没有什么变化。在地方政府的债务水平和重要财政事务的管理上，安大略省地方政府董事会和地方政府事务委员会都发挥着重要作用。法令允许地方政府董事会或地方政府事务委员会派人接管地方政府的财政工作，并把相关费用计算在地方政府的税基的基础上。在安大略省，不管是什么原因出现了财政赤字，它都必须在下一个财政年度中得到补偿。地方政府必须接受上级委派的审计员的监督，并且按照公认的方式开展工作。短期举债只能有两个原因：一是在债券最终出售之前为建设中的项目融资，二是在税收征收和政府收入未获得之前需要履行短期义务。这种举债在 1 月 1 日到 9 月 30 日不能超过预计总收入的 50%，而在 10 月 1 日到 12 月 31 日不能超过预计总收入的 25%。任何官员为了当前事项借超额款项被公开的话，都会被处以开除职务两年的处罚。

（13）信息披露要求

加拿大债券市场的鲜明特征就是计划性和透明性。每年年初，财政部完成预算编制后，会向市场公布年度内债券的种类和期限，并在每一季度向市场公布发行规模和详细计划，包括可流通债券招标的具体时间和规则。这样市场投资者可以提前了解年度内债券发行情况并做好资金准备，这也向其他资本市场传递了信息，并为债券的顺利发行创造了一定条件。

加拿大的债务管理策略要求政府在进行债务管理时遵循透明性和规律性原则，即政府应以透明和可预测的方式执行其债务方案，并定期与主要市场参与者协商，以确保加拿大政府证券市场对交易商和投资者的吸引力。政府要为今后的决策提供信息，并支持透明性和问责制，根据财政评价方案定期评估加拿大政府债务活动的不同方面。关于这些评价结果的报告及政府对每项评价的反应，由财政部部长提交下议院公共账户常设委员会，副本也送交加拿大审计长公署，最后公布在加拿大财政部的网站上。

省级及以下地方政府的债务信息也会在每个财政年度定期披露在官网上，披露的内容一般来说包括政府开放数据库的公共账户中有关政府债务的数据以及各政府财政部门官网上的年度预算报告和财务报告。另外，地方政府也会制定一些相应的法规制度对债务相关的信息披露做出一些要求。例如，不列颠哥伦比亚省的《预算透明度和问责制法》规定，相关部门在根据该法编写要公开的文件时，必须做出一切合理努力，以尽可能准确和易于理解的形式及语言提供信息。在可能的情况下，如果该法要求公开有关规划和以后同一事项结果的信息，相关部门必须以随时可比的方式提供信息，所有组织的服务项目和年度服务项目报告中所载的信息必须适用统一规范的要求。但是，具体信息如果根据《信息自由及保护隐私法》不要求披露，则不需要披露。如果根据《信息自由及保护隐私法》禁止披露某项信息，则该信息禁止被披露。《信息自由及保护隐私法》规定，政府组织必须提供服务项目、重大资本计划项目和年度服务项目的报告，财政部部长可以要求政府组织在规定期限内提供相关信息，如果一个政府组织没有提供法律要求的信息，经财政部部长书面授权的人可以审查政府组织的账簿、文件和其他记录，以便获取信息。此外，若财政部部长根据规定授权审查，政府组织及其每一官员和雇员必须采取一切必要步骤提供组织的相关资料并协助进行审查，任何人不得妨碍进行审查的人。

4.5.3　地方政府债务风险防控举措

（1）风险预警机制

①加拿大各省设置专门的部门进行债务风险预警。以不列颠哥伦比亚省为例，其财政厅国库与资产登记局专门设立了债务管理处负责省政府债务管理工作。其主要职责是在合理风险范围内以尽量低的长期成本管理全省公共债务，为省政府、省属非政府机构提供集中的债务管理和咨询等服务。每年财政预算审议通过后，债务管理处在债务余额上限内，按照风险管理委员会确定的各项指标约束开展债务管理操作，并对风险参数约束进行日常风险监控预警。同时，债务管理部门每年要接受定期的外部审计和多次不定期的内部审计。

②省级政府积极实行债务风险目标管理。加拿大省级政府将降低金融市场波动和操作失误等因素给政府造成的潜在损失设定为债务风险管理的主要目标，专门成立了由政府相关部门、大学和投资机构等单位的专业人士共同组成的债务风险管理委员会。债务风险管理委员会负责制定政府融资策略，监督省级财政的债务管理行为，设定债务组合和偿债基金的风险系数，指导和监督债务管理部门定期进行债务管理绩效和风险评估，对地方政府债务风险尽量做到早发现、早处理。

③建立规范的信用评级制度。加拿大各级政府的偿债能力均由专业信用评级机构进行评估。除穆迪、标准普尔与惠誉外，其本土还有一家国际信用评级机构——道明（DBRS）。信用评级结果直接影响政府债券发行定价，对政府举债行为进行约束。作为主要发达国家之一，加拿大各级政府信用评级普遍较高，联邦政府获得 AAA 或等价的最高长期主权信用评级，近亚太地区和拥有丰富资源的西部省份获得与联邦相同的最高评级。基本上，加拿大各省级政府的长期偿债能力都不低于 A-或等价的评级。

（2）风险控制机制

虽然对地方政府举债造成的债务危机，加拿大联邦政府一直坚持拒绝援助的立场，省级政府对下级政府的债务危机同样奉行不援助政策，但是加拿大还是很注重风险控制的。一方面，加拿大政府积极筹建加拿大基础设施银行（Canada Infrastructure Bank），吸引私人资本服务公共需求。以加拿大基础设施银行为中介，政府可以引入市场力量为风险较大、财务收益较小的项目提供融资支持，以支持大型项目建设，减少政府举债压力。另一方面，省级政府对下级政府实施严格的举债限制以控制其债务风险。省级政府采取的主要措施如下：

①对市级地方政府设定预算权限。省级政府要求下级政府必须实现经常性预算平衡，涉及长期借款的市级政府资本性支出必须获得省级政府批准。

②严格限定地方政府债务资金用途。省级政府举债可用于经常性支出和资本性支出，而市级政府举债一般只能用于资本性支出。

③采取多种手段严格控制债务规模。省级政府实行债务余额上限管理制度。省级政府债务管理部门根据未来三年政府赤字和省属非政府机构债务计划，每年研究起草全省未来三年的债务预算草案，明确政府和各省属非政府机构的年度融资需求与债务余额上限、债务付息支出规模等，并汇总形成省级政府债务整体预算。另外，市级政府也有各自的债务风险控制指标和标准。

（3）分省份经验借鉴

省级政府债务风险管理的主要对象包括利率风险、流动性风险、外汇风险、市场风险、信用风险和结算操作风险等。虽然各个省份总体的债务风险管理目标趋于一致，但具体的风险防控措施还是有一些差异的，因此本书选取三个债务风险管理制度较为先进的省份介绍其经验。

①安大略省。安大略省采用各种风险管理战略，在严格的风险敞口限额内运作，以确保通过审慎和具有成本效益的方式管理风险敞口。安大略省每天对风险敞口进行监控，每年进行审计。借款和债务管理项目的成本效益每天进行衡量，而货币市场项目的有效性则每月根据预先确立的基准进行衡量。表4-54详细介绍了安大略省为确保以健全和具有成本效益的方式管理市场、信贷和流动性风险的限额与战略。

表4-54　安大略省风险管理限额与策略（不包括 OEFC① 债务）

风险种类	策略
外汇风险	安大略省根据市场风险政策，债务本金的货币敞口不得超过债务的 3%
利率重置风险	这项措施将利率重置风险限制在 12 个月内到期的净浮动利率和固定利率债务不超过总债务的 35%
债务到期和再融资风险	再融资债务到期的利息重置风险多样化
信用风险	安大略省只与信用评级高的交易对手进行交易
流动性风险	安大略省通过管理流动性准备金水平和短期借款项目，控制流动性风险

资料来源：安大略省融资管理局官网。

②不列颠哥伦比亚省。第一，避免在不利的市场条件下提供资金。省财政通常会提前管理其融资计划，从而降低在利率高或市场条件不接受新融资时进入市场的风险。虽然省财政可能依靠其利率和外汇前景来指导其融资决策的时间安排，但固定利率债务成本一般在一年期间平均计算。严格按照市场前景为巨额年度借款需求融资，可能被证明是不正确的，会被认为是轻率的。此外，省财政还采取措施，帮助防范金融市场中可能损害政府的融资能力的严重波动。这些措施包括：一是利用长期浮动利率债务管理未偿还短期债务的规模。如果长期债务市场变得不利，省财政将加强政府短期融资的能力。二是不时使用仓库借款项目，在发生实际需求之前利用有吸引力的借款机会。三是资助匹配的账簿项目（book program）。根据这一计划，不列颠哥伦比亚省借入资金，之后使用高档、低风险工具以可比利率进行再投资。由

①　OEFC，即安大略电力金融公司（the Ontario Electricity Financial Corporation）。

于所发生的债务负债被投资资产抵消，因此净债务的隐含增加为零。

第二，尽量减少债务到期再融资的风险。对债务到期状况的限制使得不列颠哥伦比亚省能够有条不紊地偿还未来的债务，而不会产生不必要的再融资风险，从而最大限度地减少借贷成本的波动性。政府特意在 1~40 年分散发行其债券。广泛的债务到期日组合避免了任何一年再融资的挤占，并进一步减少了政府对未来利率风险的风险敞口。由于这项政策，不列颠哥伦比亚省的再融资时间表是平衡的，平均年净到期日为未来 20 年。为了管理到期债务，除了一些较大的皇冠公司获得部分豁免外，所有皇冠公司都必须设立一个偿债基金，并每年支付超过 2 000 万美元的长期贷款和期限为 5 年或 5 年以上的长期贷款。

第三，分散资金来源，降低债务成本。不列颠哥伦比亚省从各种来源借款，包括加拿大、美国、欧洲和亚洲的公共金融市场以及加拿大养老金计划投资基金和私人贷款机构。多样化的债务资金来源有利于培育对不列颠哥伦比亚省债券的国内外投资者的强烈需求。强劲的需求有助于最大限度地降低该省的融资成本。

第四，在保守参数内管理外币风险。省政府不时发行以外币计价的债务，偿还外币债务的费用随着加拿大元相对债务货币价值的变化而变化。政府债务组合对加拿大元价值变化的风险敞口可以通过各种金融工具（包括货币和利率互换）有效抵消。

加拿大财政部风险管理委员会为不列颠哥伦比亚省政府的直接债务以及教育、卫生设施和公共交通债务设定了最高允许的外币风险敞口，即最高为未偿债务的 10%。在皇冠公司中，只有不列颠哥伦比亚省水电管理局（BC Hydro）承担美元债务风险。不列颠哥伦比亚省水电管理局的美元债务主要通过不列颠哥伦比亚省水电管理局的美元收入以及其他金融流入进行对冲。

第五，谨慎使用金融产品。根据加拿大财政部风险管理委员会建议的参数，债务管理处可以使用衍生金融产品对冲与现有债务组合和新借款相关的利率与货币风险。这些金融产品不是以投机方式使用的。使用这些金融产品为该省筹集资金提供了足够的灵活性，同时确保偿债和还本付息的费用保持在可接受的范围内。使用这些产品使该省能够与国内市场的加拿大元融资相比，在有机会大量储蓄时从外币债务发行获得资金；在市场最易于接受时进入市场，同时保持该省的战略，以平衡其固定利率资金的时机和成本。根据金融产品交易的条款，该省可能受到交易对手违约风险的影响，因此风险管理委员会为合格可接受的交易对手设定了限制性和高信用标准。与金融机构谈判达成的交易对手信贷协议旨在提供法律和商业保护，有利于降低该省的风险。

③艾伯塔省。第一，流动性风险管理。流动性风险将通过维持资金委员会批准的单独流动现金储备进行管理。财政和风险管理部门继续进入加拿大和美国的短期债券市场，并将确保这两个市场的项目都很活跃。考虑到获得必要融资所需的时间，财政和风险管理部门谨慎管理现金和融资，以降低在不利市场条件下需要融资的风险，并且保持充足的流动性，为至少两个月的预测净营运现金流和债务以及与债务相关的付款提供资金。

第二，再融资风险管理。财政和风险管理部门确保该省在任何 12 个月内到期的定期债务不超过 150 亿美元。该省短期或浮动利率债务（基于票面价值）的直接借款比例在政府未偿债务的 0~20%，由财政和风险管理部门回购的任何艾伯塔省债券来抵消，加上一般收入基金现金结余投资及现金储备（这一计算不包括为向皇冠公司提供贷款而筹集的资金）。财政和风险管理部门可以参与利率管理活动，以支持新的债务发行，修改利率敞口或管理现有债务到期时间表。这些活动可能包括出售和回购加拿大政府或其他流动性省级债券，购买现有的艾伯塔省债券，或者使用金融衍生品。

第三，外币风险管理。财政和风险管理部门将完全对冲所有以外币发行的债务，除非根据具体情况得到财政部副部长的特别授权。这一战略不适用于为贷款给皇冠公司而发行的债务。

第四，风险管理职责的划分。为确保职责的适当划分，以下职责由不同的部门工作人员执行：现金预测、交易执行、贸易交易的确认或结算、执行交易文件、银行账户维护以及交易的财务报告。工作人员可能有权履行多项职责，但是应遵循隔离程序，以确保每个人在每次债务或衍生交易中履行的职责不超过一项。为确保结算的准确性，核实和处理偿债、衍生产品和抵押品付款的责任分配给不同于负责执行交易的个人。具体的工作人员角色有明确的授权，工作人员了解他们负责和被授权执行的权力、职责与职能。艾伯塔省不同部门工作人员的财政职责划分如表 4-55 所示。

表4-55 艾伯塔省不同部门工作人员的财政职责划分

职责	职位
现金预测	现金和预测分析师
交易执行	财政和风险管理部门助理副部长 资本市场执行董事 财务总监 交易和衍生品高级经理 高级财政分析师 交易员
签署交易文件	财政部副部长 财政和风险管理部门助理副部长 财务委员会财务总监
交易结算	财政和风险管理部门助理副部长 银行和债务业务执行董事 结算部财务分析师 衍生工具和抵押品管理财务分析师
交易的会计和财务报告	投资负债核算组

资料来源：艾伯塔省政府官网。

第五，交易对手风险。要成为艾伯塔省的经批准的衍生工具交易对手、选定的省级机构或皇冠公司，交易对手必须具备以下条件：根据内部文件标准、艾伯塔省签署的国际掉期与衍生工具协会（International Swaps and Derivatives Association，ISDA）主协议，该对象具有良好的信誉，没有任何活跃的违约或终止事件；至少两家公共信用评级机构授予的两个或两个以上的投资级长期优先无担保评级。只有当交易对手和艾伯塔省之间的所有现有衍生工具交易的总市场风险敞口（由财政和风险管理部门确定）在规定的当前风险敞口限额和期限限制内［基于交易对手信用评级和加拿大标准协会（Canadian Standards Association，CSA）规定］，才可与经批准的交易对手进行新的衍生品交易。在谨慎的情况下，省政府可以与金融交易对手协商担保协议，通过减少该省对特定交易对手的风险敞口来提供额外的信贷缓解。

第六，债务计划管理风险。发债总额不得超过议会各项命令所定限额。所有与活跃债务项目有关的文件及监管文件都是最新的。财政和风险管理部门从至少三家评级机构获得公共信用评级，以支持艾伯塔省的债务项目和发行活动。艾伯塔省与标准普尔、穆迪、惠誉和道明保持公共信用评级关系。

在贷款给该实体之前，省政府和皇冠公司必须签订协议，确立适当的授权以及贷款和还款安排。

4.6　日本

4.6.1　政府管理制度框架

（1）政府管理制度框架概述

日本政府的行政级别划分为三级，即中央政府，都、道、府、县政府（广域的地方公共团体），市、町、村政府（基础的地方公共团体）。都、道、府、市、町、村统称为地方自治体。中央政府直属的行政单位分别有都、道、府、县，它们是平行的一级行政区，各都、道、府、县都拥有自治权。日本共有1都（东京都）、1道（北海道）、2府（大阪府和京都府）、43个县。它们下面设立了若干个市、町、村。市、町、村之间是平级的，相互之间是没有隶属关系的，区别只在于人口规模及城市化程度。日本政府由立法部门、行政部门、司法部门组成。日本立法部门是两院制的国会。行政部门以内阁为首，下设数个中央省厅。内阁由内阁总理大臣（首相）负责领导，内阁成员称为国务大臣，负责领导中央省厅。中央省厅包括内阁府、总务省、法务省、财务省、外务省、经济产业省①等。司法部门称为"裁判所"（法院），"裁判所"由最高裁判所与地方裁判所组成。地方政府的行政机构设置和中央相同，只是级次没有中央政府高。

①责任分配。日本中央和地方政府间的职责由《地方自治法》和《地方政府财政法》进行界定。表4-56展示了2020年日本央地政府事权划分。中央政府是行政管理的主体，主要承担国际社会中的国家事务、关乎国家安危的事务、全国统一规定的全民行为和地方自治的基本准则事务、以国家名义颁发实施的政策和项目。地方政府（都、道、府、县政府和市、町、村政府）的主要责任是提高居民福利，综合开展地区行政事务。地区行政事

---

①　日本的省是中央级行政机构。总务省相当于我国的国务院。

务主要有地方财政管理，包括编制预算、征收租税、设立基金、征用管理动产和不动产等；地方环境保护，包括环境美化、清洁卫生、防止公害污染等；地方福利和社会保障，包括社会福利、社会保险、卫生保健、文教、科学、娱乐、义务教育、科学技术、文教设施、医疗、自来水、煤气、道路整治、交通运输、住宅建设、治山治水等；维持地方治安的事项；地方经济建设，包括地方经济发展规划、地方公营工商企业的经营、对私营工商企业的管理等。还有一类公共事务属于中央政府与地方政府共同负责事务，主要包括义务教育、生活保护、传染病预防、精神卫生、打击毒品、儿童保护、老人保护、原子弹受害者护理等。《地方政府财政法》规定，为确保地方政府履行共同事务，中央政府应该为该事务提供充足的预算（中央政府拨款制度），中央政府拨款以此为基础计算确定。地方政府没有按照规定使用中央政府拨款的，中央政府可全部或部分停止拨付该款项，或者要求地方政府退回所拨款项。另外，中央政府通过中央政府拨款制度，可以对地方政府进行各种形式的干预，并引导、纠正、调控地方政府的支出活动，从而实现中央政府的政策目标。

表 4-56   2020 年日本央地政府事权划分

分类		公共资本①	教育	福利	其他
中央		高速公路、国道、一级河川等	大学、私立学校补助金(大学)等	社会保险、医生执照、药品许可证	防卫、外交、货币
地方	都、道、府、县	国道（中央管理除外）、省道、一二级河川（中央管理除外）港口、公共住房、城市区域及调整区域决定等	高等学校、特别支援学校、中小学教师工资与人事、幼儿园至高中私立学校补助、个别公立大学等	镇村地区生活福利、儿童福利、保健所等	警察、职业培训等
	市、町、村	城市规划设施，市、町、村道，准用河川，给排水，公共住房，港口等	中小学、幼儿园等	市区生活福利、儿童福利、国民健康保险、长期护理险、供水、垃圾处置等	户籍、居民基本台账、消防等

资料来源：日本总务省官网。

---

① 公共资本主要是指大型基建和不动产投资事项。

②立法权。日本《宪法》规定，国会作为国家唯一的立法机关，统一行使国家立法权。国会可以就由国家立法管制、调控的事项制定法律。另外，日本《宪法》允许国会授权内阁进行立法。国会作为"唯一的立法机关"包含了两层意思：一是指所有的国家立法都是由国会进行的，国会以外的机关不得进行国家立法；二是国会在立法过程中不受其他国家机关的干预，只有国会的决议才能制定法律，即国会单独立法原则。

对于地方政府而言，日本《宪法》明确了地方自治制度，即关于地方公共团体①的组织及运营事项根据地方自治的宗旨并由法律规定。这项规定赋予了地方较大的自治权，即自治单位可以在法定范围内行使法规条例制定权。

（2）各层级政府间的财政关系

①政府间的财政支出责任划分。根据《预算法》的规定，日本中央政府预算包括一般账户预算、特别账户预算和政府附属机构预算。一般账户预算涵盖了国家的核心支出，如社会保障、公共事业、教育、科学以及国防支出。特别账户预算是政府为执行具有特定目标的项目而建立的预算。其管理独立于一般账户预算。政府附属机构是根据特殊法律完全由中央政府出资设立的实体。2016—2019 年中央政府一般账户预算支出情况见表 4-57。地方政府预算主要包括普通账户预算和公共企业账户预算。前者核算的范围包括与地方政府日常活动有关的各种费用，后者是独立核算地方政府企业的预算，如公共企业（供水和污水处理系统、医院等）、国民健康保险账户和后期老年医疗账户。2013—2017 年地方政府普通账户支出情况见表 4-58，1990—2019 年中央一般账户和地方普通账户支出情况见表 4-59。

---

① 地方公共团体是指以国家领土的一部分为基础的区域内，以执行与本区域有关的公共事务为目的而存在的，为了实现其目的，在国家范围内具有管理财产的能力以及对居民拥有课税及统治支配权的团体。地方公共团体包括广域的地方公共团体（都、道、府、县）和基础的地方公共团体（市、町、村）。

表4-57 2016—2019 年中央政府一般账户支出情况

单位：十亿日元

支出分类	2016 年	2017 年	2018 年	2019 年
社会保障费	32 208	32 521	33 051	34 059
教育和科研	5 598	5 703	5 815	5 603
国债利息	22 086	22 521	22 741	23 508
养老金相关费用	335	286	250	210
地方交付税	15 216	15 434	15 871	15 551
公共事业相关费用	6 710	6 912	7 554	6 910
国防	5 150	5 274	5 639	5 275
经济合作费	743	651	637	502
中小企业援助	430	319	511	179
能源对策	973	969	972	976
食物供应	1 140	1 181	1 197	982
其他支出	6 830	6 211	6 515	6 786
地方特例交付金①	123	133	154	434

资料来源：日本总务省统计局官网。

表4-58 2013—2017 年地方政府普通账户支出情况

单位：百万日元

支出	2013 年	2014 年	2015 年	2016 年	2017 年
一般行政	10 000 563	9 869 954	9 608 827	8 901 591	9 121 944
公众福利	23 463 324	24 450 891	25 254 815	26 340 756	25 983 397
卫生	5 988 543	6 143 397	6 301 793	6 258 413	6 262 562
农林渔业	3 500 949	3 348 633	3 218 216	3 171 208	3 299 187
工商业	5 915 650	5 509 540	5 516 105	5 195 146	4 901 049
土木工程	12 125 221	12 050 506	11 707 165	12 018 244	11 919 457
教育	16 087 778	16 658 138	16 795 536	16 745 847	16 888 597

资料来源：日本总务省统计局官网。

---

① 地方特例交付金是指对地方政府的特殊补助。

表 4-59　1990—2019 年中央一般账户和地方普通账户支出情况

单位：十亿日元

年度	中央政府		地方政府	
	一般账户支出	中央对地方的支出①	地方普通账户支出	地方政府对公共事业支出②
1990	69 269	27 548	78 473	87
1995	75 939	27 391	98 945	94
2000	89 321	29 770	97 616	50
2005	85 520	29 088	90 697	32
2010	95 312	32 097	94 775	149
2015	98 230	31 765	94 571	617
2016	97 542	32 314	94 767	696
2017	98 116	31 111	95 507	643
2018	101 358	29 189	86 897	585
2019	101 457	31 147	89 593	641

资料来源：日本总务省统计局官网。

②政府间的收入划分。现行日本税收体系源于 1949 年的"夏普劝告"③。

---

①　中央对地方的支出包括地方交付税，对地方政府的专项补助，对地方事业的国库支付，利用国家财产对所在地城市、乡镇、村的补助。

②　本该中央政府承担的经费，地方政府分担了一部分，如地方政府分担的公共工程支出，列入中央政府总决算收入。

③　夏普劝告是指 1949 年以美国哥伦比亚大学教授夏普为首的"日本税制调查团"对日本的税制改革提出的著名方案。第二次世界大战后，日本经济面临生产凋敝、物价飞涨、财政收入锐减的严重局面。为了渡过难关，日本政府着手进行税制改革，但并未获得很大成功。1949 年，应美国驻日占领军司令部的请求，美国政府派出了以哥伦比亚大学教授夏普为首的"日本税制调查团"来到日本，参与日本的税制改革。该调查团提出了一个著名的改革方案，即所谓的"夏普劝告"。其要点如下：

第一，建立以所得税为主体的税收体系。

第二，对所得税采取超额累进的综合所得税制，其最高税率为 55%。

第三，为了体现公平原则，对个人资产净值超过 500 万日元的部分，以 0.5%、1%、2%、3% 四级超额累进税率课征富裕税。

第四，法人税采取比例税制，税率为 35%。

第五，为了防止对股利分红的双重课税，允许在课征所得税时，从应缴税额中扣除股利收入的 25%。

按"夏普劝告"改革建立的日本税制，称为"夏普税制"。同原有的日本税制相比，"夏普税制"在结构上发生了重大的变化。以消费税为主体的税制从此被以所得税为主体的税制所代替，日本的税制更加接近美国的税制。尽管自此以后日本的税制经过多次修改，但至今仍沿袭"夏普税制"中的主要内容。"夏普劝告"被视为日本税制发展史上的一个重要的里程碑。

日本实行中央，都、道、府、县，市、町、村三级管理的税收体制，中央和地方之间的税收划分主要遵循三个原则：第一，税源划分以事权划分为基础，各级政府事务所需经费由本级政府承担。第二，全国统一征税，统一税率的税种归中央政府，小宗税源及征收复杂的税种归地方政府。第三，涉及收入分配和宏观调控的税种归属于中央政府，地方税以受益原则为依据，主要实行比例税率或轻度累进税率。日本政府间的税种划分（2020 年）如表4-60 所示、2008—2018 年中央税与地方税收入如图 4-3 所示。总体来看，中央税以直接税为主，地方税以间接税为主，中央和地方的收入分配大概是六四分。从表 4-61 可知，地方政府近年来一般财源的比重从 2010 年的55.3%上升到 2017 年的58.4%，比重不断攀升。而地方债比重从 2010 年的13.3%下降到 2017 年的10.5%。表 4-62 与表 4-63 分别展示了中央税和地方税的内部结构。地方税的总收入从 2014 年的 3 678 538 400 万日元上升到2016 年的 3 939 234 900 万日元，说明日本中央政府逐步增加地方政府的税收收入以缓解地方财政压力，同时减轻地方政府对债务的依赖程度。

表4-60　日本政府间的税种划分（2020 年）

中央税	地方税
所得税、法人税、地方法人税、地方法人特别税、复兴特别所得税、遗产税、赠与税、登记许可税、印花税、消费税、酒税、烟草税、特别烟草税、挥发油税、地方挥发油税、石油和天然气税、汽车重量税、飞机燃油税、石油和煤炭税、电力开发促进税、国际旅游旅客税、关税、吨税、特殊吨位税、离境税	居民税、事业税、房地产购置税、固定资产税、都市规划税、水利地益税、共同设施税、住房土地开发税、特殊土地持有税、法定外普通税、法定外目的税、国民健康保险税、地方消费税、地方烟草税、高尔夫球场使用税、汽车购置税、轻油引取税、汽车税、轻型车辆税、矿区税

资料来源：日本财务省官网。

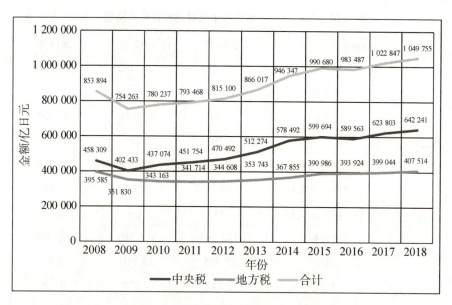

图 4-3   2008—2018 年中央税与地方税收入

资料来源：日本总务省官网。

表 4-61   2010—2017 年日本地方政府收入构成   单位：%

年份	2010	2011	2012	2013	2014	2015	2016	2017
一般财源①	55.3	55.4	55.2	55	56.1	58.2	58.2	58.4
地方税	35.2	34.1	34.5	35	36	38.4	38.8	39.4
地方交付税	17.6	18.7	18.3	17.4	17.1	17.1	17	16.5
地方转让税②	2.1	2.2	2.3	2.5	2.9	2.6	2.3	2.4
地方特例交付金	0.4	0.4	0.1	0.1	0.1	0.1	0.1	0.1
其他财源③	44.7	44.6	44.8	45	43.9	41.8	41.8	41.6
国库支出金	14.7	16	15.6	16.3	15.2	15	15.5	15.3
地方债	13.3	11.8	12.4	12.2	11.3	10.5	10.2	10.5
其他	16.7	16.8	16.8	16.5	17.4	16.3	16.1	15.8

资料来源：日本总务省官网。

———————————————

①   一般财源是指地方税、地方交付税、地方转让税、地方特例交付金的总和。

②   地方转让税是国家税，其收入按照固定比例转移给地方政府，包括本地汽油、特殊吨位、石油和天然气、飞机燃料和特殊的地方公司转让税之类的税。

③   其他财源是指国库支出金、地方债、其他的总和。

表 4-62　2016—2018 年日本中央税的税种收入构成　单位：亿日元

税种		2016 年	2017 年	2018 年
直接税	所得税	176 111	179 480	190 200
	法人税	103 289	123 910	121 670
	遗产税	21 314	21 150	22 400
	地方法人税	6 292	6 439	6 533
	地方法人特别税	17 816	20 025	20 260
	复兴特别所得税	3 671	3 764	4 003
	复兴特别法人税	35	—	—
间接税	消费税	172 282	171 380	175 580
	酒税	13 195	13 110	13 119
	烟税	9 142	9 290	8 740
	挥发油税	24 342	23 940	23 300
	天然气税	87	80	80
	航空燃料税	514	520	520
	石油税	7 020	6 880	7 090
	电力开发促进税	3 197	3 130	3 230
	汽车重量税	3 915	3 700	3 950
	国际旅游旅客税	—	—	60
	关税	9 390	9 530	10 220
	吨位税	98	100	100
	印花税	10 791	10 920	10 540
	地方挥发油税	2 605	2 562	2 493
	石油税（转移）	87	80	80
	航空燃料税（转移）	147	149	149
	汽车重量税（转移）	2 687	2 539	2 711
	特别吨位税	123	125	125
	特别烟草税	1 414	1 437	1 288

资料来源：日本总务省统计局官网。

表4-63　2014—2016年日本地方税的税种收入构成　单位：亿日元

税种			2014	2015	2016
都、道、府、县	普通税	都、道、府县民税	6 177 423	6 110 535	5 891 366
		事业税	3 203 201	3 703 388	4 261 279
		地方消费税	3 106 400	4 974 195	4 702 828
		房地产购置税	371 713	376 758	396 717
		都、道、府县烟税	155 341	153 023	148 901
		高尔夫球场使用税	47 888	47 538	45 940
		汽车购置税	86 274	137 298	146 060
		轻油引取税	935 567	924 518	933 148
		汽车税	1 556 198	1 542 803	1 534 927
		矿山税	332	327	331
		固定资产税	1 692	2 261	2 793
		地方普通税	31 162	39 658	39 887
	目的税	法定目的税	1 487	935	881
		法定外目的税	8 751	8 939	8 931
	合计		15 683 429	18 022 176	18 113 989
市、町、村	普通税	市、町、村民税	9 559 374	9 547 965	9 573 613
		固定资产税	8 768 572	8 754 987	8 893 464
		轻型汽车税	195 066	200 254	238 411
		市、町、村烟税	950 247	936 121	910 876
		矿产税	1 978	2 071	1 856
		土地所有特别税	1 788	3 309	7 211
		法定外普通税	1 777	1 830	1 738
	目的税	法定目的税	1 621 917	1 628 534	1 650 031
		法定外目的税	1 236	1 254	1 160
	合计		21 101 955	21 076 325	21 278 360
合计			36 785 384	39 098 501	39 392 349

资料来源：日本总务省统计局官网。

③政府间的转移支付。日本政府间的转移支付可以划分为两类：一类是中央政府不指定用途的一般性转移支付，称为地方交付税。地方交付税①以平衡地区间的财政收入为目的，地方交付税先由中央政府征收，然后按一定标准在全国各地之间分配，具有相当强的均等化作用。地方交付税又分为普通交付税②（占地方交付税总额的94%）和特别交付税（占地方交付税总额的6%）。特别交付税是对普通交付税的补充，主要针对某些临时情况，如台风、地震等自然灾害导致的财政资金紧缺而给予转移支付。

另一类是中央政府指定用途的特定拨款，称为国库支出金。国库支出金的目的是确保财政资金有计划、有重点地投入，保证全国平均的行政服务水平，鼓励地方政府从事难度较大的服务项目，满足救灾等特殊财政需要以及满足代理中央政府办理事务的费用需求。根据经费性质，国库支出金可以分为国库分担金（占比60%）、国库补助金和国库委托金。国库分担金主要保证行政事务的全国平均水平，用于地方政府一般行政支出；国库补助金以提高资金使用效益为目的，用于地方政府公共投资；国库委托金是中央政府为便于操作和执行，把本应由中央政府承担的事权，委托地方政府执行，中央政府把相关经费交付给地方政府，如委托地方政府从事国民年金业务、国会议员选举、中央税调查等。国库支出金规模近年来在15亿日元上下波动，主要分配在教育、就业、灾害救济等方面。另外，当国库支出金不能满足地方政府的一般行政开支时，地方政府也要承担部分资金。国库支出金的用途由中央政府指定，地方政府不得挪用。国库支出金的使用不仅受到财政部门的监督、指导，还要接受审计部门的审计。一旦发现被挪用，中央政府可以决定收回资金或施行处罚。

4.6.2 地方政府债务预算管理体系框架

（1）地方政府债务管理机构的设置

2006年以后，地方债的发行程序由审批制转变为协商制，总务省负责

---

① 地方交付税不是单独的税种。地方交付税＝所得税＋法人税的33.1%＋酒税的50%＋消费税的22.3%＋地方法人税。

② 普通交付税额＝基准财政需要额－基准财政收入额＝财源不足额。基准财政需要额＝单位费用（法定）×测定单位（国家调查人口等）×校正系数。基准财政收入额＝标准税基×基准税率。校正系数为了反映每个地方政府在标准财务需求中行政费用的差异，随各地每笔费用的差异（自然和社会条件）而异，使得资金的投入和扶持效果更明确。

制订地方政府财政计划，并代表地方政府与财务省和内阁协商地方债的发行计划。中央政府每年都要对地方政府的收入和支出做出官方估计，编制地方财政计划。收入估计涵盖了地方税收入及非税收入、地方交付税、地方让与税①、中央专项拨款②以及地方借款收入。支出估计包括工资薪金支出、商品及服务支出、资本性支出、地方债利息支出以及对公共企业的补助。总务省负责确保地方政府拥有满足地方财政计划的收入，另外总务省也与财务省进行协商，保证地方政府的收入来源。

地方政府债务管理机构主要是财政厅（都、道、府县债务管理机构）和财务事务所（市、町、村债务管理机构），财政厅与财务事务所的职责主要包括以下三个方面：

①经济形势调查。财政厅将本地区的经济形势报告、企业经营预测调查以及地区财政统计年报等资料上报给总务省。总务省再依据财政厅的报告决定地方政府财政预算，之后财务省才决定税制调整。

②地方预算编制工作。财政厅负责编制地区预算，交由总务省进行审核，并为执行预算开展各种必要的调查。例如，为把握地方预算收支的用途、效果以及成本等进行调查。

③地方政府融资。在地方政府建设学校、医院、下水道等公共事业需要资金时，财政厅、财务事务所通过向国家借贷资金或发行债券来融资。

（2）举债用途

日本《地方公债法》规定了地方政府债务资金用途，即日本地方政府债务资金主要用于建设性支出，不能用于经常性支出。建设性支出主要包括以下五项：

①交通、煤气、污水处理及地方政府经营的企业所需资金。

②对地方公营企业的资本金和贷款。

③地方政府债务转期。

---

① 地方让与税是指为消除税源的地区偏差将本来应该属于地方的税源作为中央税收入国库以后，再返还地方政府的一种资金。日本建立地方让与税制度主要是为了补充地方修建公路、港口、机场等基础设施的资金。

② 中央必须向那些有共同利害关系的、符合国民经济发展综合计划的公共事业等地方事务提供经费。

④抗灾应急、灾后恢复以及灾害赈济事业费。

⑤公共设施建设事业费或这些设施的用地费用。

此外，地方政府为了满足应对突发情况的资金需求，必要时可以通过制定特例法来决定发行其他地方政府债，如针对东日本大地震发行的地方债。

(3) 举债方式

日本地方政府债务融资来源可以分为两大部分：国内融资和国外融资。前者可以进一步区分为财政投资和贷款项目资金、地方公共团体金融机构资金以及国内私人部门资金，而后者特指从国外投资者那里获取的资金。

①财政投资和贷款项目资金。财政投资和贷款项目资金主要是指中央政府向市场发行财政投资和贷款项目债券（Fiscal Investment and Loan Program，FILP）获得的资金。中央政府将所获得的资金向地方政府提供贷款。

②地方公共团体金融机构资金。地方公共团体金融机构资金（Japan Finance Organization for Municipalities，JFM）是指在金融市场（包括国内和国际市场）发行本币债券、外币债券获得的资金。JFM用以向低层级的地方政府提供贷款。地方公共团体金融机构的前身是公营企业金融公库（以下简称"公库"），是1957年根据《公营企业金融公库法》设立的政策性金融机构，专门对地方公营企业提供融资。公库的主要资金来源是发行公营企业债券。最初，公库的融资对象主要是筹资能力弱的地方政府，具体讲就是不能发行公募债的地方政府。地方公共团体金融机构由日本政府提供资本金设立，其发行的债券获得中央政府明确担保，主要负责向地方政府及其企业提供低利率资金。根据日本财政金融改革安排，2009年6月1日，地方公共团体金融机构从中央政府全资控股过渡为日本地方政府之间联合控股。

③公开发行市场债券。公开发行债券是指地方政府凭借自身信用状况在公开市场上发行债券进行融资。日本地方政府债券市场主要包括都、道、府、县和市、町、村两个层面，共有1 700多个发行体。1999年地方分权改革前，地方政府债券主要是由中央政府资金支持，或者是向本国金融机构私募发行，公募发行的数量很少；1999年地方分权改革后，公募发行地方政府债券数量不断增加。根据发行人不同，公开发行债券可以进一步划分为以下三类：

第一，普通地方政府债券（local government bond，LGB），即地方政府凭借自身的信用状况，在金融市场上发行的债券。普通地方政府债券一般规模较大，经济状况较好的都、道、府、县会采用这种方式发行债券。

第二，联合地方政府债券（joint local government bond, JLGB）。根据日本《地方融资法》的规定，联合地方政府债券是由两个或两个以上的地方政府，在获得上级政府批准后，联合发行的债券。相关地方政府对所发行的债券本息承担连带责任。联合地方政府债券以公募发行为主，由于是多个地方政府联合发行，因此发行量较大，平均每个月发行量能达到 1 350 亿日元①，在日本是除国债外发行量最大的债券种类。

第三，市民债券（citizen-participation publicly-offered local bonds），即主要是针对市民发行的债券。这类债券不仅增强了市民的参与感，也拓宽了融资渠道。市民债券的普及不仅是由于安全性和收益性广受市民欢迎，还有一个重要原因是市民债券发行时会明确说明此次发债的目的，如修建医院、学校、公园、公路等公共设施，更容易获得市民的理解和支持。

④银行融资。银行融资是指地方政府向银行等金融机构借款。其中，银行包括日本城市银行、地方银行、长期信贷银行、日本邮政银行、信托银行等；其他金融机构包括非人寿保险协会、邮政人寿保险、互助协会等。

（4）偿债资金来源

地方政府债务的发行和偿还主体都是都、道、府、县和市、町、村地方政府。联合地方政府债券是日本地方政府债的特色种类。依据《地方政府财政法》的规定，联合地方政府债券是两个或两个以上地方政府的债务，发行团体对发行地方债的本息偿还承担连带责任。发行团体如遇到不可预测的灾害导致本息偿还的延迟，则由连带债务各团体设立的减债基金来保证偿还。总体上，地方政府对偿还地方政府债务有直接偿还责任，但日本地方政府的偿还资金来源在较大程度上依赖中央政府。

地方政府一般通过自主征税保障地方债偿还的基本资金来源。中央政府将地方债的本息偿还纳入地方财政支出计划，中央政府通过转移支付等手段调节和保障地方政府的财力。日本中央政府对地方政府的财政转移支付，特别是地方交付税制度，保障了地方政府提供公共物品和行政服务的资金需

---

① 资料来源：日本地方债协会官网。

求。在财政资金支持下，日本全国各地的基础设施、教育、社会福利和保障等都保持在较高的水准，从而使地方债偿还资金来源有了较为充足的保障。日本中央政府的财政转移支付为地方债偿还起了重要作用，但也导致地方债对中央财政的过度依赖，形成中央财政的隐性担保。

由于日本地方债的偿还期限都较长，日本地方政府在偿债的时候也会通过发行以旧换新债调节偿还资金需求。以旧换新债也成为日本地方债偿还资金的来源，但它并不能减轻地方政府的财政负担。

日本地方政府按照《地方自治法》的规定设立偿债基金，称为减债基金。减债基金的设立保障了地方政府有稳定的资金偿还债务本息，缓冲了地方政府偿债的压力也提高了市场对地方政府的信任度。减债基金一般由地方政府定期通过财政预算划拨。除此之外，地方政府的财政结余、中央政府的转移支付资金等都是减债基金的资金来源。地方政府在发行债券以后会按照法律规定提取部分债券转让收入转入减债基金。另外，地方政府发行以旧换新债获得的收入也会纳入地方减债基金来增加基金总额。管理机构的再投资及其他运作获得的收益和地方公营企业的股票买卖收入也纳入减债基金。减债基金常年运作累积了可观的资金，可以有效帮助地方政府减轻长期债务一次性到期偿还本息的压力。地方政府还通过运用减债基金购买政府债券或进行国债投资等来盘活存量资金，减轻政府偿债负担。减债基金制度有力地保证了地方债的偿还，提高了日本地方政府的偿债信用度。

（5）债务规模控制

地方政府采用财政早期预警指标，事前控制地方政府的发债规模。例如，实际公债费率①小于18%，实际亏损额为0，都、道、府、县未来债务负担率②小于400%，市、町、村的未来债务负担率小于350%。满足这些条件的地方公共团体（都、道、府、县和市、町、村）发行地方政府债券时，原则上不需要协商，通过事先通知财务省发行。表4-64列示了2018年日本都、道、府、县实际公债费率和未来债务负担率，两项指标均在债务规模控

---

① 实际公债费率是指公债本息偿还金占标准财政规模的比重。标准财政规模=（财政收入额-地方让与税-交通安全对策特别交付金）×75%+地方让与税+地方交付税（主要包括交通安全对策特别交付税与普通交付税）。

② 未来债务负担率是指未来应负担的实际债务占标准财政规模的比重。

制范围之内。表4-65列示了2018年日本市、町、村实际公债费率和未来债务负担率，两项指标均在债务规模控制范围之内。

表4-64 2018年日本都、道、府、县实际公债费率和未来债务负担率

单位:%

地区	实际公债费率	未来债务负担率	地区	实际公债费率	未来债务负担率
北海道	20.9	323.5	爱知县	13.7	190.1
青森县	13.1	118.1	三重县	14.2	186.2
岩手县	16.7	218.3	滋贺县	11.6	200.4
宫城县	13.6	164.6	京都府	14.1	287.9
秋田县	13.3	256.9	大阪府	16.8	173.8
山形县	12.1	236.8	兵库县	13.8	339.2
福岛县	8.9	128.3	奈良县	9.7	152.7
茨城县	9.8	206.8	和歌山县	7.8	197.5
栃木县	10.1	99.6	鸟取县	12.7	126.8
群马县	11.2	162.9	岛根县	6.1	179.2
埼玉县	11.4	187.9	冈山县	11.2	200.3
千叶县	9.3	142.1	广岛县	13.6	220.3
东京都	1.5	22.7	山口县	11.8	206.2
神奈川县	10.3	120.3	德岛县	12.1	184.4
新潟县	15.9	321.4	香川县	10	199.3
富山县	13.2	252.3	爱媛县	10.5	150
石川县	13.2	217.1	高知县	10.5	177.8
福井县	13.3	169.7	福冈县	11.8	260.9
山梨县	14.8	206	佐贺县	9.4	111.6
长野县	10.6	169.4	长崎县	11.9	196.8
岐阜县	8.2	206.1	熊本县	9.4	194.9
静冈县	13.4	240.2	大分县	9.4	167.4
宫崎县	11.9	113.7	冲绳县	8.4	45
鹿儿岛县	12.2	216.8			

资料来源：日本总务省官网。

表 4-65　2018 年日本市、町、村实际公债费率和未来债务负担率

单位：%

地区	实际公债费率	未来债务负担率	地区	实际公债费率	未来债务负担率
札幌市	2.2	57.3	名古屋市	9.4	118.2
仙台市	7.2	85.5	京都市	11.4	191.2
埼玉市	5.1	21.2	大阪市	4.2	46.4
千叶市	13.8	145.5	坂井市	5.3	20.3
横滨市	11.2	138.5	神户市	5.7	71
川崎市	7.3	120.4	冈山市	6.3	9.3
相模原市	2.7	33.3	广岛市	13.1	190.4
新潟市	10.6	138	北九州市	11.2	171.7
静冈市	6.7	48.8	福冈市	11	123.2
滨松市	6.5	—	熊本市	7.7	116.6

资料来源：日本总务省官网。

（6）地方债券发行程序规定

地方政府在发行地方政府债券时，需要与总务大臣和财务大臣协商并征得其同意。财务大臣负责综合协调财政金融政策，因此有必要考虑地方政府债务发行产生的影响。同时，财政投资和贷款计划（Fiscal Investment and Loan Program，FILP）是认购地方政府债券的主要来源，而财务大臣作为财政投融资管理的主要负责人，必须从资金合理高效运营的角度考察地方债券发行的合理性。总务省是地方债券发行的主要负责机构，如果总务大臣在协商的过程中表示同意，则需要与财务大臣进行协商。经过上述程序并且得到许可的地方政府才可以发行地方政府债券。

（7）债务的期限、利息、付息方式

《地方政府财政法》规定了因建设公共设施举借地方债，地方债的年限不得超过该公用设施的使用年限；变更地方债偿还方法和期限必须与总务省，都、道、府、县长官进行协商。《地方政府财政法实施条例》规定了地方债发行中应公开的内容，包括地方债偿还的方法和期限以及利息支付的方

法和期限。

财政投资和贷款计划（FILP）得到中央财政支持，是地方债资金来源中偿还期限最长、利率最低的种类。其发行的年限为 5～30 年，以 20 年期以上的为主；偿还方法采用本金利息每年均等偿还；利率既可以是固定式的也可以是评估式的。

公营企业金融机构资金类地方债（JFM）的发行年限为 5～28 年，也是以 20 年期以上为主；偿还方法采用本金利息每年均等偿还；利率采用固定式或评估式。

银行等金融机构类地方债是为应对长期债务在需要的情况下发行的债券，偿还期限需要地方政府与银行达成合意，一般设定 5～10 年为偿还期限；偿还方式采用本息每年均等偿还或到期一次性偿还的模式。

市场公募资金类债券包括全国范围公募债券和地方居民公募债券两种，全国范围公募债券的偿还期限以 5 年和 10 年为主，地方居民公募债券的偿还期限以 5 年为主，采用到期一次性偿还和固定利率模式。

综上所述，日本地方债偿还方式和期限具有多样性，这样能够分担地方债集中偿还的压力，但也存在着债务期限长、采用新债偿还旧债方式等问题，容易形成地方债务累积增加地方债偿还风险。

（8）司法授权的取得

日本关于地方债的法律有《地方公债法》《财政法》《地方自治法》《地方政府财政法》和《地方交付税法》等。这些法律在赋予都、道、府、县和市、町、村融资权限的同时有配套的法律以规范融资行为，如《地方自治法》和《地方政府财政法》就规定了地方政府可以在其他法律规定的情况下，按预算规定的数额借入地方债，并规定了地方公共团体①的举债权。《财政法》《地方自治法》《地方政府财政法》和《地方交付税法》对地方政府债券如何发行和如何使用资金做出了明确规定。《地方自治法》规定，每个地方公共机构（都、道、府、县和市、町、村）均可按其预算发行地方政府债券，债券发行目的、最高金额、发行方式、利率和清算方式等应在预

---

① 地方公共团体是指都、道、府、县和市、町、村。

算中予以确定。此外，《地方自治法》赋予了特别区、联合地方政府举债权。

4.6.3 地方政府债务风险防控举措

（1）风险预警机制

日本地方政府债务风险管理主要有以下三个特点：一是举债权限由行政集权化向分权化转变。为防止地方政府债务膨胀，资金过分倾斜富裕地区，确保地方财政健康运行，日本实行地方政府债务审批制度。随着分权化改革的推进，日本对地方政府债务的管理方式由行政控制型转变为制度约束型，中央政府对地方政府举债的控制越来越多地依靠制度约束，地方政府可以自己举债。二是建立完善的地方政府债务风险预警机制。日本通过立法形式，建立自上而下的债务预警机制。《地方公共团体财政健全化法》规定，地方政府须披露财政预警指标。在风险管理方面，日本设置早期风险预警体系和财政重建体系两类判断信号。三是健全的地方债务审计监督机制。审计部门、地方监察委员会对地方政府债务进行审计监督。中央政府对地方政府借款的监督权不仅包括对借款项目的事前授权，还包括对地方政府财政活动的事后监督，形成了一套较为严格的审计监督机制。

①信息披露要求。日本政府特别重视债券发行前的信息披露，具体包括赤字率、偿债率、债务负担率、地方政府经济状况、财政收入等信息，同时建立了相应的风险预警体系。风险预警体系包括三个方面的指标：财政监控指标、早期风险预警警戒线和财政重建警戒线。根据《地方政府财政合并法》的规定，都、道、府、县的综合实际赤字率的风险预警警戒线为10.54%或8.75%，实际公债费率的风险警戒线为25%，未来债务负担率的风险警戒线为400%；市、町、村的实际赤字率的风险警戒线为11.25%～15%，实际公债费率的风险警戒线为25%，未来债务负担率的风险警戒线为350%（见表4-66）。

②早期预警机制。日本曾经发生地方政府财政破产事件，北海道的夕张市在城市转型过程中缺乏财政约束，过度进行投资建设。该市在进行2005年度决算时发现，其负债总额达到632亿日元，而全年税收只有约10亿日

元，严重入不敷出。根据相关规定，夕张市提交了财政重组计划，获得财务省的批准。根据财政重组计划，夕张市由总务大臣接管，财政预算和收支都由总务大臣进行监管，且在未来18年内（到2024年）进行财务重组。具体措施包括大规模裁员降薪、减少关闭部分公共设施的建设、出售部分资产以及增加居民税费。此后，日本就建立起来财政健全化（早期预警）与财政重建标准（见表4-66）。

表4-66　财政健全化（早期预警）与财政重建标准

指标	指标的含义	地方政府层级	健全化（早期预警）指标	财政重建标准
实际赤字率	实际赤字占标准财政规模的比重	都	5.54%	8.58%
		市、町、村	11.25%~15%	20%
		道、府、县	3.75%	5%
综合实际赤字率	综合（包括公共医院和下水道等公共部门）实际赤字占标准财政规模的比重	都	10.54%	18.58%
		市、町、村	16.25%~20%	30%
		道、府、县	8.75%	15%
实际公债费率	公债本息偿还金占标准财政规模的比重	市、町、村	25%	35%
		都、道、府、县		
未来债务负担率	未来应负担的实际债务占标准财政规模的比重	市、町、村	350%	—
		都、道、府、县	400%	
公营企业的资金不足率	资金不足额占业务规模的比重（各企业分别计算）反映资金短缺与经营恶化程度	市、町、村	20%	—
		都、道、府、县		

资料来源：《日本地方政府债务概览》。

（2）债务危机化解

在分权改革以前，日本地方政府债务危机的化解主要是通过中央政府统领全局，严格审批地方政府债务的发行，将债务规模、地方政府的承受能力与地方政府对应债务能力水平相匹配。具体的程序如下：第一，地方政府发行债券需要向总务省申报，并且说明发行债券的原因、用途和规模；第二，总务省将各地区的申报进行汇总，批准分配各地区的债务额度，避免地方政府的债务膨胀影响地方财政的正常运行。

在分权改革以后，地方政府能够拥有更多的自主权利，发行债券不用通过内阁和总务省层层审批，逐渐由审批制转变成协商制。地方政府发行债券仅需当地议会批准，然后与中央政府协商，避免审批制的一刀切。

在有效的债务危机化解机制下，日本地方政府债券的违约风险极低。日本地方政府债券风险控制机制主要有以下四个方面的内容：严格控制债务规模、降低地方政府债务成本的工具、地方财政健全化与重建制度、债务存续期间的管理。

①严格控制债务规模。控制债务规模属于债务危机化解的事前控制。

首先，日本政府通过一系列改革向地方政府分权，如增加地方政府的税收收入，以减轻地方政府对债务的依赖，使得地方政府债务不会过度膨胀。

其次，日本政府分类给予地方政府举债权限主要是通过地方政府债务发行的事前协商制来预防债务危机，协商制下地方政府债务的发行分为两种情况：获得总务大臣认可的地方政府债务和没有获得总务大臣认可的地方政府债务。获得总务大臣认可的地方债务可以分配公共资金（公募）作为地方政府债务的资金来源，同时债务本息偿付纳入地方财政计划的支出中。地方政府的转移支付计算时考虑偿债资金数额。没有获得总务大臣认可的地方政府债务，相关债务资金仅能由私人资金提供，同时相关本息偿付不再由中央政府兜底，地方政府债务失去了国家信用担保，需依靠地方政府自身信用来解决地方融资与偿还问题。这样有助于增强地方政府的债务风险意识，提高资金使用效率与管理水平以及提升自律控制水平。

最后，强化内部监督和外部约束。日本地方政府债务接受总务省、财务省以及审计部门等中央部门管理，各部门权责清晰。总务省负责审批，但要与财务省进行协商，起到一定的相互制衡作用。地方政府应及时将财政监测信息报告给当地议会、上级或中央政府。地方议会和地方监察机关都要起到实质监督作用，地方债券发行需经地方政府审查和外部审计，披露地方债务信息等。

②降低地方政府债务成本的工具。降低地方政府债务成本的工具包括财政投资和贷款计划（FILP）、地方公共团体金融机构（JFM）。FILP利用国家信用发行债券筹集到低利率资金，向有融资需求的地方政府提供长期、固定和低息的贷款。地方政府向FILP贷款时，FILP会评估地方政府的财政状

况，从确认财政贷款收回确定性的角度出发，计算现金流量或利用财务指标用于贷款条件筛选，以确定地方政府的财政状况（债务偿还能力）和资金状况（现金流量），并就财政稳健性信息等向地方政府提供建议。FILP 也可以作为对财政状况恶化的预警，促使地方政府在举债前防范债务风险。JFM主要是向低层级的地方政府提供低成本债务资金，在债务风险化解方面主要体现在为地方政府提供服务支持。JFM 利用其专业知识和经验，通过直接派遣职员为地方政府提供服务等方式来充分掌握地方政府的需求，并在调查信息服务、融资援助和人才培养等领域给予必要帮助，确保地方政府财政管理的稳健性。低融资成本的 FILP 和 JFM 属于债务风险化解的事前管理措施，减轻了地方政府的偿债压力，从而预防地方债务危机。

　　③地方财政健全化与重建制度。如果地方政府各项监测指标均未超标，则表明财政状况良好。地方政府定期将监测结果形成报告，经审计部门认定后，向议会报告。如果地方政府实际赤字率、综合实际赤字率、实际公债费率和未来债务负担率中任一项超过早期健全化标准，意味着地方政府财政状况不健全，即进入财政预警阶段（早期健全化阶段），此时会限制财政困难的地方政府举债，在得到国务院和财政部许可后，才能发行地方债券筹集建设公共设施的资金。同时，地方政府要制订财政健全化改进计划，经议会审议和外部审计机构审计后，向总务大臣或都、道、府、县长官报告，并及时向社会公布相关信息。地方政府需要自主采取增收节支等健全化措施，恢复财政健康状况，防止财政状况恶化。另外，每一财政年度地方政府都须向议会和国务院报告计划执行情况及困难，上级可以提出建议措施，确保其财政状况得到改善。如果地方政府的实际赤字率、综合实际赤字率以及实际公债费率中任一指标超过财政重建标准，意味着财政状况恶化，即进入财政重建阶段。此时，中央政府将会介入地方财政管理，地方政府在中央政府指导下制订财政重建计划，如增收节支、提高资金使用效率、改善财政状况等。与财政早期健全化计划不同，重建计划必须获得总务大臣批准，地方政府失去了财政自主权，相关财政活动受到中央政府严格监督，为弥补资金短缺可发行地方债，但债务偿还必须在重建计划期限内。如果中央政府认为财政管理、运营与其重建计划不一致，或者财政重建困难，可以要求地方政府调整预算或修改财政重建计划。该财政重建计划必须由议会批准和外部审计机构

审计，地方政府每年将计划执行情况向中央政府、议会和公众报告。

④债务存续期间的管理。债务存续期间的管理属于债务风险化解的事中管理机制。日本为了降低地方政府的债务风险，主要通过三种方式加强债务在存续期间的管理。第一，日本对地方政府债务资金的使用从原则和细则两个方面进行管理。在原则方面，日本以法律的形式规定，地方政府不能使用债务资金弥补单一年度的财政收支缺口；在细则方面，日本对地方政府的债务资金支出范围做了更为细致的规定，如只能用于公共项目建设、债务利息偿还、灾后重建等方面。第二，注重政府审计机构的监督。日本各级地方政府均设立了检查委员会的审计机构，专门负责对地方政府的财政收支情况进行审计和监督，并对发现的问题提出改进意见。由于检查委员会处于重要的监督地位，其提出的改进意见会得到地方政府的重视和采纳，对地方政府的举债及使用起到了很好的监管作用。

日本地方政府近年来的债务接近 200 万亿日元，这使得地方政府出现债务危机的风险加大。为此，日本主要通过两个方面的措施处理债务危机。一方面，地方政府一旦出现债务危机，就会采取开源节流的财政措施，如提高地方税税率、对部分公共服务收费以增加财政收入、缩减基础设施投资计划等以增加财政收入和减少财政支出。另一方面，实施具有日本特色的援助计划。地方政府会在出现债务危机时寻求上级政府的援助和社会的支持。上级政府的援助主要是通过财政拨款、制定收入政策等方式帮助地方政府缓解债务危机，社会支持则是鼓励民众积极参与一些公共服务活动，以在一定程度上减轻政府的压力。

日本地方债务危机的化解是一种地方自主管理与国家管控相结合的机制。这一机制将地方财政健全化与重建制度、地方政府债务管理制度（协商制度）和地方财政收支计划结合起来，形成一个地方债务风险化解的有机整体。这三者互为补充，互相交叉，债务危机的事前控制使得日本地方政府债务的风险处于可控的范围。

4.7　新西兰

4.7.1　政府管理制度框架

（1）政府管理制度框架概述

新西兰是君主立宪制国家，拥有议会制政府。国家元首现为英国国王查尔斯三世，由总督辛迪·基罗作为国王的代表。实际上，在新西兰国家政治生活中总督只具有形式上的意义，没有实质性的权力。行政实权由民选的总理行使。权力分布在政府的三个部门中，即立法部门、行政部门和司法部门。立法部门（议会）由议员和总督组成。立法部门的作用是制定法律（立法）并审查行政机关。行政部门由部长（内阁）和政府部门组成。行政部门的作用是制定政策，提出法律议案（必须由立法机关批准）和执行法律。司法部门由法官组成，司法部门的作用是解释和运用法律。

新西兰由两级政府构成——中央政府和地方政府。中央政府的决策影响到整个新西兰。新西兰通常以每三年一次的民主投票来决定中央政府。选民投票决定其选区进入议会的代表。与许多国家不同，新西兰没有上议院或参议院。选民选出大约120名国会议员（Members of Parliament，MP）进入一个称为众议院的国会议院。大多数议员都属于一个政党（有些人是独立候选人）。由拥有足够多议席的政党组成政府。在当前的混合成员比例（Mixed Member Proportional，MMP）投票制度下，新西兰政府通常是各政党的联盟。中央政府的主要决策机构称为内阁，由负责政府各方面事务的部长组成。只有当选的国会议员才能担任部长。部长们必须就其行动和政策以及他们所负责的部门和机构向议会负责。在大多数情况下，对法律的建议修改由专责委员会负责，各党派的国会议员就这些问题进行辩论，并经常提出进一步的修改建议。地方政府是新西兰区域议会、领土当局或统一管理区的统称，包括 11 个区域议会（Regional Council），67 个领土当局①。其中，领土当局又包括 54 个区议会（包括查塔姆群岛政府）、12 个市议会和奥克兰政府。新西兰地方政府构成如图 4-4 所示。《2002 年地方政府法案》（*Local Government Act 2002*）规定，新西兰地方政府的宗旨是保证地方民主决策和行动，促进社区的社会、经济、环境和文化的健康发展。

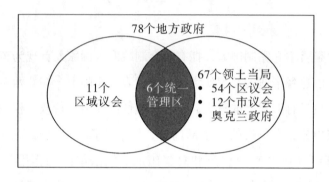

图 4-4　新西兰地方政府构成

①责任分配。新西兰中央政府共设有 39 个部和局，负责住房、福利、教育、卫生、司法、移民、警察、能源、国家公路和铁路系统、国防、外交政策和公共财政、规范就业、进出口和工作场所安全等。区域议会一般有下列职责：土地、空气和水的可持续利用，防洪和减缓土壤侵蚀，动植物病虫害防治，陆路运输与旅客服务，港口航行，船只安全，溢油和其他与海洋污染有关问题的处理。领土当局通常从事下列活动：基础设施的提供和筹资，如供水、污水处理、雨水处理、道路和人行道；社区基础设施的提供与筹资，如公园、博物馆、游乐场、娱乐中心和图书馆；其他社区项目的运营或筹资，如文化和娱乐活动、本地商业；监管土地使用；公共卫生检查；植物和动物控制，等等。统一管理区是具有区域议会的责任和权力的领土当局。新西兰有 6 个统一管理区：奥克兰政府、吉斯本区政府、查塔姆群岛政府、纳尔逊市政府、马尔伯勒区政府和塔斯曼区政府。统一管理区一般负责其区

①　67 个领土当局包括 54 个区议会（其中 4 个是统一管理区）、12 个市议会（其中 1 个是统一管理区）和奥克兰政府（奥克兰政府是一个统一管理区）。

域内的所有地方政府职能，包括道路、污水收集和垃圾收集、图书馆、公园、娱乐服务、地方法规、社区经济发展以及城镇规划。表4-67 显示了新西兰中央政府与地方政府的具体职能分配。

表4-67　新西兰中央政府与地方政府的具体职能分配

中央政府	央地共同承担	地方政府 （以奥克兰政府为例）
教育（小学、中学以及高等教育）	公共交通运营	供水
警察及消防	铁路基础设施	废水和下水道
公共医疗和医院	本地道路（建筑、维护和清洁）	雨水处理
公共房屋（绝大部分）		垃圾回收和处置
国家高速公路		街道清洁
惩治设施		监管职能
退休金和福利		公共设施（公园、娱乐设施、图书馆、社区会堂和运动场）

②立法权。早在 20 世纪 90 年代初，新西兰议会就已经是新西兰唯一的立法机构。1986 年《宪法》规定，新西兰议会拥有制定法律的全部权力。最高立法权归属新西兰议会所有。但是，通过法律的工作是在众议院及其委员会中进行的。众议院以法案的形式提出修改或增加新西兰现行成文法体系的提案，如果该提案获得通过，它将作为法律生效，成为新西兰普通法的一部分。新西兰地方政府只能行使新西兰议会赋予它的权力，地方政府所做的一切都是在议会或中央政府建立和维持的立法框架内进行的。在一些关键法律中，地方政府被授予了一定的权力。例如，《2002 年地方政府法案》规定了地方政府的一般权力、规划和责任制要求；《2002 年地方政府评级法案》赋予了地方政府通过地方税（主要是对土地和房屋征税）增加收入的权力。各级地方政府均有在授权范围内制定地方法规的权力。《2002 年地方政府法案》规定了领土当局可为其管辖地区制定地方法规（bylaw）。领土当局可为其管辖区制定地方法规的事项如表4-68 所示。

表4-68 领土当局可为其管辖区制定地方法规的事项

规范管理以下事项的规定	管理、规范或保护有关的土地、构筑物或基础设施，或者防止其遭受损害、误用或损失
现场污水处理系统； 废物管理； 固体废物； 动物、蜜蜂和家禽的饲养； 公共场所贸易	现场污水处理系统； 废物管理； 贸易废物； 固体废物； 饲养动物、蜜蜂和家禽； 在公共场所买卖

区域议会有制定地方法规的权力，并就如下事项制定地方法规：一是区域议会拥有或控制的森林，不论该森林是否在区域议会的区域内；二是区域议会拥有或控制的公园、保护区、游乐场或其他土地；三是区域议会负责的防洪和防洪工程；四是区域议会或其代表负责的供水工程；五是区域议会拥有或控制的不动产和个人财产；六是区域议会管辖区内有文化、历史、娱乐、科学或其他价值的地方。总之，新西兰的立法权高度集中在中央议会，各地方政府只能就其地域管辖范围内的一些基础设施、土地等制定地方法规，以更好地保障社区的利益。

③行政责任。中央政府多年来通过立法改革，不断调整和重塑地方政府的职能与角色。根据《1974年地方政府法案》（*Local Government Act 1974*）的规定，在地方政府做任何事情之前，都需要向中央政府申请授权。地方政府对所辖社区负责，并从所辖社区获得财政资金。但是改革之后，地方政府在运作上基本上是一个独立的服务提供者。在没有明确的宪法或财政关系的情况下，地方政府和中央政府被视为集体决策制度的两个独立领域。中央政府负责国防、外交、教育、健康等职能。区域议会负责跨界职能，包括区域陆路运输、防洪、生物安全、民防和一些资源管理。领土当局（市和区议会）的职能更广泛，包括基础设施，如道路、供水、废水和雨水、娱乐及文化活动、土地使用规划、建筑标准、一些公共卫生和安全职能。统一管理区是一个领土当局，它也承担区域议会的所有责任。

（2）各层级政府间的财政关系

①政府间的财政支出责任划分。在支出责任方面，中央政府主要负责社

会保障、国民健康、教育、制定法律与政策以及对应的政府服务。图 4-5 为截至 2019 年 6 月中央政府支出情况。中央政府支出中占比最高的是社会保障及福利。与其他国家略有不同的是，国民健康与教育是新西兰中央政府的支出责任。地方政府的支出责任主要集中在所辖区域内，如道路、交通、娱乐与运动、水的管理。2018 年，地方议会的总运营成本为 103 亿新西兰元。截至 2018 年 6 月地方政府支出情况如图 4-6 所示。

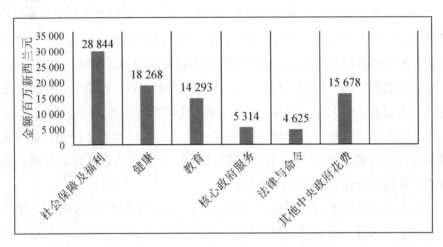

图 4-5　截至 2019 年 6 月中央政府支出情况

资料来源：新西兰财政部官网。

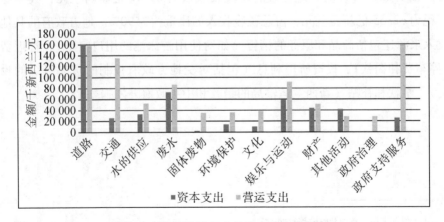

图 4-6　截至 2018 年 6 月地方政府支出情况

资料来源：新西兰内务部官网。

②政府间的收入划分。中央政府和地方政府都拥有征税权，通过行使征税权来为其执行特定政策和方案筹集资金。地方政府有时被描述为中央政府的代理人，需要执行国家优先事项和中央政府的委托事项，并对中央政府负责。然而，在现实中，地方政府与中央政府关系的性质和独立程度取决于具体的监管框架。在没有明确的法定责任的情况下，地方政府在行使其法定权力时不必向中央政府有关部门负责。

中央政府的主要收入来源为税收、收费、投资收入以及商品和服务的销售收入。新西兰中央政府现行征收所得税、商品和服务税、赠与税、居民预扣税、意外事故赔偿保险金、附加福利税、进口关税等。2018—2019财年，中央政府总收入为1 193亿新西兰元。其中，税收是中央政府收入的主要来源，约占总收入的72%；国有企业收入为257亿新西兰元，位居第二，约占总收入的22%；其他收入为70亿新西兰元①。表4-69显示了中央政府各项税收及收入（截至2019年6月），结果显示，个人所得税、商品与服务税在中央政府税收收入中占比居前两位。

新西兰地方政府的主要收入来源为财产税。《2002年地方政府评级法案》赋予地方政府征收财产税的权力。财产税是根据房屋和土地的总价值按一定比例征收的地方税，为新西兰各地方政府公共财政提供了稳定的现金流。截至2019年6月，地方政府总税收收入为69.49亿新西兰元，其中财产税为62.55亿新西兰元，占总税收收入的比重约为90%。地方政府的其他收入来源还包括商品和服务的销售（如对使用游泳池的用户收费）、管理费（停车费和罚款）、投资所得利息（包括对受地方政府控制的贸易组织的投资）、赠款和补贴（新西兰运输局的赠款和中央政府开发捐款②）。

---

① 数据来源：新西兰财政部官网。
② 开发捐款（development contribution）是地方政府对新开发项目收取的费用，是一种收费，用于支付建设基础设施的费用，这些基础设施包括道路交通、公园、污水处理等。自2012年以来，中央政府对开发捐款的用途进行了限制。事实上，开发捐款不被认为是用于确定审慎债务水平的收入。

表4-69　中央政府各项税收及收入（截至2019年6月）

税种		截至2019年6月 /百万新西兰元	占比/%
直接税	个人所得税	37 843	39.71
	公司税	16 375	17.18
	其他预提税	3 849	4.04
间接税 （货物和服务税）	商品与服务税（海关）	10 257	10.76
	商品与服务税（税务局）	19 420	20.38
间接税（其他）	消费税	2 406	2.52
	关税	2 814	2.95
	能源税	26	0.03
	其他①	2 320	2.43
合计		95 310	100

资料来源：新西兰财政部官网。

③政府间的转移支付。目前，中央政府的财政转移支出仅占新西兰地方政府总收入的19%。较低的转移支出占比意味着新西兰地方政府保留了很大的自治权。新西兰中央政府向地方政府（Local Government New Zealand，LGNZ）转移资金的情况如下②：

第一，地方政府代表政府部门承担中央政府下放的责任。这些安排应在一份合同中详细说明，该合同不仅包括供资承诺，还包括预期服务水平等。

第二，如果中央政府对地方政府施加的服务水平标准高于地方公民自己准备或能够支付的水平，那么转移支付是合理的。

第三，均等化支付——社会经济水平较低社区的地方政府往往无力支付较为富裕地区的居民视为理所当然的基础设施、服务。中央政府应该考虑某种形式的平衡方案。

第四，资源租金——如果中央政府从当地矿产资源中获得特许权使用费，如《皇家矿产法》规定的那些矿产资源，地方政府应该得到这些收入

---

① "其他"包括批准发行征税、机动车辆收费、道路使用收费、博彩税。
② 新西兰奥克兰政府官网。

的一部分，因为地方政府承担了活动的成本（对道路的影响、污染等）。

由以上内容可知，地方政府接受中央政府转移支付的情况主要包括地方政府新承担的没有资金支持的事权或对区域内负外部性的补偿。近年来，中央政府在没有提供足够资金的情况下将更多责任转移给地方政府，这使得地方政府支出增加，增加了地方政府的资金压力。在没有相应资金的情况下扩大地方政府责任的过程有时被称为成本转移，由此产生的责任或职能是没有资金的委托。无资金委托可以分为以下四种类型：

第一，地方政府必须达到新的或更严格的标准，但没有相应的资金。

第二，地方政府必须承担新的责任、职能或程序，但没有相应的资金。

第三，减少、停止或取消中央政府资助的方案和服务。

第四，限制地方政府为服务或职能收费的能力。

新西兰地方政府进行了三次地方政府调查，以衡量中央政府成本转移的程度。每次调查都发现，中央政府在财政支持有限的情况下，通过广泛的立法和法规将责任转移给了地方政府。

4.7.2 地方政府债务预算管理体系框架

（1）地方政府债务管理机构的设置

新西兰地方政府融资机构（Local Government Funding Agent，LGFA）是根据《2002 年地方政府法案》设立的由地方政府控制的组织。LGFA 共有31 名股东，包括新西兰中央政府（占股 20%）和 30 个地方政府（80%）。LGFA 专门为新西兰地方政府提供更低成本的资金，实现新西兰地方政府资金来源的多元化。LGFA 通过国内外批发和零售债券资本市场为其自身筹集资金，并将所筹集的资金借给新西兰地方政府。之后 LGFA 将资金转贷给各个地方政府。新西兰财政部债务管理办公室（New Zealand Debt Management，NZDM）为 LGFA 提供短期资金支持服务。LGFA 是新西兰仅次于中央政府的第二大债券发行人。自成立以来，LGFA 一直是地方政府最大的贷款机构。目前，LGFA 的 67 个成员地方政府提供了 107 亿新西兰元的贷款，LGFA 贷款约占地方政府全部债务的 86%。

NZDM 是新西兰财政部下属的一个职能部门，属于中央政府的债务管理机构。它的主要职责是在适当的风险管理框架内有效管理中央政府债务和相关金融资产。新西兰债务管理办公室管理新西兰政府债券（New Zealand Government Securities，NZGS）的发行。一级市场上的债券种类包括名义债券、通货膨胀指数债券（IIBs）、短期国库券（T-Bills）和欧洲商业票据（ECP）。截至 2020 年 7 月 31 日，NZDM 已发行债券 1 055 亿新西兰元，其中 1 023 亿新西兰元是可在二级市场自由交易的市场债券[①]。

（2）举债用途

一般来说，新西兰政府债务主要用于资本性支出，如基础设施建设与"三水工程"（饮用水、废水以及雨水）、应对气候变化支出等。与可以自由借贷用于运营支出的中央政府不同，地方政府只能将债务用于投资，而不能用于运营支出。其原因是地方政府主要通过借款来为资本投资筹集资金以满足需求或提高服务水平，如建设有利于后代的基础设施和便利设施。债务是可以将资本投资的成本在实际受益的几代人之间公平分摊的一种方法，这符合"代际公平"原则。

（3）偿债资金来源

地方收入（财产税和其他收入）是举债的主要财政决定因素。地方政府可以将资产的出售收入、运营盈余、赠款和补贴的资金都用来减少债务或减少借款需求，除非地方政府明确表示将这些资金用于其他用途。

债务将根据适用的借款安排偿还。在获得适当的批准和债务限制的前提下，贷款可以在适当时候结转或重新协定。

（4）举债机构限制

LGFA 仅向新西兰地方政府实体，如地方政府、地方政府控制的组织和地方政府控制的贸易组织提供债务资金。LGFA 在批准向地方政府以及地方政府控制的组织和地方政府控制的贸易组织的定期贷款方面拥有最终决定权。

①所有地方政府借款的规定。从 LGFA 借款的所有地方政府将受到以下限制：

第一，提供有关它们从 LGFA 取得借款和相关义务的债权担保。

第二，如果地方政府借款的本金在任何时候等于或大于 2 000 万新西兰

---

① 《新西兰政府证券概览》。

元，则必须成为担保契约一方。

第三，向 LGFA 发行证券（债券、浮动利率票据、商业票据），但不能签订融资安排。

第四，遵守地方政府内部借贷政策。

第五，遵守表 4-70、表 4-71 中的契约。

表 4-70　LGFA 财务契约

财务契约	贷款政策条款	基本政策条款①
净债务/总收入	<175%	<280%
净利息/总收入	<20%	<20%
净利息/年财产税收入	<25%	<30%
流动性	>110%	>110%

表 4-71　2020—2025 财年 LGFA 净债务占总收入比率的基本政策契约②

净债务/总收入契约	
财政年度结束	净债务/总收入
2020 年 6 月 30 日	<250%
2021 年 6 月 30 日	<300%
2022 年 6 月 30 日	<300%
2023 年 6 月 30 日	<295%
2024 年 6 月 30 日	<290%
2025 年 6 月 30 日	<285%

未评级的地方政府或长期信用等级低于"A"的地方政府可能要遵循超过以下条件的财务契约：

第一，表 4-70 中的贷款政策条款只有在获得董事会批准的情况下才能

---

① LGFA "股东协议"（Shareholder Agreement）的规定。

② 总收入是指来自财产税、赠款和补贴、费用、利息、股息、财务和其他收入的现金收入，不包括非政府资本贡献（如开发商捐款和既得资产）。净债务是总债务减去流动金融资产和投资。流动性是指外债加承诺贷款额度加流动投资除以外债。净利息是指在相关期间内所有利息和融资成本减去利息收入的金额。年费率收入等于《2002 年地方政府评级法案》授权的任何筹资机制的总收入，加上从其他地方政府提供的服务（以及其他地方政府的收费）所获得的任何收入。

进行。

第二，表4-70中的基本政策条款须经股东普通决议批准。

长期信用等级等于或高于"A"的地方政府将不需要遵守表4-70中的贷款政策条款，并且定制的财务契约可以超过表4-70中的基本政策条款，但须经股东普通决议批准。在2026年6月30日结束的财政年度之前，长期信用等级等于或高于"A"的地方政府必须遵守表4-71中净债务/总收入比率的契约规定。

对不遵守财务契约的地方政府，LGFA将阻止其从LGFA借款。如果地方政府（除其他事项外）未能支付利息或本金（取决于宽限期），属于发生违约事件。发生违约事件后，LGFA能够加快收回违约地方政府的所有贷款。为了最大限度地降低集中风险，LGFA要求在任何12个月内到期的贷款总额不超过1亿新西兰元或地方政府从LGFA借款的33%。奥克兰市政府借款将最多限于LGFA地方政府总资产的40%。

②地方政府控制的组织（Council-controlled Organization，CCO）和地方政府控制的贸易组织（Council-controlled Trading Organization，CCTO）借款的规定。CCO和CCTO可以向LGFA借款，条件如下：

第一，如果是CCO，其义务由控制CCO的地方政府提供担保。

第二，如果是CCTO，由CCTO内的未缴资本为其提供支持。

第三，CCO或CCTO的所有持股政府股东必须是LGFA的担保人。

第四，任何CCO或CCTO借款人必须由一个或多个地方政府和中央政府（如果适用）直接或间接全资拥有。

第五，地方政府股东必须同意其CCO或CCTO加入LGFA。

第六，CCO或CCTO将持有借款人票据，但在转换之前，借款人票据将转移给相关的地方政府股东。

第七，LGFA董事会批准每个CCO或CCTO加入。

第八，定制财务契约（如有）将在LGFA与每个CCO或CCTO之间进行协商。

第九，对CCO或CCTO进行量身定制的财务契约每年须测试，并进行报告。

第十，地方政府股东的信用分析和对LGFA盟约的持续遵守将在母公司基础上进行，并在母公司和合并集团基础上进行报告。

第十一，预计 LGFA 向 CCO 或 CCTO 提供的贷款将具有与现有银行担保相同（或更优）的担保条款。

第十二，如果 CCO 或 CCTO 不再是地方政府控制，则将 LGFA 给 CCO 或 CCTO 贷款赎回。

（5）债务规模控制

在新西兰，中央政府没有直接的债务限额或控制地方政府可以借多少款。根据《2002 年地方政府法案》的规定，借贷责任由地方政府承担。债务限额是在与公民和地方政府磋商后确定的，以确保债务可持续。之所以不明确规定地方政府债务限额，是因为新西兰中央政府不控制新西兰地方政府机构。新西兰审计长办公室（Office of the Auditor-General，OAG）有一定的权力要求地方政府证明借款数额和理由的正当性。《2002 年地方政府法案》要求地方政府提供量化利率和借贷限制的金融策略。

地方政府举债规模不当是形成地方政府债务风险的一大因素。新西兰地方政府债务的规模控制主要考虑以下几点：

除了奥克兰以外，地方政府不允许债务净额超过其收入的 250%。奥克兰政府的债务占收入的比重不能超过 270%，但奥克兰政府自行设定的债务上限为 265%。如果奥克兰政府违反该上限，则所有地方政府的偿债成本将会增加。因为这将导致 LGFA 信用评级下调，债务利率上升。2020 年，由于受到新冠病毒感染疫情影响，LGFA 已将地方政府借款人的债务上限提高到 2022 年之前收入的 300%，从而为地方政府腾出资金应对新冠病毒感染疫情危机。

为了从 LGFA 借款，大多地方政府的债务与收入的比率必须低于 175%，如果地方政府的长期信用评级为 "A" 或更高，则其债务与收入的比率必须低于 250%。新西兰所有地方政府的平均债务与收入的比率为 72.3%，其中 90% 的地方政府的债务与收入的比率低于 135%，50% 的地方政府的债务与收入的比率低于 73%。负债水平较高的地方政府的借贷成本可能也会增加。LGFA 通常仅在偿债利息支出占地方政府收入的比率低于 20% 时才向地方政府贷款。

以上两类指标将地方政府举债需求同其偿还能力挂钩，可以有效遏制地方政府盲目扩大债务规模的冲动。

（6）偿债能力评估

在新西兰，地方政府的信用等级是其能否从市场取得债务资金的重要衡量标准。全面信用评级工作必须由独立实体（如标准普尔和穆迪）来执行。对各个地方政府的偿债能力，LGFA 在官网上给出了三大评级机构对地方政府信用等级的评定（见表4-72）。其中，AAA 为最高评级，表明偿还债务能力极强，AA 表示偿还债务能力很强，与最高评级差别很小。A 表示偿还债务能力较强，但相对于较高评级的债务人或发债人，其偿债能力较易受外在环境及经济状况变动的不利因素的影响。加号（+）或减号（-）表示评级在各主要评级分类中的相对强度。偿还债务（利息和本金）受以下方面的约束：地方政府的财务审慎比率、地方政府的预计流动性概况、分散借贷以减少偿还债务义务的集中、合同借款条款和条件等。

表4-72　截至2020年10月2日地方政府信用评级概览

编号	LGFA 担保人	信用评级		
		标准普尔	惠誉	穆迪
1	阿什伯顿区议会		AA+	
2	奥克兰委员会	AA		AA
3	普伦蒂湾大区区议会	AA		
4	坎特伯雷区议会		AA+	
5	基督城市议会	AA-		
6	远北区议会			
7	吉斯伯恩区议会			
8	戈尔区议会			
9	惠灵顿大区议会	AA（+）		
10	汉密尔顿市议会		AA-	
11	黑斯廷斯区议会	AA		
12	豪拉基区议会			
13	地平线地区委员会			
14	霍克斯湾地区委员会			

表4-72（续）

编号	LGFA 担保人	信用评级		
		标准普尔	惠誉	穆迪
15	沃洛温区议会	A+		
16	胡鲁努伊区议会			
17	赫特市议会	AA		
18	因弗卡吉尔市议会		AA+	
19	凯帕拉区议会			
20	卡皮蒂海岸区议会	AA		
21	马纳瓦图区议会			
22	马尔堡区议会	AA（+）		
23	马斯特顿区议会			
24	玛塔玛塔皮卡区议会			
25	尼尔森市议会	AA		
26	新普利茅斯区议会	AA（+）		
27	北国地方议会			
28	奥托罗杭加区议会			
29	北帕默斯顿市议会	AA（+）		
30	波里鲁阿市议会	AA		
31	皇后镇湖泊区议会		AA−	
32	罗托鲁瓦湖区议会		AA−	
33	鲁阿佩胡区议会			
34	塞尔温区议会		AA+	
35	南塔拉纳基区议会	AA−（+）		
36	南怀卡托区议会			
37	南怀拉拉帕区议会			
38	斯特拉特福德区议会			
39	塔拉纳基地区委员会			
40	塔拉鲁阿区议会			
41	塔斯曼区议会	AA		

表4-72(续)

编号	LGFA 担保人	信用评级		
		标准普尔	惠誉	穆迪
42	陶波区议会	AA（+）		
43	陶朗加市议会	AA-		
44	泰晤士-科罗曼德区议会			
45	提马鲁区议会		AA-	
46	上赫特市议会			
47	怀卡托区议会			
48	怀卡托地区议会			
49	怀马卡里里区议会	AA		
50	怀帕区议会		AA-	
51	怀托摩区议会			
52	韦斯特兰区议会			
53	惠灵顿市议会	AA（+）		
54	西丰盛湾区议会	AA（+）		
55	华卡塔尼区议会			
56	旺格努伊区议会	AA		
57	旺格雷区议会	AA（+）		

（7）项目筛选机制

有效的基础设施项目筛选对确保资金的有效使用、做出关于如何提供服务和做出任何权衡的良好决策以及实现高质量的结果是至关重要的。审计长办公室（Office of Assurance Governor，OAG）强调基础设施战略只有在有关资产表现良好的有利信息支持下，才会成为地方政府有用的规划工具。地方政府将需要使其收入和融资政策、融资工具的选择与其资产管理和服务意图相匹配。此外，进行项目筛选时必要的民主程序也是必不可少的，《2002 年地方政府法案》要求地方政府考虑可能受到所做决定影响或与之有利害关系的人的意见和偏好。

以下是《2002 年地方政府法案》中的基础设施投资策略：

①作为其长期计划的一部分，地方政府必须制定和通过至少连续 30 个财政年度的基础设施战略。

②基础设施战略的目的是确定在该战略所涵盖的期间内地方政府面临的重大基础设施问题，确定管理这些问题的主要备选办法以及这些备选办法的影响。

③基础设施战略必须概述地方政府打算如何管理其基础设施资产，并考虑到以下需要：更新或替换现有资产；对依赖这些资产的服务需求的增长或下降做出反应；考虑到通过这些资产提供的服务水平的计划增加或减少；维持或改善公共健康和环境结果，或者减轻对它们的不利影响；识别和管理与自然灾害有关的风险，并为这些风险提供适当的资金，提高基础设施资产的弹性。

④基础设施战略必须概述在战略期间管理地方政府基础设施资产的最可能情况，必须显示与管理这些资产有关的预计资本和业务支出的指示性估计数，包括第一个十年的策略与在该策略其后五年的业务指标；确定地方政府预期需要做出的有关资本性支出的重大决定；当地方政府预期需要做出这些决定时，对每一项决定，地方政府必须考虑的主要选择；每项决定有关的成本的大致规模或程度。

⑤基础设施资产包括供水系统、排水和污水的处理与处置、雨水排水、防洪、提供道路和人行道以及地方政府根据其做出的决定希望纳入战略管理的任何其他资产。

地方政府投资需要建立一个足够灵活的绩效评估框架，确保各地方政府能够根据其具体情况加以调整，但至少应包括以下三项措施：一是明确显示投资的价值和回报，二是易于监控，三是能被政府、管理层、员工和公众充分理解。

政府投资良好的七个支柱是项目筛选的标准。这七个支柱分别是：一是经济发展服务明确界定，二是满足客户的需求和期望，三是与商界紧密合作，四是制度安排符合目的，五是易于理解的绩效衡量，六是定性和定量测量的混合，七是符合联合国可持续发展目标。

（8）政府担保规定

从 LGFA 借款的所有地方政府应提供有关其从 LGFA 借款和相关义务的

债权担保以及向 LGFA 的股权承诺负债和向 LGFA 的债权人核准的担保受托人的担保债务。如果地方政府借款的本金等于或大于 2 000 万新西兰元，则必须成为担保契约和股权承诺契约的当事方。根据《2002 年地方政府法案》的规定，中央政府对地方政府债务不承担责任，即中央政府不负责支付地方政府的任何债务或负债。《1989 年公共财政法》所述的任何种类的赔偿责任除外。《2011 年地方政府借款法案》规定，中央政府不对 LGFA 的债务提供担保，如果 LGFA 订立任何贷款协议或附带安排，则该协议或安排必须包含一份声明，说明该协议或安排项下的贷款或责任不受中央政府的担保。地方政府不得就其控制的贸易组织履行任何义务而给予任何保证、赔偿或担保。地方政府不得以比其本身适用的条款和条件更有利的条件向该地方政府控制的贸易组织提供贷款或提供任何其他财务便利。

（9）举债方式

在《1996 年地方政府修正案》颁布之前，新西兰各地方政府只能向 LGFA 借款。《1996 年地方政府修正案》允许地方政府通过发行债券直接向市场借款，也允许地方政府更多地向商业银行借款。新西兰地方政府无法借入国际货币，奥克兰政府和 LGFA 除外。

总体来说，地方政府有三种方式举债：一是银行和其他金融机构贷款。自 1996 年以来，地方政府就可以直接从银行借款。二是发行债券。地方政府可以发行债券。例如，奥克兰政府发行了固定利率零售债券和绿色债券融资，并在新西兰证券交易所（NZX）有限债务市场上市。三是 LGFA 贷款。LGFA 于 2011 年成立，目的是代表地方政府以比直接发债更优惠的条件筹集债务。

（10）债务预算要求

地方政府通常有义务平衡预算，防止债务资金用于补偿运营支出的短缺。这以财政政策的"黄金法则"为基础。"黄金法则"建议政府仅应以借贷进行投资（这是指对基础设施的投资，如废水处理计划，而不是股票），而不能用于为运营支出提供资金。

（11）信息披露要求

《2002 年地方政府法案》及其各种修订要求地方政府制定长期报告、策略并于每年提供年度财政报告。《2002年地方政府法案》还要求审计长办公室出具的审计报告中必须包括对地方政府长期报告中涉及的信息质量以及长期计划中的预测信息所基于的假设进行披露。

财务报告信息披露要求：每个地方政府在其年度计划、年度报告和长期计划（long term plan，LTP）中报告其计划和实际表现，并遵循地方政府财务审慎基准（见表4-73）。制定这些标准是为了帮助地方政府更好地进行财务管理，促进地方政府审慎理财。地方政府还被要求在其年度报告中披露一些有关核心基础设施资产的信息（如供水、废水、雨水、防洪）。这些信息包括期末账面价值、本财政年度进行的收购价值和重置成本估计数。

表4-73　地方政府财务审慎基准

基准	如果符合以下条件地方政府符合基准
财产税的支付能力	该年度的实际或计划财产税收入≤管理局在其财务策略内就财产税收入制定的量化限额 年内实际或计划的财产税增幅≤管理局在其财务策略中制定的财产税增幅限制
债务负担能力	本年度的实际或计划借款均处于管理局在其财务策略中制定的量化借款限额内
平衡预算	全年收入≥营业费用
基本服务	本年网络服务（network service）的资本性支出≥网络服务折旧
债务还本付息	每年的借款成本≤其收入的10%（高增长地方政府为15%）
债务控制	年末实际净负债≤计划净负债
营运控制	本年度实际营运净现金流量≥计划营运净现金流量

资料来源：新西兰财政部官网。

非财务报告信息披露要求：地方政府必须在长期计划中制定措施的绩效目标，然后在年度报告中报告与预期目标相比的绩效结果。《1981年公共财政法案》不仅要求披露财务信息，还要求披露目标、服务和财务管理业绩。此外，该法案还具体规定了公共部门的其他披露事项，如不合理的支出说明和紧急支出说明。

4.7.3 地方政府债务风险防控举措

（1）风险预警机制

新西兰衡量地方政府债务风险的常用指标有每年支付的利息金额占总收入的比例、债务水平（毛额或净额）占总收入的比例、每年支付的利息金额占总财产税税收收入的比例、总债务（净额或毛额）与总资产的比率、每位居民的债务金额等。这些标准可用于评估地方政府的相对债务水平，并表示其进一步借贷的能力，构成了地方政府债务风险预警机制。其中，新西兰采用国际最常用的度量指标"利息支付占总收入的比例"，如果该比例过大，则存在风险，即用于支付利息的资源不仅会"挤出"其他服务的支出，还会使地方政府面临意外冲击的风险。同时，新西兰债务可持续性基准要求高增长的地方政府将债务维持在一定水平，以使偿债费用不超过收入的15%。如果超过此限值，则可能需要中央政府进行其他监视和审查。这种方法旨在确保该部门的财务审慎，并限制债务水平。

地方政府债务审慎基准如表 4-74 所示。

表 4-74 地方政府债务审慎基准

债务占收入的百分比	< 250%（奥克兰政府为 270%）
利息占收入的百分比	< 15%
利息占财产税收入的百分比	< 25%
流动性（现金和流动投资加上承诺融资机制所占空间，等于预测净现金流出的最低期限，包括滚动到期的债务）	至少 6 个月

①财务管理。地方政府必须审慎地管理其收入、开支、资产、负债、投资和一般金融交易，并以促进社区当前和未来利益的方式进行管理。地方政府在制定金融政策时要保持透明的法律框架，实现平衡预算的要求，遵循管理债务的"黄金法则"。审慎的财政基准和地方政府的基础设施战略都确保了地方政府的财政状况得到充分了解。地方政府必须在其长期计划和年度计划中做出充分、有效的信息提供，以满足长期计划和年度计划中确定的地方政府的支出需求。

②责任管理政策。《2002 年地方政府法案》要求地方政府采取负债管理政策和投资政策。负债管理政策必须说明地方政府将如何管理其借款和其他负债的政策，包括利率风险、流动性、信贷风险和债务偿还。

第一，负债管理。地方政府关于借款的主要负债管理目标如下：一是在批准的风险参数范围内，将借款成本最小化；二是谨慎管理地方政府对利率变化的风险敞口；三是审慎管理地方政府借款，确保避免借款到期和利率重新定价集中；四是保持准确的现金流预测，以确保足够的流动性水平，以满足计划和不可预见的现金需求，并协助借款决策；五是审慎管理地方政府的信用风险敞口，这些风险敞口应在预先确定的限额内与经批准的交易对手进行交易；六是通过与贷款人、投资者、注册商、支付代理、受托人和信用评级机构保持积极的持续关系，维护市场对地方政府作为借款人的信誉和信心；七是根据预先设定的限额和基准，监控和报告债务组合的风险和表现；八是维持标准普尔（或同等评级机构）的"AA"信用评级。

第二，借款管理。地方政府通过其十年计划和每个年度计划的财务预测来审议和核准其所需借款。地方政府以投资组合净额（借款减去现金工具）管理金融资产和债务，采用集中的方法进行债务管理。这种办法所考虑的关键因素是地方政府的流动资金情况、合同条件、债务水平、业务盈余和可持续的资金需要。资金可以来自国内和国外的投资者，以当地货币和外币提供，也可以来自 LGFA。地方政府与获批准的交易对手签订抵消衍生品合约，以消除其外币借款的外汇风险。CCO 借款没有规定的最高限额。这些借款由管理机构在批准子公司的意向声明和筹资计划时商定。

第三，债务偿还。债务偿还的决定取决于地方政府的流动性状况、合同条款、债务水平和可持续的资金需求。债务偿还（包括利息和本金）须遵循以下规定：一是地方政府在特定范围内维持审慎比率；二是地方政府预计的流动性概况；三是将地方政府的借款分摊到一系列到期日，以减少债务偿还集中在任何一个时间点；四是借款的合同条款和条件（资金必须在到期时可用来偿还债务）；五是保持必要的借款灵活性。

第四，流动性。流动性管理是指管理流动资产和资金来源，以在短期和长期承诺到期时满足其要求。在政府对核心借款有长期或持续需求的地方，延长借款期限是有吸引力的，因为这样可以消除短期流动性风险（短期债务到期时无法展期的风险）。为确保地方政府始终保持足够的流动资金，财务管理督导小组（Treasury Management Steering Group，TMSG）每年需决定地方政府未动用的短期融资及其流动投资总额超过预测的现金净流出的最低金额与预计现金净流出的时间段。地方政府的借款在一定期限内进行分摊，以最大限度地降低地方政府无法以可接受的信贷息差筹集新借款或为现有借款再融资的风险。在批准地方政府的战略风险限额时，TMSG 确定了在任何 12 个月期限内到期的未偿还借款的最高价值。

第五，利率风险政策。利率风险是指融资成本将大大超过或低于长期计划或年度计划中包含的预测（由于市场批发利率的不利变动）的风险，从而对收入预测，成本控制，资本投资决策、回报、可行性产生不利影响。利率风险管理的主要目的是降低利率变动时净利息收入或费用的不确定性。所采用的机制包括使地方政府金融投资和金融负债的利率重新定价情况相匹配，并在风险限度内通过固定利率借款和使用利率套期保值工具来确定利率。

第六，信贷风险的政策。审慎的信贷管理可以减少因交易对手未能履行义务而造成损失的风险。借款的信贷风险与任何已承诺、备用或银行贷款的未支取部分有关，因为对方有向地方政府提供资金的合同义务。就这些工具而言，交易对手的最低信用评级必须是标准普尔所评级的 A-（长期），或者其他国际认可评级机构，如穆迪或惠誉作出的同等信用评级。

第七，禁止外币借款。在新西兰境内或境外，任何地方政府（奥克兰政府除外）均不得以新西兰货币以外的其他货币借贷或订立附带安排。

第八，审计管理。新西兰总审计办公室（Office of the Auditor-General New Zealand，OAG）确保债务限额是谨慎的。如果有任何地方政府的行为不符合审慎条件，OAG 将报告给地方政府。LGFA 也建立了内部审计职能，以确保 LGFA 的风险管理、治理和内部控制有效运行。审计与风险委员会负责监督内部审计职能，包括审查内部审计章程、内部审计的运作和内部审职能的组织结构，审查年度审核计划和内部审计职能的有效性，与内部审计师讨论审计和风险委员会或内部审计师认为应私下讨论的任何事项。

（2）债务危机化解

一般来说，LGFA 只在地方政府的利息支出比例低于 20% 的情况下向其提供贷款。可以说，LGFA 施加的借贷限制的存在代表了对地方政府债务的间接控制和限制，以对抗债务危机。

5

中国地方政府债务绩效预算管理制度完善设计与政策机制

5.1 持续推进财政体制改革，合理调整政府间的事权支出责任与财权财力匹配机制

5.1.1 进一步厘清政府与市场的关系

政府与市场的关系是经济发展的重要基础理论问题。正确处理政府与市场的关系，认清政府与市场关系的实质，关系到经济的高质量发展。在经济学基础理论中，基于公共产品和公共服务的提供以及由此产生的市场失灵是厘清政府与市场边界的逻辑起点，政府的行为被严格限定在市场所不能有效发挥作用的领域。相应地，凡是在市场自身能够有效供给和协调的领域，政府都应该及时退出。无论是凯恩斯学派还是新自由主义学派均认为，当市场本身具备或恢复了调节机制时，政府应该坚决退出经济竞争领域。在治理模式的选择上，基于上述逻辑所形成的"小政府、大市场"（或称"弱政府、强市场"）的思路备受推崇，被认为是促进经济增长、提升社会福利的重要制度基础。

传统经济学理论之所以推崇"小政府、大市场"的治理逻辑，提倡以公共产品和公共服务的提供来限定政府的责权范围，一个重要的理论基础是市场机制本身是充分有效的。但在现实中，有两个重要因素限制了市场有效性的发挥，或者说市场并不如预期那样充分有效。一是经济人假设。在很多现实情况下，人会同时展示出自然属性与社会属性，前者体现为对个人最大化利益的追求，后者体现为利他主义性质的人文关怀。换言之，个体的社会属性会导致其行为决策偏离传统经济学理论的预测，进而挑战市场有效性的逻辑基础。二是现代货币的发行机制。货币发行规模及其传导的价格信号是整体市场机制发挥作用的核心。但是，随着自然货币向信用货币的扩展，货币的发行脱离了金银数量的限制与约束，这种货币发行机制的高度不确定性会使得市场有效运行所依赖的价格信号受到扭曲与冲击，从而失去调节市场的基本功能，同样危及市场的有效性。一旦市场并非充分有效，传统经济学的逻辑前提就自然而然发生了动摇，对政府与市场的关系需要重新思考。

在我国的经济发展过程中，政府一直扮演着重要的角色：一方面，中国的政治制度构成了对经济发展的有力领导。实行中国共产党领导的多党合作和政治协商制度，其重要特征是执政党的长期稳定执政，由此带来了政策实施的长期稳定与连贯有序，特别是能够对经济发展进行长期的战略规划。这与众多的发展中国家和发达国家形成了鲜明对比。另一方面，在经济发展的过程中，政府常常处于"主动"地位，并不将自身的角色仅仅限定于基本公共产品和公共服务的提供者，而是通过国有企业、政府性基金等代理机构主动参与经济的一些竞争性领域（杨灿明，2019）。2002 年，我国对政府职能进行简化和转型。政府职能归结为经济调控、市场监管、社会管理与公共服务。2005 年，我国明确将"建设服务型政府"写进《政府工作报告》。2017 年，党的十九大报告指出，建设人民满意的服务型政府。2020 年，党的十九届五中全会报告指出，加快政府职能转变，建设职责明确、依法行政的政府治理体系，深化简政放权、放管结合、优化服务改革，全面实行政府权责清单制度。2021 年，党的二十大报告提出，充分发挥市场在资源配置中的决定性作用，更好发挥政府作用。

综上所述，在中国的实践中，政府超越了传统经济学理论所限定的框架，但恰恰是这样一种角色的超越也造就了人类历史上罕见的经济增长过程（杨灿明，2019）。从中国目前的改革举措来看，中国政府正在推进政府职能的转变，充分发挥市场在资源配置中的决定性作用，更好发挥政府作用，推动有效市场和有为政府更好结合。因此，基于中国社会经济发展的实际情况，政府与市场正向互动关系的更多思考，是持续推进财政体制改革的重要基础。

5.1.2　明确政府间的事权和支出责任划分

（1）严格规范上级委托事项的范围

各层级政府之间的事权划分明确是保障财政资金使用效率的关键。一级政府履行财政事权的同时也会承担相应的支出义务。在理想的情况下，特定事权匹配相应的支出责任。但是，由于低层级地方政府存在信息、管理成本等方面的优势，因此上级政府需要根据实际情况将一部分自身事务委托给下级政府执行。这就造成了事权在一级政府，而支出责任在另一级政府的情况。特别是在单一制国家结构的背景下，上级政府相对于下级政府在行政、人事和财政权力方面都具有绝对的话语权。此外，我国地方政府之间的事权划分模糊。两个因素综合导致上级政府更加倾向于将交叉或重叠的职权推给下级政府。这样会最终导致低层级政府事权多，但财权和财力不足的现象。参考国际经验，我国应进一步严格控制上级政府对下级政府的事权下放行为，规范委托事项的范围和委托事项的程序。

（2）完善政府间的事权和支出责任法律

我国在一定程度上存在权责错配的情况，将本该属于中央政府负责的事务错配给地方政府处理，或者本应属于地方政府的权责中央政府承担较多的支出责任（胡骁马，2020）。财政事权与支出责任应保持主体和时间的一致性，但因权责错配导致某一事权和其支出责任被划归给不同主体。事权和支出主体的错位又会进一步导致政府之间滥用转移支付，从而降低财政资金的支出效率。为了保证各层级政府的正常运行，各国都通过法律的手段来明确约束各级政府之间的支出和事权责任。我国应进一步通过法律的形式规范不同层级政府之间的关系，提高下级政府的违约成本，降低道德风险。

（3）进一步优化调整现行省（自治区、直辖市）以下各级政府间的事权与支出责任，制度上确保基层政府有足够的财力保障基本运转

职责同构是指不同层级政府的纵向间职能、职责和机构设置上的高度统一（楼继伟，2018）。政府间的财政事权应按照受益范围、信息复杂程度和调动积极性三个原则进行划分。我国 1994 年分税制改革主要侧重财政收入分配的改革。针对政府间的事权划分，我国做出了国防、国家机关运转以及实施宏观调控等事务属于中央事权，其所需支出由中央政府提供；地方经济、社会发展以及地方机关运转等属于地方事权范围，其所需支出由地方政府提供的原则性规定，而且并未涉及省（自治区、直辖市）以下地方政府之间的事权划分。同时，《中华人民共和国地方各级人民代表大会和地方各级人民政府组织法》作为政府间的事权划分的根本法律依据，在一定意义上存在事权划分不够详细的问题。其主要表现在对县级以上地方政府划分事权时没有区分层级，而且乡镇级政府的事权范围只是在县级以上地方政府的事权列表中删除对下级政府的管理事权后照搬而来（见表 5-1）。这就造成了四级地方政府间的事权范围存在交叉、重叠的问题。2018 年以来，国务院相继出台了基本公共服务、医疗卫生、科技、教育、交通运输、生态环境、公共文化、自然资源、应急急救领域财政事权与支出责任划分改革方案，但省（自治区、直辖市）以下各级政府间的权责划分还不够清晰。省（自治区、直辖市）以下政府间的事权责任划分的决策权在省级政府。未来，我国尤其应注意避免事权下移和资金缺口给基层政府带来过重的财政负担。凡属于省级政府承担的支出责任，省级财政要全额保障经费；省级政府委托市（县）级政府承办的事务，要足额安排专项经费，不留资金缺口；属于省级政府与市（县）级政府的共同事务，要尽可能降低财政困难县级政府的资金负担比例；属于跨区域的公共事务，要根据各方面受益情况，并考虑县级财政实际承受能力，合理确定分担比例。

表 5-1　地方政府的事权划分

县级以上地方政府（包括省、自治区、直辖市）	乡镇级政府
（1）执行本级人民代表大会及其常务委员会的决议以及上级国家行政机关的决定和命令，规定行政措施，发布决定和命令； （2）领导所属各工作部门和下级人民政府的工作； （3）改变或者撤销所属各工作部门的不适当的命令、指示和下级人民政府的不适当的决定、命令； （4）依照法律的规定任免、培训、考核和奖惩国家行政机关工作人员； （5）执行国民经济和社会发展计划、预算，管理本行政区域内的经济、教育、科学、文化、卫生、体育事业、环境和资源保护、城乡建设事业和财政、民政、公安、民族事务、司法行政、监察、计划生育等行政工作； （6）保护社会主义的全民所有的财产和劳动群众集体所有的财产，保护公民私人所有的合法财产，维护社会秩序，保障公民的人身权利、民主权利和其他权利； （7）保护各种经济组织的合法权益； （8）保障少数民族的权利和尊重少数民族的风俗习惯，帮助本行政区域内各少数民族聚居的地方依照宪法和法律实行区域自治，帮助各少数民族发展政治、经济和文化的建设事业； （9）保障宪法和法律赋予妇女的男女平等、同工同酬和婚姻自由等各项权利； （10）办理上级国家行政机关交办的其他事项	（1）执行本级人民代表大会的决议和上级国家行政机关的决定和命令，发布决定和命令； （2）执行本行政区域内的经济和社会发展计划、预算，管理本行政区域内的经济、教育、科学、文化、卫生、体育事业和财政、民政、公安、司法行政、计划生育等行政工作； （3）保护社会主义的全民所有的财产和劳动群众集体所有的财产，保护公民私人所有的合法财产，维护社会秩序，保障公民的人身权利、民主权利和其他权利； （4）保护各种经济组织的合法权益； （5）保障少数民族的权利和尊重少数民族的风俗习惯； （6）保障宪法和法律赋予妇女的男女平等、同工同酬和婚姻自由等各项权利； （7）办理上级人民政府交办的其他事项

资料来源：《中华人民共和国地方各级人民代表大会和地方各级人民政府组织法》。

同时，我国应当适时地进行改革方案的动态调整。例如，我国可以根据当前中央政府部门改革的情况以及现有省级以下政府间的实际财力情况，重点明确和强化省级政府的支出责任，保障和维护县级政府的财政事权积极性；通过有效授权，合理确定市（县）财政事权，使基本公共服务受益范围与政府管辖区域保持一致，激励县级政府尽力做好辖区范围内的基本公共服务提供和保障。

（4）公共事项的支出路径不明晰

中央政府通常会依靠转移支付的方式承担共同事项中归属于中央政府的支出责任，而中央政府下拨资金的性质包括自担责任和弥补地方政府财力缺口两类（李思思，2020）。但是，中央政府下拨的资金最终都会通过转移支付的方式实现，对不同性质的财政划拨资金适用同一名称会严重混淆财政支出路径的确认。我国转移支付在形式上分为一般性转移支付和专项转移支付两类。一般性转移支付主要用于均衡地方政府基本财力，如医疗、养老、教育等基本公共服务。通常情况下，中央政府不对一般性转移支付拨款的用途进行限定，地方政府拥有相对的自由裁决权。专项转移支付是上级政府为实现特定领域发展目标而给予下级政府的补助资金。一般中央政府会对专项转移支付的资金用途进行限定。虽然根据是否限定资金用途将转移支付分为两类，但是没能反映转移支付的性质，即转移支付是用于均衡财力还是用于承担事权下放的支出责任，或者是承担共同事项的支出责任。转移支付定义的模糊可能会进一步导致政府间的转移支付与事权划分之间的关联性不强。

此外，不同的转移支付性质会适用不同的监管或衡量标准。用于均衡地方政府财力的转移支付需要侧重资金的公平。用于支付委托事项的资金需要关注受托机构是否高效履职，委托事项转移支付的规模又可以反过来促进政府间的事权的科学划分。用于承担共同事项的转移支付资金会重点关注事权划分是否与分配支出责任成比例。例如，加拿大政府间的转移支付就按照资金用途划分为四类，分别是健康转移支付（the Canada Health Transfer，CHT）、社会转移支付（the Canada Social Transfer，CST）、均等化项目转移支付（Equalization Program，EP）和地区常规转移支付（Territorial Formula Financing，TFF）。加拿大对每一类转移支付都明确规定了具体的资金用途。根据表5-2，前两项转移支付（CHT和CST）主要针对共同事项，后两项转移支付（EP 和 TFF）主要用于横向的财政均等化。这样的划分可以确保转移支付与事权相挂钩，增强转移支付与事权的关联性。基于此，参考加拿大的做法，我国可以区分不同性质的转移支付，同时针对不同性质的转移支付制定相应的管理考核规范。

表 5-2　加拿大转移支付的种类和资金用途

转移支付类型	资金用途
健康转移支付	联邦政府支持健康行动项目、加强医疗卫生公共管理的一种转移支付
社会转移支付	联邦政府为支持加强中学后教育、社会救济、社会福利和幼儿早期教育而设立的专项转移支付，旨在使每一个加拿大公民都享有平等的受教育权和社会公共服务
均等化项目转移支付	用于缩小各省区之间收入能力差距的无条件转移支付方式，目的是使所有的省级政府收入都能达到规定的最低水平。转移支付对象的确定以各省区的实际财力基准，凡财力低于全国标准的省区都有资格获得这种转移支付，但不适用于三个北部地区
地区常规转移支付	联邦政府为育空、努勒维特和西北地区①三个北方特别行政区设立的无条件转移支付，目的是确保三个地区政府有足够的收入为其居民提供与全国可比的公共服务

5.1.3　进一步完善政府间的财权与财力划分机制

在财政分权体制下，政府间的财政关系基本构成了"一级政府，一级职能，一级事权，一级支出责任，一级财力，一级财权"的逻辑架构。我国在明确政府间的事权及支出责任的基础上，要作出相匹配的财权与财力安排。

（1）积极优化产业结构，培育地方税源并健全地方税体系，杜绝"招商引资"中的"税收返还"行为，提高基层政府收入能力

党的十九届五中全会指出，建立现代税收制度，健全地方税、直接税体系，优化税制结构，适当提高直接税比重，深化税收征管制度改革。一方

---

① 这些行政区地处北部寒冷地带，人烟稀少，经济总量小，生活成本高。尽管地区政府具有提高税收、租金、出售资产和服务收费的权力，但财政资源有限，难以自给自足，政府财政很大程度上依赖联邦政府的转移支付。

面，我国要加强重点税源企业和重要行业的财源监控、税费征管，确保当期税款应征尽征，同时顺应经济结构转型升级和财税体制改革，挖掘地方税收新的增长点，找准自身的区位优势和发展定位，因地制宜规划和培育地方税源，调整产业结构以促进地方税收满足地方财政支出需求。另一方面，我国要在现行增值税作为地方政府主要税收来源的同时，进一步健全以财产税为主体的地方税体系，加快推进房产税改革，适当缩小共享税的比例，保证地方财政收入有一个稳定增长的机制，并适当增加基层政府的税收分成比重，将财力向基层政府倾斜。另外，我国要解决地方政府"招商引资"过程中形成的"税收返还"对地方财力的侵蚀，确保地方税收收入的真正取得并能成为基层政府的可支配财力。

（2）进一步完善转移支付制度，加大对经济发展薄弱县（市）的转移支付补助力度，提高基层运转保障水平

当前，基层财政高度依赖转移支付，但转移支付资金中地方自主安排资金的比重较小，造成部门间的大量资金存在错配问题，因此应完善转移支付制度，提高基层运转保障水平。

第一，我国应加大对经济发展薄弱县（市）的转移支付补助力度，尤其是经济发展水平弱、地方财政运转困难的基层政府，应重点加大一般性转移支付的力度，同时调整一般性转移支付的结构，压缩专项转移支付占比（可将各类教育资助、公共文化设施、体育场所的免费开放调整为低收费开放，将各类社会保障群体的待遇支出、基本公共卫生服务保障、森林资源抚育和农村公路建设等领域的定向或专款支出调整为可供统筹的财力），提高可供区（县）统筹安排的财力比例，以解决基层财政收支矛盾突出、刚性支出难以保障的问题。

第二，我国应提高专项转移支付和定向转移支付切块下达的比例。上级项目资金管理部门应加大各领域简政放权的力度，提高专项转移支付中切块下达的比例，将项目审批权下放给基层，增大基层专项转移支付安排的自主性；逐步将非竞争性领域的专项转移支付全部切块下达给基层，由基层根据切块资金使用方向，结合自身经济社会发展需求，统筹使用财政资金，提高资金使用的精准度和效益。

第三，我国应建立特殊转移支付机制，使财政资金直达市（县）基层，

以提高拨付进度并减少层级损耗；同时，建立直达资金专项国库对账机制，做到账目清晰、流向明确、账实相符。

5.2　完善地方政府债务绩效预算管理制度

5.2.1　中期绩效预算框架的基本设计与完善编制

中期绩效预算作为一种超越经济周期的中长期财政计划，现已被世界130多个国家采用，并成为现代财政管理的重要组成部分。中期绩效预算具有两大优势：一是中期预算绩效引入宏观经济预测、设定财政目标、确定支出上限和预算资源分配机制、安排决策制定程序等手段强化财政预算约束，提高财政透明度。二是中期绩效预算延长了预算编制的时间跨度，扩大了财政资源配置的空间，有利于消除各项财政政策之间可能存在的内耗，保证财政政策的一致性、有效性和可持续性。

（1）中期绩效预算的效率特征

①周期性经济问题需要中长期预算制衡。根据凯恩斯主义和功能财政理论，预算作为重要的宏观调控工具，应与宏观经济的周期性问题紧密相连，进行反周期调节。周期性经济问题落实到财政问题上就是周期性赤字问题。年度预算基于年度平衡理论强调年度性收支平衡原则，难以解决周期性赤字问题，使政府难以超越经济周期来维持财政稳定。周期性赤字问题的最终解决，需要将预算时限延长至与经济周期时限趋同，以便在经济周期的高峰和低谷之间保持预算的平衡，对宏观经济实行反周期调节（白彦锋和叶菲，2013）。

②有效配置财政资源。根据财政分权与政府职能理论，政府的基本职能是将财政资源合理地配置到公共服务体系之中，有效提供公共服务。按照时间周期划分，公共服务可以分为短周期内即可完成提供和长周期内才可完成提供两个类别。短周期公共服务虽然在一个财政年度内即可完成建设，但是公共服务本身是动态行为，需要持续提供。年度预算是一个相对静态的框架，这与公共服务的动态持续性提供之间是矛盾的，使用年度预算来控制持

续的动态行为便构成了预算不稳定的根源（Caiden & Naomi，1981）。长周期公共服务主要是指基础设施建设。基础设施具有较长的建设运营周期和资产生命周期，年度预算无法在一个财政年度对其进行现金收支确认与控制、管理，而中期预算是计划、控制与管理基础设施建设的相对有效框架。一方面，从支出计划来看，中期预算要求政府各职能部门从中长期考虑本部门的财政资源以消除因部门之间的资源分配的讨价还价而引致的资源配置效率不足问题；要求各项财政政策之间相互协调以消除它们之间可能存在的内耗和分力，加大政策作用力度。另一方面，基础设施需要引入现代财政工具进行融资建设，如地方债、公共私营合作等。要达到对这些现代财政工具在预算上的平衡控制，需要在基础设施的生命周期内实现成本与收益的匹配，即需要基于权责发生制记账方法编制资本性预算，从而能够降低支出的不确定性，保证财政稳定。

③有助于执行财政纪律，降低财政赤字风险。按照传统预算理论，预算应具有控制、管理和计划三个职能（Schick，1966），而这些职能的发挥需要以预算平衡为前提，即支出不能超过收入（Wildavsky，1978）。因此，预算赤字的有效度量是正确判断财政健康状况、制定财政政策、降低财政支出不确定性的基本所在。依据记账方法的不同，财政赤字有两种度量方法：一是收付实现制，即在一个财政年度内，政府的现金支出减去现金收入；二是权责发生制，即政府的净运行成本，在政府的资产负债表中表现为成本超过收益的部分。其中，年度预算是基于收付实现制制订的一年期财政计划，而中期预算是基于权责发生制制订的中长期财政计划。基于相同的政府活动或行为，收付实现制和权责发生制的本质区别在于政府发生成本的时间确认差异，成本确认时间的差异将导致财政赤字核算结果的差异。以购买固定资产为例，在一个财政年度内，收付实现制将计提购买固定资产的所有现金支出，提供给决策制定者，试图通过保证信息的完备来控制决策成本，提高决策效率。资本预算的制定者需要在固定资产购买之前获得相关信息，固定资产的所有现金成本计为一项支出，当完成支付后，包含于当期财政赤字核算之中。在权责发生制下，购买固定资产的现金成本将计入政府的资产负债表，在资产的使用周期内达成购买成本与使用的匹配和平衡，每一财政年度的权责发生制赤字只反映固定资产在当年的折旧支出价值。由此判断，中期

预算更有助于执行预算平衡的财政纪律，降低财政支出的不确定性与赤字风险。

（2）中期绩效预算的基本制度设计与完善编制

从框架设计来看，中期财政预算（MTF）包括中期财政框架（MTFF）、中期预算框架（MTBF）、中期绩效框架（MTPF）三个不同阶段。这三个阶段在机制协调与能力等方面的要求逐渐递增。其中，MTFF 自上而下确定可用财政资源的总量，为各机构划拨资源；MTBF 自下而上根据各支出机构的要求在资源总量范围内编制预算；MTPF 则完成从投入向产出的转换，根据成果划拨资金。典型的 MTF 的时限一般设定为 3~5 年。具体程序如下：

①确定财政目标。预算通过将国家战略和政策重点表述为具有约束力的支出决定，以促进政府政策目标的实现，从而成为政府最重要的政策工具。因此，预算管理的总体目标可以界定为三个相互关联的关键性目标：财政纪律、资源配置的优先权和绩效评价。与之相对应，任何预算体系都需要解决三大问题：建立财政预算限额制度以约束财政总量、设置资源配置的优先权、保证公共资源的有效营运。根据我国宏观经济和财政发展现状，中期财政目标的具体设定包括支出限额、收入限额和债务限额三个方面。支出包括经常性支出和资本性支出，可由专门机构确定，也可由各领域部门分别确定各自的财政总量限额。支出限额是实际支出事后结果的一种约束，而不是针对事前预算的数量，因此政府必须密切观测支出情况以保证将支出限定在规定范围内。收入限额会设定一个盈余目标，每一年度可略有偏离。中期收入包含税收收入、非税收入、捐赠和其他收入在内的所有收入，从而形成综合性的收入总量限额和部门限额。

②中期宏观经济预测。宏观经济预测是政府根据国内生产总值增长率、失业率、通货膨胀率等宏观经济信息，估测宏观经济是否偏离均衡。若偏离均衡，财政部门通过预测经济周期性偏离充分就业水平具体到各经济变量的影响，在财政收入和财政支出预测中引入宏观经济假设，制定反周期调节政策。具体内容包括：第一，保证一致性。所谓一致性，是指在预测模型中应考虑到宏观经济变量与政府财政收支的相互影响关系。一方面，预算的每一支出项目均受到宏观经济的影响；另一方面，宏观经济也受预算影响。例如，政府的消费和投资对国内生产总值就存在直接贡献；税收和支出项目因

改变家庭部门的可支配收入而影响消费方式。另外，税收及其他收入项目还对劳动供给和代际偏好产生间接影响。第二，预算收支的所有项目都是基于同一宏观经济假设。然而，现实不能保证所有预测都是严格基于这些假设而得出的，因此预算部门必须审议这些预测的可靠性。更为复杂的是，各个收支项目的一致性也需要进行审议。享受医疗保障的人数变化将影响失业水平，反之亦然。鉴于此，预算部门必须考虑到所有预算收支项目之间的关联性以保证整体一致性。

首先，支出预测。政府需要总体把握一定年限的支出状况并估算哪些部门应增加支出，哪些部门应减少支出，从而保证财政的持续性。

第一，在中期视角下，中央政府每年对所有项目支出甚至单项拨款进行5~6次预测，即中央政府及其财政部门使用的是最新的有关当期、未来一个或两个财政年度以及附加一年或两年的支出发展报告。当前财政年度及未来两年的预测方法是一样的，政策制定者更加关注不同年度的微小变化。在当前预算年度，反映客观监测支出是为了避免支出超过上限。财政部门及相关部门根据预测结果评估平均产出，保证在支出上限的约束下获得最大收益。在即将到来的财政年度，支出预测反映出政府履行先前承诺及财政政策效应在资源上的变化。实际支出与支出预测的偏离，如果是正向的，则政府可以自由支配额外开支；如果是负向的，即出现支出不足的情况，政府需要进行节约。在评估时，预测的前提假设是由财政部门制定的并在继续实行，即导致支出增加或减少的项目的任何变化都将包括在预测模型中，这样可以剥离前期政策的效应，能更真实地测度新政策的影响效应，为政府制定财政政策提供了空间。在预算编制过程中，政策发生变化所产生的影响也会包含在预测模型中。

第二，支出预测涉及各级政府均要参与的一项管理活动，需要搭建一个完善的预算电子管理系统进行统一预测。在这个系统中，有关预测执行的历史信息、实际预算数字、中期预算数据、结转资金都会影响各级政府的可利用资源。当所有信息都具备以后，支出预测将会很容易计算出来，且统一的系统可以降低因为系统转换所导致的风险。

第三，在每一预测周期的第一阶段，各级政府有责任提供其负责项目支出的相关预测。这些初步预测递交给财政部或中央银行进行修改审议。第二阶段，各级政府预测的明显错误被删除和修改。第三阶段，财政部或中央银行对支出预测进行审议，除了保证没有明显的错误以外，还要降低高估行政支出的系统性偏好效应。

其次，收入预测。收入预测的方法与支出预测的方法一致，一年5~6次。在我国，收入包括税、利、债、费四大来源。其中，税收包括增值税等18个具体实收税种。在长期，不同的税种预测方法有所区别，但与支出预测使用的是同一宏观经济框架。另外，当前税收的相关信息对分析税收的持续发展相当重要，如不同的纳税申报方式将对收入预测产生差异影响。

最后，各税种与宏观经济发展的相关性、企业的经营状况和新税收政策的收入效应都要考虑到收入预测模型之中，这可以保证收入预测的及时更新，以便于监测中央政府与地方政府收支平衡和实现公共财政的可持续性。

③指示性行业或部门预算划拨。当宏观框架确定以后，财政部需要进行指示性行业或部门划拨。首先，财政部从行业层面回顾各部门制定的目标、输出成果和各项经济活动的实施。其次，财政部对三年期或五年期既定的财政计划进行成本核算，包括经常性成本和资本性成本两部分。最后，财政部就行业或各部门的财政计划达成协议，并保证协议的相对稳定性。

④支出总量限制与支出优先权设置。在确定的宏观框架并完成指示性行业或部门预算划拨的情况下，财政部需要进行支出总量的限制。一般而言，财政部需要确定支出总量限额、收入总量限额、债务总量限额和借款总量限额，四者相互影响、相互作用。其中，支出总量限额由政府综合收入水平和债务水平决定，一旦中期支出限额确定，将面临两大问题：一是如何分解支出总量限额以及确定各个部门自己的支出限额，二是预算资源限额在部门间再分配过程中的优先权问题。基于此，科学地确定部门支出限额，应当既要考虑支出总量的限制，又要考虑财政政策及其项目支出的优先性要求。当完成支出总量限制之后，国务院批准支出上限，并在国务院所批上限范围内由各部门做出3~5年期支出估算。最后，财政部审核估算结果，并向全国人民代表大会汇报。

5.2.2　构建地方政府债务绩效管理机制，强化资本预算绩效约束

将绩效作为国家资源分配的依据融入预算编制的过程中，对国家治理现

代化具有重要意义。广义的绩效预算是指在预算编制、审批、执行、审计和评价阶段，将有关项目的目标和绩效的信息以某种方式纳入支出决策的预算过程。但是，如何以有效的、有意义的和切实可行的方式将绩效信息与资金决策实际结合起来，仍然是各级政府面临的一个重大挑战。当前地方政府财政状况的特点是资源有限，但支出需求是大量的，从而导致了资金不足问题。绩效预算实践通常将投入或成本与项目活动和目标联系起来。绩效预算系统强调将项目绩效的信息纳入预算制定和拨款过程，并根据绩效信息来分配资源以期取得量化结果。绩效管理机制持续改进的关键因素主要包括以下六个方面：

（1）预算绩效法治化建设

绩效预算需要较长时间才能看到成效，因此保证绩效预算的连贯性显得尤为重要。将绩效预算的要求形成法律，可以保证其稳定性和一致性。此外，关于制定绩效预算的法定依据还可能会促使各级地方政府利用法律规定的信息进行决策，促使绩效立法和各级地方政府就绩效预算达成统一意见。

（2）包容性绩效体系

绩效预算只是提高政府公共服务质量的一种手段，不能将其本身视为解决一切问题的灵丹妙药。绩效体系不能独立决定资源分配的数额，它帮助各级政府提出正确的问题并且提供解决问题的优化选项，但是最后还是要依靠合理的宏观经济预测来做出决定。在许多领域，政府在预算和管理中高效使用绩效数据需要多年经验的积累。长远来看，采取一刀切的方法进行预算绩效从长期来看是行不通的。灵活的绩效体系可以保证各级地方政府根据自身情况调整优先事项的次序。同时，绩效体系必须能够灵活适应不同的机构使命和优先次序。有许多规则、形式、参与限制等的绩效体系会导致绩效预算难以持续。因此，在设计预算绩效体系时应当考虑到各省份不同的地方法规、政策、政府和社会文化以及不同政府部门的目标、使命等变量。

（3）"因地制宜"的绩效指标体系

绩效评价指标的客观性是政府绩效管理的执行基础，是政府问责的依据。邓恩. W. N（Dunn W N, 1994）提出，公共绩效评价应以政策目标为取向，指标体系的构建应满足社会需求、体现绩效目标、遵循技术标准、便于执行以及聚焦于价值、事实、连续性等问题。其中，价值包括内在价值和外在价值。内在价值是指政策是否适当及其对社会的总贡献，外在价值是指社会衍生价值。事实是指评价以事实为基础。连续性是指评价政策的全过程。西奥多·H.波伊斯特在《公共与非营利组织绩效考评：方法与应用》中提出，绩效评价是指标的评价，涉及政策投入、产出、效果和政策过程。公共绩效评价体系的核心在于财政资金的"投入—产出—效果—影响"的全过程，如何科学评价成为关键问题。从我国的实践来看，公共绩效评价指标体系缺乏具有普遍适用性的全国统一的客观标准。各地方政府均构建了公共绩效评价指标体系，但独特性有余，标准性和完整性不足。因此，我国应建立全国统一标准、科学有效的评价体系，评价指标与标准具有可比性，保证评价结果的科学性和公正性。另外，建立一个良好的绩效预算系统的目的不在于数字统计，而是帮助政府工作人员意识到问题的核心，然后再依靠相关绩效评价结果做出未来决策。限制绩效指标的数量可以避免机构陷入收集、分析的指标数量越多，管理就会越有效的误区。过多的绩效指标会导致机构绩效分析缺乏重点，难以确定采取行动的抓手。但是，过于有限的衡量指标也会带来一些风险。由各机构自主选择该机构的自主评价绩效指标，并由中央预算部门来确定适用于高层评估的指标是一种可行的解决方式。在理想情况下，绩效测量的指标应该是可量化的，能够与项目活动相关，与公众利益相关，并与战略目标相联系。但是，绩效测评结果有时很难衡量，往往需要大量复杂的数据收集，而且可能受到各种公共服务和政府控制之外的外部力量的影响。采用适当的质量、数量和成本的综合衡量方法来监测政府的表现，可以确保不会顾此失彼。

（4）内置于绩效体系的激励相容机制

根据激励相容理论，利用有效的制度设计可以有效提高预算部门及其工作人员的积极性。如果仅将绩效预算视为一种减少政府开支的管理手段，仅把绩效数据作为政府预算决策的支持性信息来源，可能难以调动各部门的积极性。国家可以考虑由各部门来灵活支配因积极推行绩效预算而节省的财政资金。允许机构保留且自主决定盈余资金的使用可以促使机构积极搜集、使用和分析有关项目的有效性和效率的数据。因为允许政府部门保留和重新支配结余的财政资金，为政府部门提供了一个强吸引力的动机，从而促使其积极有效地搜集和使用有关项目绩效成果的数据。

（5）内部整合促进绩效信息的利用

绩效数据可以为预算制定过程中的优先级设定提供信息支持，从而提高预算资金的配置效率和使用效率。负责绩效预算过程中关键活动的团队内部整合也是一个关键问题。在美国的很多州政府，预算的起草、审核和批准是由一个专门的工作小组负责，而绩效信息的收集、分析和报告的工作是由另外一个工作小组负责。在许多活动中都需要这两个工作小组进行大量的沟通、合作和协调。内部整合不只代表人员整合，技术整合与过程整合也同等重要。保证国家的预算软件系统能够加载和分析预算数据，可以保证绩效数据得到有效又高效的运用。仅依靠电子表格或数据处理工具来人工搜集、追踪和更新预算数据，不仅耗时耗力，而且也不利于增加政府的透明度。

（6）重视绩效工作培训，培养绩效文化

让政府人员了解绩效预算的真正价值，对推进绩效预算管理制度实施也是必不可少的。除非政府人员认同且期待改变带来的好处，否则他们会更倾向于维持现状来避免改变带来的风险，这是一种自然的倾向。政府应对政府人员进行定期培训，培养结果导向的文化，尽可能地简化绩效预算管理制度可以帮助该制度更有效推行。绩效预算是一个持续的过程，没有明确的起点和终点。在这个过程中要不断提升有效方法的利用水平，改进或消除无效方法，并根据情况的变化进行调整。因此，定期就关于搜集、解读、使用和报告数据进行培训，可以保证人员知识储备能够适应不断变化的情况，这对正确运用绩效信息是至关重要的。高层领导的支持和积极参与，明确规定绩效信息和数据将会用于管理和财政决策，会使得绩效预算管理在组织内部受到更多的重视。例如，美国爱荷州的相关经验表明，在州级核心部门任命专门的人员负责监督绩效预算的实施可以更快地建立认同感。所任命的人员需要在机构中有一定的话语权且能够得到领导的支持。弗吉尼亚州选择成立高层次的委员会，由弗吉尼亚州未来委员会（The Council on Virginia's Future）来负责绩效预算的推行。弗吉尼亚州未来委员会（The Council on Virginia's Future）的成员主要由副州长和内阁以及立法机构的核心人员组成。

5.3 健全地方政府债务发行管理机制

从各国地方政府债务发行管理经验来看，推行市场化发行，让市场规则引导地方政府债务的发行与流通，是防控地方政府债务风险的一项重要举措。地方政府债务发行定价是地方政府债务发行工作中的核心问题，也是债券市场乃至资本市场最为关注的问题。为促进地方政府债券市场的发展，加快形成地方政府债券发行定价市场化，财政部多次发布通知要求积极推进地方政府债务发行定价市场化。2018 年 8 月，财政部下发《关于做好地方政府专项债券发行工作的意见》，明确指出财政存款应与地方政府债券定价相分离，地方政府不得干预地方政府债券发行定价，进一步要求地方政府债券发行定价市场化。随着地方政府债券发行数量的增加和发行频率的常规化，地方政府债券发行定价对债券市场乃至地方债务融资产生深远而持续的影响（刘锐和张明，2019）。本书就如何实现地方政府债券一级市场风险定价、完善二级市场制度建设进行分析。

5.3.1 推进一级市场发行制度市场化改革

（1）丰富发行品种，提高市场活跃度

①发行担保或保险债券。对于地方政府债务率较高的政府或现金流较差的项目来说，如果需要信用增级时，地方政府可以尝试发行担保或保险债券，提高相关债券的信用评级，提高市场认可度，降低融资成本（刘锐和张明，2019）。

②发行联合债券。多个地方政府联合发行政府债券是财力较弱区域发行地方政府债券的重要选择，也可以扩大单项债券规模以及提高债券信用水平，改善流动性，降低发行成本。例如，2020 年，德国联邦政府和州政府计划发行联合债券，目的是让州政府可以通过联邦政府更安全、更低成本地筹集到所需的资金。美国发行地方政府债券，为了达到规模效益，可以把为多个项目融资的债券汇集在一起发行。日本地方政府融资渠道较多，既有中央优惠资金（FILP）也有市场资金（JFM），既有地方单独发债也有联合发

债，地方政府能选择一种有效的融资方式组合以最小化融资成本，满足资金需求。

（2）完善债务结构

债务结构细分为债务期限结构和债券利率结构两方面。

①债券期限结构的优化。不同期限品种的债券具有不同特点，同时适合不同投资者的需求，并可均衡债务负担。1年以下短期债券可降低举债成本，用于临时性财政用款的需要，并为中央银行实施公开市场操作、调节市场货币供应量提供工具；中长期债券举债成本相对较高，但可以为政府提供长期、稳定的资金来源，并为债券的二级市场提供交易基准，使债券市场具有连续性和参考性，有利于债券市场的可持续发展。财政部印发的《地方政府债券发行管理办法》规定，地方财政部门应当根据项目期限、融资成本、到期债务分布、投资者需求、债券市场状况等因素，合理确定债券期限结构。在此基础上，在债券期限上，政府还要考虑债券期限的合理配置，采取滚动发行的方式，形成良好的债务循环，避免债券本息的集中偿付导致偿债风险，进一步优化地方政府债务管理。例如，加拿大的可流通债券一般分为1年以下的短期债、2~10年的中期债、10年以上的长期债。

②债券利率结构的优化。利率反映市场中资金的供求情况，它是资金供应者所能接受的最低价格和资金需求者所愿支付的最高价格相互协调的结果。在一个成熟的、市场化程度较高的金融市场，债券利率确定是以市场利率为基础的，其利率水平一般是稍低于基准债券的二级市场收益率，而又稍高于同期限的银行存款利率。例如，在加拿大，不同的商业银行根据自己的情况，如信用级别、服务水平和服务对象的不同，提供不同的银行利率，其债券利率主要是盯住债券二级市场的收益率。

（3）健全信息披露机制

从各国信息披露机制的构建情况来看，信息披露的要求、内容以及向谁披露都有不同的规定。目前，我国地方政府债券市场已构建了相对比较完善的信息披露体系，但仍应持续性提高政府预算信息透明度，强化社会公众对政府的监督。具体举措如下：其一，我国应加大政府财政预决算的公开力度，最大程度提升政府财政透明度，并定期在政府官网披露债务管理报告，强化人大代表、社会公众、新闻媒体对财政预算及政府行为的监督，敦促政府部门更加注重成本和效益。其二，我国应明确地方政府债券信息披露的内容、原则、虚假信息披露的责任等事项，确保与地方政府发行债券有关信息披露的及时性、有效性和严肃性。这有助于投资者获得更加详细的信息，便于其做出决策。其三，信息披露是一个持续性过程，应对地方政府债券及其项目情况进行持续性和完整性披露。发行人应根据自身财政情况变化、项目进展、资金使用、效果评估等方面进行全过程和全周期的信息披露。其四，当发行人错误披露信息并有意省略一些重要或重大信息时，相关部门应追究有关责任人的法律责任。

（4）规范债券交易管理

从各国经验来看，债券交易管理是地方政府债券发行管理的一个重要组成部分。例如，美国要求所有市政债券的发行必须征求独立金融顾问的意见。如表 5-3 所示，公共机构可以聘请市政顾问、法律顾问、银行或承销商、信用评级机构、可行性和市场分析师等专业人员，就债务类型、目的和结构提供财务和计划方面的建议。同时，美国金融顾问不仅依靠美国证券承销商委员会（NASD）的行业自律监管，同时要求金融顾问必须在美国证券交易委员会（SEC）注册，并接受市政债券法规制定委员会（MSRB）管理，以保证金融顾问业务的独立性和公平性。我国针对地方政府债券发行也可建立类似的独立金融顾问团队，就债券类型、项目筛选、目的和结构等方面听取相关建议。

表 5-3　美国市政债券的管理者

SEC	MSRB	NASD
主要负责联邦证券法律的执行工作，确保投资者获得信息披露的材料	主要负责发布有关监管法规，即监管证券公司和银行承销、交易和销售市政债券等行为的法规，受 SEC 的监管	监管公司和纳斯达克股票交易市场，制定规则和条例，对其成员的业务活动进行监督管理，并设计和提供一切证券服务及设施，受 SEC 的监管
共有 11 个分支机构，包括律师、会计师、财务分析师以及其他专业人员	制定的规则只对参与市政债券的银行和证券公司有效	确保联邦证券法律和 MSRB 的规则得到执行，负责证券专业人员的考试、继续教育等

（5）健全地方政府信用评级制度

信用评级是对信用风险的主要测度方式，具有客观、公正、独立的信用评级体系是地方政府债券市场化程度的重要表现。发行人在发行债券时应聘请有资质的独立第三方信用评级机构，按照商业项目的要求对收益债券及与之高度相关的项目进行信用评级，并在发行声明中披露。信用评级与债券发行成本及流动性相关，客观、公正、独立的信用评级能够在发行源头控制债券风险。在此基础上，相关组织建立严格的管理制度，使第三方信用评级机构保持相应的专业性、独立性与客观性，避免各地方政府的行政干预，保证信用评级结果真实可信。同时，不同类型的地方政府债券的信用评级重点和方法也有所不同。例如，一般责任债券和专项债券由于偿债来源不同，专项债券的评级分析应更加倾向于分析专门的行业，以时刻了解地区的行业动态。除此之外，评级分析师还应对发行者的财务报表进行详细透彻的分析，并查找充分披露的数据。同时，评级机构还会对债券发行时的经济、金融以及发行者的管理体系与法律体系营运进行分析，对项目投资行业的经济发展前景进行评估。

穆迪、标准普尔、惠誉是地方政府债券市场上最主要的三大信用评级机构。如表5-4所示，尽管三大评级机构的评级标准有所差异，但是评级流程却是基本一致的。例如，根据美国的信用评级方法，对新发行的债券，发行者要向评级机构提交所有的融资文件、财务预测表、审计报告以及初步的正式声明。重要的发行一般由两个以上的评级分析师跟进，其中一人为首席评级分析师。在所有疑问都经过双方讨论之后，由首席评级分析师向评级委员会提交评级报告。评级委员会系统地审查完报告，然后确定债券的信用等级。评级机构对获得评级的债券会进行持续监控。每家评级机构都有其关注的项目清单，以便及时调整信用等级。例如，穆迪的信用监察表、标准普尔的信用观察清单、惠誉的警报列表。此外，发行者的代表需要定期拜访评级机构，以便评级机构及时更新相关数据。总体来说，这几家信用评级机构对政府偿债能力的评估主要从两个方面展开：第一，国家偿还能力，主要衡量指标有国内生产总值的增长趋势、各种债务的总量、净债务占国内生产总值的比重、对外贸易、国际收支状况、外汇储备、外债结构及总量、财政收支、政策实施等。第二，财政负担，主要衡量指标有金融体制改革、国企改革和社会保障体制改革（就业、养老、医疗）等。收益债券信用评级时需要考虑的因素有债券协议或债券契约、现金流、费率条款、经济分析、财务要素、信用证支持、债券保险政策。具体的评估标准见表5-5和表5-6。

表5-4 世界三大评级机构的评级标准

信用等级	穆迪	标准普尔	惠誉
投资级别			
第一流的（prime）	Aaa	AAA	AAA
极好（excellent）	Aa	AA	AA
中等以上（upper medium）	A	A	A
中等以下（lower medium）	Baa	BBB	BBB
非投资级别			
投机级（speculative）	Ba	BB	BB
绝对投机级（very speculative）	B、Caa	B、CCC、CC	B、CCC、CC、C
违约级（default）	Ca、C	D	DDD、DD、D

资料来源：美国债券市场委员会官网。

表5-5 穆迪的评级标准

1	经济基本面（经济实力、经济波动）
2	体制框架（立法背景、财务灵活性）
3	财务业绩和债务状况 （营业总余额/营业收入、利息支出/营业收入、流动性、直接和间接债务净额/营业收入、短期直接债务/直接债务总额）
4	治理和管理（风险控制和财务管理、投资和债务管理、透明度和披露）
5	特殊风险评估
6	系统风险评估

资料来源：穆迪官网。

表 5-6　穆迪的信用评级等级划分

投资级别	评定	说明
AAA	优等	信用质量最高，信用风险最低；利息支付有充足保证，本金安全；为还本付息提供保证的因素即使变化，也是可预见的；发行地位稳固
AA（AA1、AA2、AA3）	高级	信用质量很高，有较低的信用风险；本金利息安全，但利润保证不如 AAA 级债券充足，为还本付息提供保证的因素波动比 AAA 级债券大
A（A1、A2、A3）	中上级	投资品质优良；本金利息安全，但有可能在未来某个时候还本付息的能力会下降
BAA（BAA1、BAA2、BAA3）	中级	保证程度一般；利息支付和本金安全有保证，但在相当长远的一些时间内具有不可靠性；缺乏优良的投资品质
BA（BA1、BA2、BA2）	具有投机性质的因素	不能保证将来的良好状况；还本付息的保证有限，一旦经济情况发生变化，还本付息能力将削弱；具有不稳定的特征
B（B1、B2、B3）	缺少理想投资的品质	还本付息，或者长期内履行合同中其他条款的保证极低
CAA（CAA1、CAA2、CAA3）	劣质债券	有可能违约，或者存在危及本息安全的因素
CA	高度投机性	经常违约，或者有其他明显的缺点
C	最低等级评级	前途无望，不能用来进行真正的投资

资料来源：穆迪官网。

5.3.2　完善地方政府债券二级市场制度建设

（1）完善地方政府债券收益率曲线

地方政府债券收益率曲线是描述在某一时点上一组可交易债券的收益率与其剩余到期期限之间数量关系的一条曲线，即在直角坐标系中，以债券剩余到期期限为横坐标，以债券收益率为纵坐标而绘制的曲线。一条合理的地方政府债券收益率曲线将反映出某一时点上（或某一天）不同期限债券的到期收益率水平。对于发行者而言，地方政府债券收益率曲线可以为其发行债券、进行资产负债管理提供参考。对于投资者而言，地方政府债券收益率曲线可以用来作为预测债券的发行投标利率、在二级市场上选择债券投资券种和预测债券价格的分析工具。在我国政府债券收益率曲线方面，主要存在以下问题：一是地方政府债券收益率曲线品种有限，仅有 AAA 和 AAA－两种中债地方政府债券收益率曲线。二是地方政府债券二级市场流通性较低，价格发现功能较弱，地方政府债券收益率曲线两端收益率波动幅度大。相关部门应从结构和可靠性角度出发，完善地方政府债券收益率曲线，提升地方政府债券二级市场的流动性。一是相关部门应建立多品种地方政府债券收益率曲线。在地方政府债券多品种、多期限的情况下，相关部门应根据地方政府债券的分类，建立一般债券收益率曲线和专项债券收益率曲线，为地方政府债券定价提供准确的定价参考。二是地方政府债券发行应重点参考地方政府债券收益率曲线。地方政府债券收益率曲线是在二级市场交易基础上形成的，代表二级市场各类投资机构对地方政府债券的定价认知。

（2）发展契约型金融机构投资人，降低商业银行风险资产权重

从国际经验来看，尽管商业银行在许多发达和新兴市场经济体都是地方政府债券的主要投资者，但是许多国家的实践证明过度依赖银行将储蓄转变为地方政府债券的投资，风险较高。风险主要表现为由于市场波动所带来的利率风险，从而形成对银行利润的巨大侵蚀，同时不利于利率市场化的推进（刘锐和张明，2019）。因此，我国要广泛拓展地方政府债券的投资者群体。一是大力发展基金公司、证券公司、信托等机构投资者；二是培养个人投资者，引导地方政府债券进入柜台市场。

5.4　完善地方政府债务风险管理框架体系

5.4.1　逐步实现"借用还"主体相统一，明晰责任主体

在政府债务的法律关系中，债务人应为特定主体，并且承担向债权人交付财产、提供劳务、为或不为一定行为的义务。根据《财政部关于对地方政府债务实行限额管理的实施意见》和《地方政府专项债务预算管理办法》的规定，省级政府具有举债权，为专项债券的发行主体，财政部依据债务风险、财力状况等因素向省级政府分配债务限额后，应当由省级政府统一发行

并转贷给确需发行专项债券的市（县）级政府。然而，这种发行方式将导致专项债券"借用还"主体相分离，责任主体无法明晰。如前文所述，省级政府代市（县）级政府发售专项债券时，专项债券的债权人只能对省本级债券发行金额形成法律约束，却对"真实债务人"市（县）级政府无法形成有效约束，即市（县）级政府虽然应当按照转贷协议约定承担还本付息的责任，但是省级政府作为法律上的债务人，其只能对地方政府实施行政控制。这样的发行机制相当于省级政府为地方政府提供了一定的信用担保，金融市场难以对市（县）级政府专项债券项目质量和资金使用效益形成有效约束。结合调研分析结果，"借用还"主体不统一的特征可能致使省级政府和金融市场无法有效把握项目质量、项目资金使用效率与偿还保障，可能成为地方政府专项债券偿还风险点。

在地方政府债务的"借用还"主体不统一的情况下，通过完善全面绩效预算管理制度理顺权利关系，明确责任划分，逐步实现地方政府的责任主体和资金使用主体相统一，成为当前防范偿债风险的一个可行选择。一方面，完善绩效激励制度。国家在构建科学的地方政府债券项目绩效评价指标体系的基础上，建立规范性绩效激励措施和实行机制。另一方面，完善问责机制。在完善行政问责机制和人大问责的制度框架下，国家不断充实问责制的民主内涵，有效推进责任体制建设。在责权利主体结构对称的逻辑框架下，国家实现对地方政府债券偿债行为的精细化激励和约束。

5.4.2 合理控制地方政府债务规模，优化债务资金支出结构

从各国经验来看，地方政府债务的规模管理分为两种情况：一是不设置地方政府债务规模限制，但是会控制地方政府债务风险指标不超过一定比例来限制债务规模。例如，德国、日本和新西兰的中央政府没有直接的债务限额或控制地方政府可以借多少款，但是会通过债务风险指标限制其规模。二是设置地方政府债务规模上限。例如，美国、加拿大的省级政府实行的是需求控制中的债务余额上限管理制度。对某些旨在为投资提供资金的贷款，法国地方政府规定了一个规模上限。该上限为每年固定不得超过最近 20 年的最大额。英国政府也会立法对 PWLB 贷款进行法定限额设置。我国于 2015 年提出了对地方政府债务实施限额管理政策。在债务规模设定方面，本书提出

如下建议：

（1）合理控制地方政府债务规模

从各国经验来看，地方政府债务规模的影响因素包括地方政府的债务承受能力、经济发展目标与发展水平、融资需求、债务付息支出规模以及绩效评价结果等。例如，加拿大省级政府债务管理部门根据未来三年政府赤字和省属非政府机构债务项目，每年研究起草全省未来三年的债务预算草案，明确政府和各省属非政府机构的年度融资需求和债务余额上限、债务付息支出规模等，并汇总形成省级政府债务整体预算。综合来看，地方政府债务规模限额的标准对我国宏观经济的影响力较大，国家应基于中期绩效预算框架模型综合全面因素对地方政府债务设定最优规模标准；同时，充分考虑地区差异，实行地方政府债务规模差异化管理。债务规模低于最优规模的地区，政府可进一步举借债务，发挥地方政府债务在提升经济高质量发展方面的正向效应；而债务规模较大的地区需要适当控制债务规模，有效防控地方政府债务风险。

（2）优化地方政府债务支出结构

在地方政府债务资金使用方面，政府应以充分发挥债务资金的乘数效应与杠杆效应为标准。在资金配置时，政府要守住政府与市场之间的界限，弱化地方政府债务投资以单纯的经济收益作为考量标准，从整体社会效益出发，确定地方政府债务资金的投放方向。具体措施包括：第一，政府应将债务投向具有技术创新外溢性的基础设施建设项目，推动全社会技术进步，进一步发挥债务资金的正向效益，助力全要素生产率提高。第二，政府应优化一般债券和专项债券的限额分配比例。政府应合理配置一般债券和专项债券的资金投放领域与规模，加速资本的聚集和流动，提高资金的整体配置效率。一方面，对于基础设施较为完善的东部地区而言，政府可以将债务资金更多投向具有技术外溢性和创新性的基础设施建设领域，提升地方经济发展质量。对于经济欠发达地区而言，政府可以继续加大基础设施建设力度，完善基础设施，补足经济社会发展短板，推动地区经济协调发展。另一方面，对于经济发达、财政分权程度较高的地区而言，其财政收入能力较强，中央财政可以给予其相对较高的专项债券的限额比例；对于经济欠发达、财政分权程度较低的地区而言，其自身财政能力较弱，对中央财政的依赖性较强，中央财政可以适当提高一般债券的限额比例，合理控制专项债券的限额比例，重点监控债务规模变化，注意防控债务风险。

5.4.3 构建多元化经济基础、保持财政灵活性和建立弹性税收制度

（1）构建多元化经济基础

经济规模大小及经济基础强弱是地方政府债务风险是否可控的重要因素。中国经济发展进入高质量发展阶段以来，一个显著特点在于经济增长进入"换档期"，由以往的持续高速增长向中高速甚至可能更低的增速转换。由于经济增长约束条件的历史性变化，供给侧（要素成本）和需求侧（市场条件）都发生了系统性改变，沿袭主要依靠要素投入规模扩张拉动经济增长的方式不再具有可持续性。由于新动能培育和全要素生产率提升所要求的制度创新与技术创新具有不确定性，因此发展方式转变进程难以预期，结构升级具有不可控性（刘伟，2020）。然而，我国经济发展具有广阔空间和极强韧性。我国是世界上最大的发展中国家，幅员广阔，区域间的资源禀赋不同，经济社会发展水平梯度特征显著，不同区域之间的主体功能差异鲜明。这种发展中大国经济的区域多元化特征，一方面是发展不均衡进而更具"发展中"的经济特征，另一方面也是发展中大国经济可以相对更长期实现迅速发展的重要条件和资源。不同地区之间的差异和发展水平上的梯度，使之可以在经济长期发展中呈现出不同的阶段性梯度效应特征。当较发达区域经历过持续高速增长阶段进入中高速或更低的增长速度之后，次发达或相对落后地区恰恰可能进入经济快速发展时期，从而延长整个国民经济持续强劲增长的周期。这是大国经济发展区别于小国的重要特征，即从非均衡的二元甚至多元状态成长为均衡均质的发达经济状态的过程中，大国经济持续快速增长的机遇期更长，同时也使国民经济更具韧性，抗风险能力更强。我国经济发展的关键是要统筹推进城乡区域发展，完善主体功能区战略，有效培育区域性的多元化发展极和增长点。一方面，我国要切实把新时代乡村振兴战略和新型城镇化战略统一协调起来，有效推动城乡融合发展，推进农村一二三产业融合。超特大城市与大中城市和县城之间，区分不同功能，增加城市发展韧性，提升城市治理现代化水平，特别是提高中心城市和城市群的综合

承载及资源优化配置能力与效率。另一方面，我国要切实落实国民经济重大区域战略，包括西部大开发、东北振兴、中部崛起、东部率先发展、京津冀协同发展、长江经济带发展、粤港澳大湾区建设、长三角一体化发展、黄河流域生态保护和高质量发展等一系列区域性发展极（增长点）战略举措，使我国经济的韧性能够真正实现（刘伟，2020）。

（2）保持财政灵活性和建立弹性税收制度

相对繁荣的经济提供了一个庞大的税基，可以确保地方财政收入不会受到外部风险的强烈冲击，以便灵活应对债务偿还带来的财政风险挑战。首先，我国应进一步深化税制改革，建立以共享税为主体的税收收入分配机制。一方面，在巩固"营改增"成果和大规模减税降费的背景下，我国应确保目前中央和地方增值税五五分成的比例在一定时期内保持不变，并可以考虑将企业所得税调整为五五分成，缓解因税制改革和减税降费对地方政府财政收入造成的负面冲击。另一方面，要弱化地方税收增长对地方政府债务融资扩张的激励，就必须深化税制改革，坚持建立以共享税为主体的税收收入分配机制（吕江林和沈国庆，2019）。其次，我国应完善地方税体系，确保地方政府相对稳定的财政收入。我国应稳步推进以房地产税及个人所得税为主体的地方税体系建设，优化税制结构，建立综合与分类相结合的个人所得税制，加快房地产税立法并适时推进改革，解决现行地方税体系存在的问题，确保地方政府拥有相对稳定的财政收入，以满足在民生、社会福利等方面的支出需要（吕江林和沈国庆，2019）。

5.4.4　完善构建地方政府债务风险预警机制

（1）审慎的财政、债务和流动性管理

①我国应基于中期财政规划，根据具备共识性的经济预测数据进行前瞻性财政分析，将其配套若干审慎措施，以尽量减少潜在经济下行压力的影响。这一做法可以为应对潜在的负面经济冲击提供了更大的灵活性。同时，额外的预测保障措施包括将预测准备金和或有事项纳入其预算，以防止财政预测的潜在波动，并考虑意外支出压力的数额。

②我国应依据债务风险指标，实行审慎的债务管理。从各国经验来看，在债务风险指标的选用上基本已形成共识。从供给角度来看，各国普遍控制

债务与地区生产总值比率的上升，从而使利息负担降至最低；控制债务与地方财政收入的比例，保证地方政府债务在地方财政可承受范围之内；控制债务增量与地方经济增长、地方财政收入增长的比例，保证地方政府债务风险是在逐步收敛的。从需求角度来看，一方面，各国普遍打造政府信用与市场信用的隔离墙，充分发挥金融市场的力量，让市场自身创造出符合市场化金融规则的金融资产端，弱化地方政府创造的捆绑政府信用的金融资产端在市场上的吸引力。另一方面，各国普遍强化金融市场约束，打破政府信用的刚性兑付，弱化间接金融分权带来的非市场因素。例如，专项债券中的个别债券确因项目收益不足难以覆盖债务本息时，可以发生实质性违约。这有助于建立充分市场化的金融资源配置机制。

③我国应加强流动性管理。高水平的流动性为债券持有人对预算赤字和不断上升的债务成本提供了缓冲。例如，自 2020 年 3 月新冠病毒感染疫情暴发以来，加拿大联邦政府通过加拿大银行发布了几项政策公告，为各省级政府提供额外的流动性支持。这些行动包括省级货币市场购买项目（Provincial Money Market Purchase，PMMP）和省级债券购买项目（Provincial Bond Purchase Plan，PBPP）。联邦政府购买大量省级政府发行的货币市场证券和二级市场证券。截至 2020 年 3 月 31 日，加拿大的艾伯塔省持有大量现金、流动性投资和长期组合投资，总价值达 463 亿加拿大元，占 2019—2020 年总开支的 83% 和穆迪调整后净债务的 54%。联邦政府通过鼓励有效的资本市场活动、支持省级借贷项目等，支持加拿大各省（包括艾伯塔省）级政府的流动性。除了省级货币市场购买项目和省级债券购买项目流动性支持外，联邦政府还为个人和企业以及直接向各省级政府和市级政府发起了一系列支持项目。

（2）推出地方政府债券保险制度

作为债务信用风险分担和转移的重要措施，债券保险制度的建立对我国地方政府债券市场的发展至关重要。债券保险是美国市政债券市场最主要的市场化增信工具。2008 年全球金融危机前，超过一半的市政债券通过增信方式发行。在美国债券市场上，有十多家专业的市政债券保险公司，并成立了行业性组织金融担保保险协会（AFGI），对市政债券市场的各个环节提供保险服务，债券保险担保范围十分广泛。穆迪、标准普尔和惠誉等评级机构对市政债券保险公司的支付索赔能力进行评估，通过详细分析财务资源、业务等定期公布各保险公司的报告。不同的州对债券保险公司制定更加具体的法定要求。对于我国而言，债券保险是一个新生事物。在我国地方政府债券市场起步阶段，我国可以尝试构建债券保险制度，以充分发挥市场化约束在规范地方政府债务管理中的重要作用。首先，保险公司具有完善的承保标准。保险公司评估信用质量的承保标准因债券类型而异。例如，美国几乎所有 AAA 评级的保险公司都采用零损失或远程损失承保标准。其次，债券发行可以采用多种保险方式。对于债券发行人来说，其可以通过衡量保险的成本与使用债券保险节省的成本，同时考虑发行债券的信用评级，从而进行抉择。

（3）健全地方政府债务风险预警机制

①我国应建立债务预警机制，实时监测地方债务风险。参考加拿大的债务风险预警和防范机制，我国应结合我国实际在中央和地方分层级建立债务风险预警指标体系和信息共享机制，设立专职部门实时监测全国和地方债务风险，并加大审计机关对中央、省、市、县、乡五级政府债务的摸底和测评。

②我国应完善债务预警处理办法。针对风险预警结果不同，我国应采取不同的处置措施，即通过制定风险预警结果的处理方法，对当年和下一年度债务管理采取相应措施，以防范和化解债务风险。具体来说：第一，如果预警指标处于警戒线以内，即预警结果处于"安全区域"，政府持续监测债务变化。第二，如果预警指标处于中等风险水平，政府需要控制债务风险的扩散程度，降低债务增量，对债务进行严格监管。第三，如果预警指标处于高度风险水平，面临产生财政危机的威胁，政府采用危机处理办法。

5.4.5 完善构建地方政府债务危机化解机制

（1）债务重组

借鉴国际经验，如果发生地方政府债务危机，国家可以分步实施债务重组。重组方案一般为五年，并载有减少年度净借款（合并途径）和采取适当补救措施。地方政府定期向省财政厅或财政部汇报重组方案的执行情况。如果商定的巩固途径没有得到遵守，省财政厅或财政部决定是否采取进一步措施。如果补救工作不够，则地方政府需要加强预算的修复。另外，预算紧急情况仍然威胁到恢复方案的完成，那么相关部门就需要商定一项新的恢复方案。

（2）实施"财政重整"制度

"财政重整"制度有如下三种选择：

①总债务冻结，即不允许举借任何其他债务。这种方式可能面临一些制约，因为它同样禁止了"借新还旧"，可能会导致地方政府无法正常运转，如公共部门的工资不能再继续支付，社会福利也不能再继续提供。

②使经济的增长速度快于新债务的增长速度，即债务可能会继续增加，但是其增长速度不会超过经济的增长速度。这种方式可以冻结债务，但不能解决债务问题。第一，政府将来必须采取顺周期性的行事方式，即在所有方面，当经济处于下行趋势时，可能面临更艰难的债务困境。第二，债务的利息负担仍然很高。

③在指定期间内使新增债务为零，即债务的重新安排继续进行，债务总量增加，但是使其逐年减少，直到在规定的期限之后，总债务保持在财政可持续的水平。这种做法的优势在于：第一，减轻债务利息的负担，即经过一段时间，经济增长和总体的价格上涨将使此债务利息负担可以承受。第二，债务增量持续但逐渐减少，宏观模型测算得到债务增量在哪一年可以减少到零。同时，中央政府削减赤字，排除经济周期引起的赤字，结构性赤字不能超过生产总值的一定比例。第三，设立严格的借贷限制。严格的借贷限制是指只有在没有其他为地方政府预算提供资金的方式，并且地方政府在随后的几年中能够通过其运营预算收入偿还债务时，才被允许借款。第四，加强财政监管，增加财政预算透明度，并且监督"财政重整"政策的遵守情况。

参考文献

白彦锋，叶菲，2013. 中期预算：中国模式与国际借鉴 [J]. 经济与管理评论（1）：76-85.

陈共，2012. 财政学 [M]. 7 版. 北京：中国人民大学出版社.

陈志勇，毛晖，张佳希，2015. 地方政府性债务的期限错配：风险特征与形成机理 [J]. 经济管理（5）：12-21.

杜彤伟，张屹山，杨成荣，2019. 财政纵向失衡、转移支付与地方财政可持续性 [J]. 财贸经济（11）：5-19.

何达基，赵早早，王锦华，2019. 从绩效预算到绩效预算管理：基于理论与实践的分析 [J]. 江苏师范大学学报（哲学社会科学版）（3）：64-72.

何德旭，苗文龙，2016. 财政分权是否影响金融分权：基于省际分权数据空间效应的比较分析 [J]. 经济研究（2）：42-55.

胡骁马，2020. 政府间权责安排、财力配置与体制均衡：以事权与支出责任的划分为切入点 [J]. 东北财经大学学报（5）：52-61.

李思思，2020. 央地共同事权与支出责任划分政策考察、实施障碍及其改进 [J]. 地方财政研究（10）：20-26.

梁琪，郝毅，2019. 地方政府债务置换与宏观经济风险缓释研究 [J]. 经济研究（4）：18-32.

刘锐，张明，2019. 推进地方债发行定价市场化的对策建议 [J]. 中国财政（11）：38-40.

刘伟，2020. 疫情冲击下的经济增长与全面小康经济社会目标 [J]. 管理世界（8）：1-7.

楼继伟，2018. 深化事权与支出责任改革 推进国家治理体系和治理能力现代化 [J]. 财政研究（1）：2-9.

吕江林，沈国庆，2019. 地方税收增长激励与地方政府债务扩张 [J]. 税务研究（6）：98-105.

马国贤，任晓辉，2018. 全面实施绩效管理：理论、制度与顶层设计 [J]. 中国行政管理（4）：13-18.

毛捷，刘潘，吕冰洋，2019. 地方公共债务增长的制度基础：兼顾财政和金融的视角 [J]. 中国社会科学（9）：45-67.

毛捷，徐军伟，2019. 新时代地方财政治理：地方债实地调研和间接金融分权视角 [J]. 财经智库（6）：80-103，143.

田国强，赵旭霞，2019. 金融体系效率与地方政府债务的联动影响：民企融资难融资贵的一个双重分析视角 [J]. 经济研究（8）：4-20.

杨灿明，2019. 关于政府与市场关系的再思考 [J]. 中南财经政法大学学报（6）：26-30，159.

余海跃，康书隆，2020. 地方政府债务扩张、企业融资成本与投资挤出效应 [J]. 世界经济（7）：49-72.

张莉，年永威，刘京军，2018. 土地市场波动与地方债：以城投债为例 [J]. 经济学（季刊）（3）：1103-1126.

张庆君，闵晓莹，2019. 财政分权、地方政府债务与企业杠杆：刺激还是抑制？[J]. 财政研究（11）：51-63.

张怡亮，2019. 关于地方政府项目发行收益与融资自求平衡专项债券的思考 [J]. 预算管理与会计（6）：46-48.

ALLEN SCHICK, 1966. The road of PPB: The stages of budget reform [J]. Public Administration Review, 26 (4): 243-258.

AARON WILDAVSKY, 1978. A budget for all seasons? Why the traditional budget lasts [J]. Public Administration Review, 38 (6): 501-509.

CAIDEN, NAOMI, 1981. Public budgeting amidst uncertainty and instability [J]. Public Budgeting and Finance, 1 (1): 6-19.

DUNN W N, 1994. Public policy analysis: An introduction [M]. New Jersey: Prentice-Hall.

GAO, JIE, 2015. Performance measurement and management in the public sector: Some lessons from research evidence [J]. Public Administration and Development, 35 (2): 86-96.

GLORIA A GRIZZLE, 1982. Measuring state and local government performance: Issues to resolve before implementing a performance measurement system [J]. State & Local Government Review, 14 (3): 132-136.

GRIZZLE GLORIA A, CAROLE D PETTIJOHN, 2002. Implementing performance-based program budgeting: A System-dynamics perspective [J]. Public Administration Review, 62 (1): 51-62.

HANA PA SCHICK, 2002. Government at risk: Contingent liabilities and fiscal risk [M]. Washington: World Bank Publications.

JOYCE PHILIP G, 2003. Linking performance and budgeting: Opportunities in the federal budget process [M]. Washington: IBM Center for the Business of Government.

LEDERLE JOHN W, 1949. The hoover commission reports on federal reorganization [J]. Marquette Law Review, 33 (2): 89-98.

LONG EDWARD, AIMEE L FRANKLIN, 2004. The paradox of implementing the government performance and results act: Top-down direction for bottom-up implementation [J]. Public Administration Review, 64 (3): 309-319.

MOYNIHAN DONALD P, STEPHANE LAVERTU, 2012. Does involvement in performance management routines encourage performance information Use? Evaluating GPRA and PART [J]. Public Administration Review, 72 (4): 592-602.

MUSGRAVE R A, 1959. The theory of public finance: A study in public economy [M]. New York: Mcgraw-Hill Press.

OATES W E, 1972. Fiscal Federalism [M]. New York: Harcourt Brace Jovanovich.

OECD, 1995. Government in transition: Public management reforms in OECD countries [Z]. Washington: OECD Publications and Information Center.

OECD, 2007. Organisation for economic co‐operation and development [Z]. Paris: OECD.

ROBINSON MARC, 2016. Budget reform before and after the global financial crisis [J]. OECD Journal on Budgeting, 16 (1): 29–63.

RU HONG, 2018. Government credit, a double‐edged sword: Evidence from the China development bank [J]. The Journal of Finance, 73 (1): 275–316.

SANO J, 2014. Local government debt structures in China and the central government's response [J]. Pacific Business and Industries, 14 (52): 2–20.

STERCK MIEKATRIEN, 2007. The impact of performance budgeting on the role of the legislature: A four‐country study [J]. International Review of Administrative Sciences, 73 (2): 189–203.

TIEBOUT C M, 1956. A pure theory of local expenditures [J]. Journal of Political Economy, 64 (5): 416–424.

YI HUANG, 2020. Marco pagano ugo panizza, local crowding‐out in China [J]. The Journal of Finance, 75 (6): 2855–2898.

后记

　　本书是在由我承接的财政部政府债务研究和评估中心委托课题"完善地方政府债务管理的预算制度研究报告"转化而成的。本书立足中国地方政府债务绩效预算管理改革实践和国际经验，集宏观、微观经济研究于一体，是跨经济学、管理学、社会学和法学等多学科领域，致力于讲述中国故事、研究中国问题、总结中国经验的原创性研究成果。

　　非常感谢我的导师西南财经大学刘蓉教授、中央财经大学乔宝云教授在地方政府债务理论思想与政策实践问题分析上给予我的有效指导。感谢财政部政府债务研究和评估中心给予我的大力支持与指导。感谢四川省财政厅债务处屈琳杰处长和何强副处长、成都市财政局债务金融处项位政同志在本书写作过程中给予的大力支持与指导。同时，西南财经大学税务硕士王宁宁、李晓敏、周林林、王欣茹、樊帆、胡毓灵、张钰等同学参与了本书国际经验一手资料的收集与整理，非常感谢他们的努力与付出。

　　我从 2013 年开始研究地方政府债务，本书是地方政府债务研究框架中关于绩效预算管理制度体系的部分，更倾向于使用规范研究范式。在后续的研究中，我将针对地方政府债务风险问题进行深入探讨，更倾向于使用量化研究范式，请广大读者关注与支持。

刘楠楠

2023 年 11 月 14 日于柳林